Anja Röhl

Heimweh – Verschickungskinder erzählen

Sachbuch Psychosozial

Anja Röhl

Heimweh

Verschickungskinder erzählen

Mit einem Vorwort von Silke Birgitta Gahleitner

Psychosozial-Verlag

Bibliografische Information der Deutschen Nationalbibliothek
Die Deutsche Nationalbibliothek verzeichnet diese Publikation
in der Deutschen Nationalbibliografie; detaillierte bibliografische Daten
sind im Internet über http://dnb.d-nb.de abrufbar.

Originalausgabe

E-Mail: info@psychosozial-verlag.de
www.psychosozial-verlag.de

Umschlagabbildung: Foto antica con bambino © blantiag/Adobe Stock
Umschlaggestaltung & Innenlayout nach Entwürfen
von Hanspeter Ludwig, Wetzlar
Satz: metiTec-Software, me-ti GmbH, Berlin
www.me-ti.de
ISBN 978-3-8379-3117-4 (Print)
ISBN 978-3-8379-7808-7 (E-Book-PDF)

Inhalt

»Der Mensch stirbt nicht vom Gift,
der Mensch stirbt nicht vom Tod,
er stirbt vor lauter Todesangst,
er stirbt, wenn man ihm droht.«

Arik Brauer

Traumafolgen ernst nehmen

Ein Vorwort

Die Heim- und »Fürsorge«-Erziehung hat in den 1940er bis 1970er Jahren in der damaligen BRD und bis 1989 in der ehemaligen DDR Kinder und Jugendliche nicht nur in ihren Menschenrechten verletzt, sondern auch manifeste Folgeerscheinungen für Betroffene verursacht. Dem gesellschaftlichen Umgang mit der Situation ehemaliger Heimkinder kam und kommt daher eine wichtige Bedeutung für den individuellen wie kollektiven Verarbeitungsprozess zu. Erste Schritte in diese Richtung sind gegangen worden, auch wenn es hier noch viel zu tun gibt. Dass ähnliche Menschenrechtsverletzungen auch zahlreiche Kinder und Jugendliche betreffen, die zwischen den 1950er und 1990er Jahren auf kinderärztliches Anraten und auf Kosten der Krankenkassen ohne Eltern zur »Erholung« verschickt wurden, ist noch weitgehend unbekannt. Während der mehrwöchigen Aufenthalte an der See, im Mittelgebirgsraum oder im Hochgebirge sollten Kinder Kraft schöpfen und Gesundheit erlangen.

Die Realität jedoch sah häufig völlig anders aus: Aus der Hoffnung, das Kind möge zunehmen, resultierte am Ende für viele ein Gewichtsverlust. Wer eigentlich keine Krankheit hatte, kam krank zurück. Aus sicheren Kindern wurden während des Aufenthalts verunsicherte und verängstigte. Die erlebte Gewalt reichte von einem restriktiven Erziehungsstil über Demütigungen bis hin zu physischer Gewalt inklusive sexuellen Missbrauchs. Hier wurden nicht junge Persönlichkeiten gestärkt, hier wurden Kinder »gebrochen« – und das lag im Sinne der häufig noch nationalsozialistisch geprägten Erziehungsideologie auch durchaus im Bereich des Gewollten.

Dass die Betroffenen zum Teil bis heute an den Folgen des rigiden und gewalttätigen Erziehungsstils und der erfahrenen Gewalt leiden, hat Anja Röhl bereits in ihrer ersten und bahnbrechenden Veröffentlichung *Das Elend der Verschickungskinder – Kindererholungsheime als Orte der Gewalt* aufgezeigt. Sie hat zu diesem Zweck umfangreiche Recherchen und erste Forschungsbemühungen zusammengetragen und macht damit nicht nur das Ausmaß – wir sprechen hier von acht bis zwölf Millionen Kindern in Westdeutschland im Alter von zwei bis zehn Jahren zwischen 1950 und 1990 –, sondern auch die Breite an entstandenen Verletzungen sichtbar, bis hin zu den Hintergründen des damaligen Erziehungsverhaltens und der systematischen Gewaltanwendung gegen Kinder. Das Buch ist ein erster großer Schritt zur Aufarbeitung eines bisher unerforschten Bereichs der westdeutschen Nachkriegsgeschichte und zur Anerkennung des Leids Betroffener. Anja Röhl macht damit das Elend der Verschickungskinder öffentlich und nimmt die Träger ehemaliger Verschickungsheime in die Verantwortung.

Dem vorliegenden zweiten Buch von ihr zu diesem Thema gelingt auf dieser Basis eindrucksvoll, den von der Kinderverschickung Betroffenen authentisch eine Stimme zu geben. Es bietet auf eine bewegende und berührende Art und Weise eine detailreiche biografische Vertiefung des ersten Buches. Anja Röhl hat dafür in Tonbandprotokollen lange Gespräche mit Betroffenen aufgezeichnet und sie erzählen lassen. Anhand der Erzählungen geht sie 23 Einzelschicksalen nach. Anschaulich wird dabei, wie gravierend die damaligen Erfahrungen für die Kinder waren und dass diese bis heute ins vorangeschrittene Erwachsenenalter nachwirken. Es wird plastisch, warum diese vier, sechs oder acht Wochen so traumatisch gewirkt haben können und auf welche Weise diese Kinder die Erfahrungen als einen belasteten, nicht selten aber auch unerträglichen Rucksack in ihren weiteren Lebensverlauf mitgenommen haben. Selbstverständlich sind die daraus entstandenen Erlebnisse und Verletzungen jeweils höchst subjektiv und auch sehr unterschiedlich. Aber dass es unter diesen Erfahrungen eine Reihe sehr restriktive, gewalttätige, verletzende gegeben hat, das ist nicht (mehr) infrage zu stellen.

In diese Zusammenhänge gibt das vorliegende Buch von Anja Röhl auf eine lebendige Weise Einblick. Auf der Basis der Recherchen, Daten und Fakten des ersten Buches kann man in dem vorliegenden anhand der konkreten Lebensberichte in die Tiefe biografischer Erfahrungen und deren Auswirkungen und Bewältigung eintauchen und erhält ein Gefühl für das Ausmaß der Verletzungen. Kann man also rückblickend nichts anderes als erschüttert sein? Hier wirkt, so muss man feststellen, eine restriktive, gewalttätige und geradezu militaristische Grundhaltung aus dem Nationalsozialismus und noch von weit vorher aus den Ursprüngen der »Schwarzen Pädagogik« fort, und das alles innerhalb einer »öffentlichen« Infrastruktur, die die Kinder aus tendenziell jeder deutschen Familie »rekrutierte«. Erschüttert sein und die Betroffenen alleinlassen wäre hier sicher zu wenig!

Jill Stauffer hat in ihrem 2015 erschienenen Buch *Ethical Loneliness* für Betroffene von Menschenrechtsverletzungen eine Begrifflichkeit geprägt, um für das »umfassende Verlassenheitsgefühl und für die toxische Einsamkeit zu sensibilisieren sowie für den Verlust des Vertrauens, je wieder Teil einer von Mitmenschlichkeit geprägten Gesellschaft sein zu können« (S. 15). Von Gewalt Betroffene sind auf »Mitmenschen angewiesen, welche ihre Geschichten als Zuhörer bezeugen, da-bleiben und sich damit nicht als überfordert zeigen«, schreibt Stauffer. Aufarbeitung benötigt daher ein Aufbrechen des Schweigens, das sie häufig begleitet. Aufarbeitung ist damit nicht gleichzusetzen mit einer bloßen Dokumentation der Ereignisse einerseits und der individuellen Therapie von Betroffenen andererseits, sondern ist vielmehr mit der Aufgabe verbunden, die institutionellen und gesellschaftlichen Strukturen zu beleuchten, die die Gewalt begünstigt und ermöglicht haben – damals und auch heute noch!

Die Reaktion des gesellschaftlichen, medialen und professionell-fachlichen Umfelds auf das erlittene Unrecht hat daher eine sehr große Bedeutung für die Bewältigung des Geschehenen. Hier müssen Alternativerfahrungen zur erlebten Gewalt ermöglicht werden. Denn selbst den eigenen Eltern trauten diese Kinder nach den Aufenthalten oft nicht mehr. Es gibt zwar keine Wiedergutmachung in diesem Sinne, aber es gibt Möglichkeiten, sich aufrichtig mit dem Leid der Betroffenen auseinanderzusetzen und ihre Bewältigungsleistungen anzuerkennen, denn: »Anerkennen kann man nur, wenn man verstanden hat«, betonten jüngst Cornelia Helfferich, Adrian Etzel und Maria-Andrea Winter auf der Tagung *Sprechen hilft* im März 2021. Nur dann kann es zumindest zu einzelnen Schritten einer Aufarbeitung erfahrenen Leids kommen. Zu diesem Anliegen trägt das Buch von Anja Röhl tatkräftig bei und ich wünsche ihm viele interessierte, erschütterte und im Anschluss mutige, tatkräftige Leserinnen und Leser, die ihre »Geschichten als Zuhörer bezeugen« und »da-bleiben«.

Silke Birgitta Gahleitner
Frühjahr 2021

Literatur

Helfferich, Cornelia, Etzel, Adrian & Winter, Maria Andrea (2021). Die Leistung zu leben – Qualitative Ergebnisse der Studie und eine Kommentierung aus der Betroffenenperspektive. Vortrag bei der Abschlusstagung der Unabhängigen Beauftragten für Fragen des sexuellen Kindesmissbrauchs (UBSKM) »Sprechen hilft? Rückblick auf die Kampagne der ersten UBSKM nach 10 Jahren«, 09.03.2021 (virtuell). Berlin: UBSKM. https://www.uniklinik-ulm.de/fileadmin/default/Kliniken/Kinder-Jugendpsychiatrie/Dokumente/5_Praesentation_Qualitativ_Leistungleben_Helfferich_Etzel.pdf (04.04.2021).

Stauffer, Jill (2015). *Ethical loneliness. The injustice of not being heard.* New York: Columbia University Press.

Eine Hölle

Jürgen

Meine Mutter war im »Haus Schmalensee« angestellt als Hilfsköchin, als Putzkraft und als »Tante«, inoffiziell aber auch als Vertrauensfrau für die Kinder. Sie wurde Zeugin von Fahrlässigkeit und Unterlassung von Hilfe gegenüber den Schutzbefohlenen durch die Tanten sowie sogar von Übergriffen auf Sechs- und Siebenjährige durch die Heimbetreiberin. Im Alter von vier und fünf Jahren war ich etwa ein Jahr Dauergast in den Gruppen und hatte einen »Aufenthaltsstatus als Sohn der Köchin«.

Jürgen war der Sohn der im Haus Schmalensee angestellten Ines M. und verbrachte als Fünfjähriger mehr als ein Jahr seine Tage als Dauergast im Haus. Das Kinderheim Schmalensee war in Mittenwald, die Heimleiterin hieß Agnes Häußler.

Meine erste Erinnerung ist gleich eine sehr schlimme, vielleicht habe ich sie mir deshalb so gut gemerkt: Es war im Jahr 1972, da hatte meine Mutter bei der Heimbetreiberin Agnes Häußler ein Vorstellungsgespräch. Sie wollte als Hauswirtschafterin anfangen. Zu dem Zeitpunkt war ich vier Jahre alt und meine Mutter hat mich zu diesem Gespräch mitgenommen, weil sie damals noch keine Unterbringung für mich hatte. Mein Vater war sehr häufig nicht zu Hause, er war Soldat bei der Bundeswehr, bei den Edelweißsoldaten, weit weg, sie war also meistens allein mit mir.

Wir standen im Foyer, und ich höre noch genau, wie die große fremde Frau sagt: »Ich zeige Ihnen dann mal das Gebäude!« Und: »Den Kleinen können wir ja hierlassen.« Daraufhin klammerte ich mich an meine Mutter und sagte: »Ich will ...« Weiter kam ich nicht, denn sofort bekam ich eine kräftige Ohrfeige von dieser Frau. Mir rauschte der Kopf. Es tat weh, ich wusste nicht, was passiert war und warum, und fand mich am Boden wieder.

Erschrocken brachte mich meine Mutter in einen Raum mit Micky-Maus-Heften. Ich sollte da ruhig sitzen bleiben. Meine Mutter war selbst erst 20 Jahre alt, sie brauchte den Job und sie hatte Angst. Danach musste sie zu der Frau zurück und irgendwo etwas zur Probe arbeiten. Es dauerte lange, sie kam nicht mehr wieder. Ich saß unter dem Schock der Ohrfeige wie erstarrt vor den Micky-Maus-Heften. Nach einer Weile lief ich vorsichtig raus und durch die Flure und suchte sie. Als ich sie in einem Raum schließlich fand, stickte sie an einem Tisch sitzend etwas. Erschrocken sah sie hoch. Wieder stand die Heimbetreiberin hinter ihr. Ich hob an zu sprechen und sagte erneut: »Ich will …«, und wollte wieder fortfahren mit: »doch nur bei meiner Mama bleiben!«, aber wieder wurde ich von einer heftigen Ohrfeige getroffen. Meine Mutter kam zu mir gerannt. So ging es noch ein paar Mal, und die Heimleiterin erklärte ihr Verhalten schließlich meiner Mutter gegenüber damit: »Wenn ich schon höre, dass ein Kind ›Ich will!‹ sagt. Das hat kein Kind zu sagen!«

Meine Mutter war eingeschüchtert, aber sie bekam den Job, das heißt, sie hatte dort eigentlich mehrere Jobs. Mich nahm sie meistens mit, denn sie wollte mich nicht allein zu Hause lassen.

In diesem Heim verbrachte ich anfangs meine gesamte Zeit, später, als ich in den Kindergarten gekommen war, nur die Nachmittage. Ich war eineinhalb Jahre zusammen mit meiner Mutter in dem Heim. Sie war froh darüber, dass sie mich mitnehmen durfte.

Noch am Abend des ersten Tages, als ich die Ohrfeigen bekommen hatte, erhielt meine Mutter einen Anruf, dass die Hauptköchin des Heimes ausgefallen sei, und ob sie für sie einspringen könne. Meine Mutter hatte sich dort gar nicht als Köchin beworben, aber von da an musste sie auch als Köchin arbeiten. Die Hauptköchin hat meine Mutter nie mal zu Gesicht bekommen. Die blieb verschwunden. Meine Mutter musste also, als ungelernte Köchin und ohne irgendeine Einweisung bekommen zu haben, die Arbeit der Hauptköchin übernehmen.

Ich kann mich genau an den nächsten Tag erinnern: Um fünf Uhr früh wurde ihr gesagt, sie solle für 160 Kinder Spaghetti mit Tomatensauce kochen. Ich weiß es noch genau. Wir sind ganz früh aufgestanden. Man schickte uns ein Taxi, das uns abholte. Ich sehe mich dann zwischen den riesigen Töpfen und Schüsseln herumlaufen. Überall war es dampfig und heiß und ein erstickender Geruch herrschte.

Ich war natürlich auch bei dem Essen mit dabei. Das war für meine Mutter eine gute Sache, denn dadurch war ich auch essensmäßig mitversorgt. Zum Essen saßen wir in dem großen Raum. Meine Mutter und ich durften mitessen. Ich sehe die Kinder an langen Holztischen sitzen. Sie saßen eingeschüchtert, stumm und wie aufgereiht da. Ich wurde keiner Gruppe zugeordnet. Die meisten waren älter als ich, einige schon Schulkinder. Ich lief dann mit einer Gruppe mit, in der die Kinder nur wenig älter waren als ich. Man zeigte auch auf einige abseits Sitzende und sagte mir: »Von denen musst du dich fernhalten.«

»Warum?«, fragte ich.

»Na, die sind ein bissl böse.«

Ich bin dann gleich zu irgendwelchem Sport mitgegangen. Wir spielten Stockfußball mit so einem Waschlumpen, den mussten wir durch zwei Stühle durchkicken. Dabei musste ich mich gleich behaupten. Ich hatte auch vorher schon immer mal wieder, wenn ich in eine fremde Kindergruppe gekommen war, so ein komisches Mobbinggefühl. Hier, wo es nun so unsagbar viele Kinder gab, war es ganz stark so, deshalb musste ich mich gleich behaupten lernen. Mein Vorteil war, dass ich sportlich, wendig und schnell war. Ich weiß noch, dass ich gleich ein Tor geschossen habe – allerdings war das ein Eigentor, denn ich hatte die Abmachungen verwechselt, welche Gruppe auf welches Tor schießen musste. Die Betreuerin hat dann allen gesagt, dass das ja nun gar kein richtiges, sondern nur ein Eigentor gewesen sei, dass es also nicht galt. An ein paar Vorfälle kann ich mich genau erinnern – meist mit einem blöden Gefühl. Ich bin auch auf Wanderungen mitgegangen und manchmal ist meine Mutter ebenfalls mitgegangen.

Zwei Jahre hat meine Mutter dort gearbeitet. Ich habe es da aber nur eineinhalb Jahre ausgehalten, dann habe ich irgendwann gesagt: »Ich möchte in diese Hölle nicht zurück!« Ich habe da viele Sachen mitbekommen! Das hat mich sehr beschäftigt. Schrecklich war das. Ich habe auch psychosomatisch reagiert. So erreichte ich es, dass ich das letzte halbe Jahr an den Nachmittagen allein zu Hause bleiben durfte.

Meine Mutter ist tatsächlich auch manchmal als Aufsichtsperson mitgegangen. Vielleicht sogar um in meiner Nähe zu sein, weil sie längst gesehen hatte, wie es mir ging. Sie ist eigentlich ein herzensguter Mensch, und wenn sie die Kinder gesehen hat, wie die weinten, dann ist sie zu ihnen hingegangen, hat gefragt, was denn los sei. Deshalb ist sie manchmal eben auch mitgegangen bei den Wanderungen. Sie war eine Art Pseudotante. Putzen musste sie aber auch noch den ganzen Nachmittag. Sie war dort also Köchin, Pseudotante und Putzfrau in einem der Häuser. Manchmal hat sie auszugleichen versucht, was da angerichtet worden war von den eigentlichen Tanten. Vielleicht hat sie sich auch als Pseudotante engagiert, weil sie dann bei mir bleiben konnte.

Auf einer dieser Wanderungen habe ich einen richtigen Schock bekommen, sodass ich anschließend gesagt habe, ich ginge da nicht mehr mit hin, lieber würde ich allein zu Hause bleiben.

Es gab da einen Jungen, der hatte lange blonde Haare. Das war 1972, da gab es manchmal solche Jungen. Der hat sich geweigert, sich die Haare schneiden zu lassen. Frau Häußler ist dann eingeschritten und hat gesagt: »Dann kriegt er einen Zopf.« Sie hat ihn vor sich hingesetzt und ihm vor allen zur Abschreckung einen ganz strengen, nach hinten gebundenen Zopf geflochten, als Züchtigung. Meine Mutter weint heute noch, wenn sie von diesem Erlebnis erzählt. Sie hat den Zopf wirklich so streng und hart nach hinten gebunden, dass sich seine Gesichtshaut dermaßen spannte, dass sich sein Gesicht verzerrte und ihm die Augen aus den Höhlen traten. Er hat geschrien! Es war grauenvoll, das mitzuerleben. Danach war es dort nur noch eine Hölle für mich. Ich habe das auch als kleiner Junge schon gesagt: »Das ist da eine Hölle!«

Das zweite schlimme Erlebnis ist auf einer Wanderung passiert. Man ist da immer zum Schmalensee gewandert. Das waren so eine Art militärische Durchhalteübungen für Fünfjährige: Es gab kein Wasser, es gab kein Essen auf diesen Märschen, es ging über Berg und Tal, oft in der prallen Sonne ohne jeden Schatten. Wir mussten also in der größten Hitze gehen und stehen. Einer der Jungen hatte Herzprobleme. Er hat die Tanten darauf hingewiesen, dass er längere Wanderungen nicht mitmachen könne. Er war sogar medikamentös darauf eingestellt. Vermutlich war er sogar genau deshalb dort. Er hat dann geweint dort im Ess-Saal und hat sich an meine Mutter gewandt, aber da kam Frau Häußler vorbei und hat befohlen: »Der Junge kommt mit!« Es half nichts. Der Junge hat nur noch geweint. Frau Häußler hatte kein Mitleid, sie war eiskalt.

Auf dieser Wanderung haben sich die Erzieherinnen und meine Mutter nach Kräften um ihn gekümmert. Ich erinnere ein Bild, als sie an einem Bergbach neben ihm standen. Er weinte mit hochrotem Gesicht. Sie haben versucht, ihm Schatten zu spenden, aber es half nichts, er hatte ein hochrotes Gesicht, schnappte nach Luft und kam vollkommen fertig am Ende wieder an. Ich spürte die ganze Wanderung über, wie sehr die Tanten und meine Mutter wirklich um sein Leben fürchteten. Danach brach er mit hohem Fieber zusammen. Alle fragten sich, was nun mit ihm geschehen solle. Aber es war dort so: Es war den Tanten nicht erlaubt, mit Frau Häußler einfach so zu sprechen, sie war ja meist in ihrer Villa, abseits des Gebäudes, residierte da, kam nur ab und zu vorbei, zur Kontrolle. Sie war also gar nicht da, als wir ankamen, und niemand traute sich, zu ihr rüberzugehen.

Schließlich ist meine Mutter, die oft auch in der Villa kochen musste, zu ihr gegangen und hat sie inständig angefleht, dass man was unternehmen müsse, sonst würde der Junge sterben. Aber Frau Häußler hat sich nicht erweichen lassen, hat nichts unternommen. Sie soll mit dem Satz geantwortet haben: »Na, dann machen Sie doch etwas, wenn Sie unbedingt wollen!« Daraufhin haben die Tanten den Sohn der Frau Häußler ausfindig gemacht und angerufen, der Medizinstudent war. Der hat dann den Rettungswagen gerufen. Auf der Pritsche des Rettungswagens hat der Junge zu meiner Mutter gesagt: »Frau S., Sie haben mir das Leben gerettet!« Das erzählt meine Mutter noch heute unter Tränen.

Auch ich hatte dort mal einen Fieberschub, eines Abends war es, es ging ganz schnell, das ist mir mehrmals dort passiert, bestimmt aufgrund des ewigen Mitlaufens und langen Bleibens am Abend. Vermutlich hatte ich da auch Schlafmangel.

Bei einer anderen Wanderung hatte ich auch ziemlich Angst, weil das Wetter ganz plötzlich umschlug. Da waren wir also zum Schmalensee gelaufen und meine Mutter hatte noch gewarnt, die Kinder sollten aus dem Wasser kommen, weil sie schon gesehen hatte, dass das Wetter umschlug. Die mitgekommenen anderen Tanten sind dann schnell zurückgelaufen. Meine Mutter blieb als Letzte bei einigen Kindern, die noch im Wasser geblieben waren. Sie allein hat sich verantwortlich gefühlt, die Kinder heil nach Hause zu bringen. Es regnete und donnerte und blitzte. Völlig durchnässt kamen wir alle zu Hause an. Danach hat meine Mutter einen Nervenzusammenbruch erlitten. Ich weiß es noch, ich war dabei. Im Keller gab es einen Hausmeister, der hat sie umarmt und getröstet, hat ihr gesagt: »Ines, das vergisst du jetzt alles.«

Anschließend hat sie eben weitergearbeitet. Sie sparte mit meinem Vater zusammen auf ein eigenes Häuschen. Das wusste Frau Häußler, deshalb konnte sie sie auch so sehr ausnutzen, ihr immer doppelte und dreifache Arbeit aufdrücken. Meine Mutter weiß bis heute nicht, ob sie da überhaupt offiziell angemeldet war. Außerdem mussten meine Eltern beide nachts noch manchmal Malerarbeiten für Frau Häußler ausführen, vollkommen irre. Auch da war ich immer dabei. Nachts. Meiner Mutter wurde von Frau Häußler sogar angeboten, das Heim mit ihr zusammen zu führen, wahrscheinlich weil sie so gut auszunutzen war. Als Gegenleistung versprach sie ihr, dass sie meinen Eltern einen Bauplatz und ein Haus zur Verfügung stellen würde. So bekam sie immer mehr Macht über meine Mutter. Es sollte ihr immer schwerer fallen, dort wieder aufzuhören. Oft hat meine Mutter Frau Häußler auch in ihrer Villa privat bekochen müssen. Dabei spielten auch deren Hunde eine Rolle.

Frau Häußler hatte drei Hunde, drei Schäferhunde. Diese hatten jeweils mehrere Fressnäpfe, das waren so zerbissene Kunststoffteller. Zehn Stück gab es davon. Sie standen auch in der Küche, in der meine Mutter für die Kinder kochte. Manchmal, wenn die Teller für die Kinder nicht ausreichten, weil dort oft Überbelegung war, musste meine Mutter die Hundefressnäpfe an die Kinder austeilen. Ja, die Kinder mussten aus diesen zerbissenen Tellern ihre Suppe essen. Ich habe immer gedacht, dass diese Teller für die bösen Kinder seien. Man hat mir ja oft gesagt: »Das sind die Bösen«, und dann wurde auf einige ältere Kinder gezeigt, die gerade irgendwo abseits saßen. Ich zitterte vor Angst, ebenfalls eines Tages als böses Kind bezeichnet und bestraft zu werden.

Neben Frau Häußler gab es noch Heimleiter. Das waren Verwaltungsleiter, die sich wohl um das Kaufmännische kümmerten. In der Zeit, in der ich dort mitlief, gab es einmal einen solchen Mann, der hat Lebensmittel, die eigentlich für die Kinder waren, an seine Verwandtschaft verscherbelt. Den hat Frau Häußler dann entlassen. Irgend so eine Gelegenheit war es wohl auch, als sie meiner Mutter anbot, das Heim mit ihr zusammen zu führen. Das hat meine Mutter in einen heftigen Konflikt gebracht, denn sie litt so unter der Grausamkeit der Häußler gegenüber den Kindern und auch gegenüber dem Personal. Sie konnte sich allerdings gegen sie nicht wehren. Noch heute weint meine Mutter darüber, was sie alles dort hat mitansehen müssen und wie hilflos sie sich damals oft gefühlt hat. Mit so einer Frau zusammen dieses Heim führen, das wollte sie natürlich nicht. Obgleich sie überlegt hat, ob sie es nicht für die Kinder dann etwas besser machen könnte. Aber es wurde nichts daraus. Meine Mutter ging dann bald auch von dort weg.

Das war vor allem wegen der Hunde. Die Hunde liefen öfter frei herum, obwohl die »scharf« waren. Meine Mutter fragte mich später einmal: »Weißt du nicht mehr, was für eine fürchterliche Angst du vor diesen Hunden gehabt hast?« Aber ich erinnere mich nicht daran. Manchmal gingen diese Hunde auf die Kinder los oder wurden sogar absichtlich von Frau Häußler auf sie losgelassen. Jedenfalls verbissen sie sich manchmal an ihnen, das war so schrecklich. Sie gingen auch auf Menschen los. Meine Mutter hatte Angst vor ihnen. Noch heute ist sie entsetzt darüber und weint sofort, wenn sie davon erzählt.

Jeden Abend musste meine Mutter irgendwann für Frau Häußler privat in ihrer Villa kochen. Da saß sie und ließ sich bedienen. Das Ganze lief unter »Ausbildung«, sie wolle ihr zeigen, wie man bei Tisch serviert: von rechts kommend, den Fisch mit zwei Gabeln servieren, welche Teller zu was passen, welches Besteck und so weiter. Mal gab es Ente, mal Truthahn, mal Fisch. Immer war es nur das beste Essen, das meine Mutter für diese Frau kochen musste, während sie den Kindern nur billigstes Zusammengekochtes servieren durfte.

Aber das Erniedrigende war, dass sie an Feiertagen vor den Augen meiner Mutter die guten Speisen, sei es Truthahn, sei es Braten, sei es Fisch, alles, was meine Mutter aufwendig gekocht hatte, unten in die Näpfe geschüttet und ihren Hunden gegeben hat. Dabei hat sie dann meiner Mutter schöne Feiertage gewünscht. Davon erzählt meine Mutter noch heute unter Wein- und Lachkrämpfen, und sie sagt dann: »Ich habe mir da heimlich die Innereien aus den Bäuchen der Tiere mitgenommen, das war *unser* Festessen!«

Später ist Frau Häußler immer öfter abends auch mal weggeblieben, erschien gar nicht zum Essen, sondern ist in Garmisch gewesen, denn sie war da ein ganz hohes Tier, eine unheimlich reputierte Frau. Sie war Vorsitzende des oberbayrischen Kurheimverbandes und eine angesehene Frau als Heimleiterin. Sie aß dann auswärts. Aber sie ließ meine Mutter trotzdem immer für sie kochen: für die Hunde. Meine Mutter musste das gute Essen an diesen Abenden den Hunden in ihre Näpfe geben. Die drei Hunde wurden von ihr wie Menschen behandelt.

An einem der ersten Tage war es, da sollte sie sich den Hunden vorstellen, aber das waren Wachhunde, die auf Menschen abgerichtet waren. Meine Mutter sollte den Hunden ihre Hände hinhalten, damit diese sie kennenlernen konnten. Meine Mutter zitterte, sie hatte Angst. Frau Häußler sagte ihr: »Wenn die Hunde sie mögen, dann kommen sie hier in die Villa rein; wenn die Hunde sie nicht mögen, dann kommen sie hier nicht rein.« So war es dann auch: Die Hunde beschnupperten sie, und meine Mutter hatte Glück, die Hunde bissen ihr nicht die Hände ab. Fortan durfte sie dann für sie kochen.

Es war ein böses Haus dort. Es hat mich immer alles gegruselt. Auch viele Kinder schienen böse. Ich hatte vor den Kindern Angst, dass die mir was antun, denn ich lief ja nebenher, gehörte in keine Gruppe, war außen vor. Ich war kleiner als die anderen, war ja erst vier. Die Kinder dort wurden jeden Tag aufgeteilt in Gut und Böse. Es gab die guten und die bösen Kinder. Ich hatte immer große Angst, zu den Bösen gehören zu sollen, denn ich hatte Angst vor den Bösen. Die Bösen wurden jeden Tag im Ess-Saal von den beiden Frauen, der Häußler und einer anderen Frau, aus der Gesamtgruppe herausgepickt. Sie wählten sie wohl vorher gemeinsam aus. So erzählte es mir später meine Mutter. Die Frau, mit der zusammen sie das machte, wurde von den Kindern die »Buckelhexe« genannt, nicht weil sie einen Buckel hatte, sondern weil sie die Kinder im Waschraum immer mit dem nassen Handtuch über den Rücken, den »Buckel«, schlug. Das machte sie immer, und verlangte es auch von den jüngeren Erzieherinnen. Doch die hatten manchmal Mitleid mit den Kindern und taten dann nur so, als ob sie schlügen, und schlugen mit dem Handtuch auf den Fliesenboden. Das machte auch so ein Geräusch.

Von diesen beiden wurde nun jeden Tag beim Essen ein Strafregiment geführt, in dem die bösen Kinder festgestellt, aufgerufen und an einen anderen Platz, irgendwo hinten, abgetrennt von den anderen hingesetzt wurden. Das diente der Abschreckung. Der Rest des Saales erstarrte vor Angst. Nur aus diesem Grund machten sie das. Beide saßen im Ess-Saal etwas erhöht und haben streng herumgeschaut, bis sie sich welche herauspickten, meist nur für Kleinigkeiten: Der hatte nicht richtig aufgegessen, der hatte auf der gestrigen Wanderung nicht richtig gespurt, dem mussten die Haare geschnitten werden. So etwas eben. Es ging oft ums Haareschneiden. Die langen Haare, die damals schon einige Jungen hatten, waren den beiden ein ganz besonderer Dorn im Auge. Aber immer nur punktuell haben die sich die Kinder rausgesucht, nie ging es um alle, immer nur um einige, es war ein gezieltes Raussuchen. Kinder, die schwächer schienen, die langen Haare hatten, die Fragen stellten, die irgendwas falsch gemacht hatten, die etwas gewagt hatten zu fragen oder sonst etwas.

Irgendwann reichte es meiner Mutter, dann hat sie die Zustände gemeldet. Beim Gesundheitsamt Garmisch. Angeblich sind die Akten alle nicht mehr da, ich habe da mal nachgefragt. Zu denen ist sie hin und hat sich beschwert, wie die Kinder da behandelt würden. Ihr wurde daraufhin gesagt, es käme eine Prüfung. Die kam dann auch, aber es war natürlich alles in Ordnung.

Einmal sehe ich mich im Garten mit einigen Kindern hinter einem Busch sitzen, als eines der Mädchen sagte: »Da in dem Gang, da müssen wir aufpassen, da geht immer die Hexe entlang, da müssen wir aufpassen.« Sie meinte damit die »Buckelhexe«, die immer so garstig war. Meine Mutter erzählte, dass sie das auch zu den anderen Tanten gewesen war. Die haben sich aber einmal an ihr gerächt und ihr Rizinusöl in den Quark gerührt. Sie musste die ganze Nacht über auf dem Topf. Am Morgen hat sie gesagt: »An dem Quark muss was dran gewesen sein, der war wohl schlecht.« Nur mit Mühe konnten sich meine Mutter und ihre Küchenfrauen das Lachen verdrücken.

Ich selbst wurde dort nicht wieder bestraft, vielleicht weil meine Mutter in der Nähe war. Aber die kalte Atmosphäre und die Angst, die dort verbreitet wurde, die habe ich über ein Jahr ununterbrochen mitbekommen.

Ich war auch oft dabei, wenn mein Vater dort den Rasen mähte. Dabei hatte ich ziemlichen Schiss, dass die Hunde gleich kommen könnten oder die Häußler selbst. Einmal saß ich zusammen mit einem kleinen Mädchen in einem Sandkasten und wir haben gespielt. Da passierte etwas Seltsames: Ich spürte das Bedürfnis, dem kleinen Mädchen wehzutun. Dafür habe ich mich im selben Moment geschämt, aber ich konnte nicht anders. Ich sagte ihr böse Wörter und triezte sie, nahm ihr etwas weg. Ich war gelangweilt, wie so oft, hatte ein unangenehmes Gefühl, sehr oft war ich gelangweilt dort, sehr, sehr oft. Und ich war dort auch immer sehr allein. Immer.

Mein Tagesablauf war, einfach immer nur mitzulaufen, morgens in der Küche, nachmittags auf den Wanderungen, abends beim Kochen in der Villa, nachts bei abgeschalteter Beleuchtung in irgendwelchen Räumen beim Renovieren. Ich war dabei, spielte aber keine Rolle. Ich war nur Gegenstand, es gab kein Kümmern um mich, ich konnte nichts spielen, ich saß da und langweilte mich, oder ich schlief auf meinen Armen am Tisch oder wurde sogar manchmal, wenn sie nachts arbeiteten, im Auto zurückgelassen. Dafür hasse ich meine Mutter noch heute bei gleichzeitig großem Respekt für ihr großes Herz für die Kinder von Schmalensee. Ich wollte dann zunehmend nicht mehr mitgehen dorthin und lieber zu Hause allein bleiben.

In dem Sandkasten habe ich das kleine Mädchen gekratzt, gekniffen, ganz leise, still und verhalten, denn ich wollte natürlich nicht, dass das auffiel. Es war sogar ein Lustgefühl für mich, ich konnte das nicht abstellen. Ich schäme mich dafür. Ich habe nicht kapiert, warum ich das gemacht habe, das verwundert mich bis heute. Ich habe den Bestimmer spielen wollen, das passierte oft, wenn mein Papa dabei war. Immer dann spielte ich den großen Bestimmer. Das habe ich von ihm mitbekommen. Abgeguckt, nachgemacht, vielleicht als Ausdruck meiner Liebe zu ihm. Mein Vater war zwar wochenlang weg, kam nur ab und zu und wollte dann aus mir einen »Mann« machen. Auch vor ihm hatte ich nur Angst, vor seinen schwarzen Stiefeln, seinen Abhärtungsmaßnahmen und den Horrorfilmen, die er mich anzusehen zwang. Ich habe dann immer gesagt: »Lasst mich allein. Lasst mich allein!« Irgendwann war mir das echte Alleinsein lieber als das Alleinsein in ihrer Gegenwart und das ständig angstvolle Mitlaufen.

Das ist bis heute mein Problem im Leben: Ich selbst bin manchmal auch plötzlich aggressiv. Ich habe mich nie getraut, meinen Willen zu äußern, habe immer Angst vor Bestrafung gehabt. Den Frauen habe ich meist zu viel an Entscheidungen überlassen, hatte immer auch Angst vor Frauen, habe mich selbst oft zurückgestellt, mich betrügen lassen – und dann wurde ich aggressiv. Meine Beziehungen endeten meistens in Katastrophen. Ich bin zweimal geschieden und bin wohl nur wenig beziehungsfähig.

Mit meinem Vater streite ich mich noch heute. Er wirft mir vor, dass ich ein Oberstudienrat geworden bin. Er hingegen träumt jede Nacht davon, sich einen Russen vorzunehmen. Er war im Schützenverein, in dem jeder zweite im Krieg ein Bein verloren hatte. Sie prahlten mit der Anzahl der Russen, die sie umgebracht hatten. Er aber konnte da nicht mithalten, obgleich er bei der Edelweiß-Truppe der Bundeswehr war, aber ohne totgeschossenen Russen konnte man bei denen nicht mithalten. Auf Dorffesten hat er oft einen heftigen Streit mit diesen Leuten angefangen, sodass er beinahe Leute umgebracht hätte.

Oft fragte mein Vater im Streit, ob er sich etwa erschießen solle. Als ich später einmal erwiderte: »Mir egal!«, antortete er: »Pass auf, kann mal passieren.« Er hat mir von Kindheit an immer gezeigt, dass ich für ihn nichts wert war. Er sagte es sogar. Einmal beim Fußballspielen, als ich über eine sehr lange Entfernung seiner Meinung nach nicht gut genug zurückgeschossen hatte, meinte er: »Du bist nichts, du warst nichts und du wirst niemals etwas sein!«

Meine Mutter war übrigens selbst ein Verschickungskind: 1955. Da war sie im Allgäu, Kinderheilstätte Mittelberg/Oy, wo der Euthanasiearzt Catel bis 1946 war, grausig. Auch sie hat Schlimmes erlebt. Dort hatten die Kinder nur eine Schüssel nachts im Zimmer, um sich daraufzusetzen, wenn sie mussten. Aus Versehen haben sie im Dunkeln einmal die Schüssel umgestoßen und alles lief über den Boden. Die Kinder erschraken zu Tode, und der Versuch, das zu vertuschen, gelang nicht, denn schon kam eine Tante herein und fragte: »Wer war das?« Meine Mutter meldete sich als Einzige, um, wie sie sagte, die anderen zu schützen. Sie erhielt zur Strafe mit einer Stahlbürste den nackten Hintern verdroschen.

Dorthin war sie mit Tbc eingeliefert worden, wurde dort aber einfach nicht gesund, selbst nach vielen Wochen nicht. Irgendwann lag sie in hohem Fieber und die Leute dachten, sie würde sterben. Alle Kinder versammelten sich schon zum Abschiednehmen um ihr Bett.

Nachts hatte sie neben sich eine Schwester, die schon sehr alt war. Die kippte eines Tages plötzlich um und stand nicht mehr auf. Erst am nächsten Mittag kam einer ins Zimmer und fand die Schwester, die inzwischen gestorben war. Meine Mutter war die ganze Nacht über mit einer Toten im selben Zimmer gewesen. Auch sie mochte das Essen dort nicht und hat immer Brocken von Essensresten zwischen Bett und Wand versteckt. Dafür wurde sie ebenfalls bestraft und wieder geschlagen, obwohl sie todkrank war. Elf Wochen war sie dort. Aber sie selbst ist glücklicherweise nicht gestorben, allerdings auch nicht gesund geworden. Als sie fast schon tot war und erst dann, wurde ihr Vater angerufen. Der hat sie abgeholt und zu seiner Schwester gebracht. Erst dort wurde sie am Ende gesund.

Mein ganzes Leben hat die erste Ohrfeige von dieser Frau Häußler bestimmt. Die kam im Alter von vier Jahren aus heiterem Himmel über mich. Ab da habe ich mich vollkommen anders im Leben gefühlt, ich war ein anderer Mensch geworden. Alles geschah in der einen Minute dieser ungeheuren Ohrfeige, die mich zu Boden geworfen hat, nur weil ich »Ich will« gesagt hatte und meine Mutter nichts dagegen unternahm, sondern mit dieser Frau aus dem Raum gehen und mich über viele Stunden wie in Verbannung in diesem Raum zurücklassen sollte.

Frau Häußler ist 1976 gestorben. Sie war damals etwas über 70 Jahre alt. 1958 war das Gebäude von ihr als Bauherrin errichtet worden. Der Sohn übernahm es später. Eine Betroffene, zu der ich jetzt Kontakt bekommen habe, war erst 1983 dort und da war es immer noch ähnlich schlimm.

Wie mag das Leben des kleinen Guido verlaufen sein?

Wolfram

Es hieß, ich käme nach Borkum, eine Insel, dort gebe es Meer und Strand. Das war für mich in Ordnung. Ich war zehn Jahre alt und fühlte mich in der Lage, dorthin zu fahren. Ich war neugierig, es gab einige Vorbereitungen, ein Anzug musste eingepackt werden für die Sonntage. Mein Lehrer gab mir Bücher mit, denn der Aufenthalt lag nach den Sommerferien und ich sollte einiges lernen, da wir ein Kurzschuljahr hatten. Wir packten auch ein Lieblingsspielzeug ein: ein Auto mit Hänger und Plastiktieren für einen Bauernhof.

Wolfram kam 1966 zehnjährig für sechs Wochen ins Kinderheim Concordia auf Borkum. Heimbetreiberin war Cläre Meibert.

Dunkel ist die Erinnerung an den Anfang. Als Erstes sehe ich einen langen Bahnsteig und weiß noch genau, dass mich meine Eltern dorthin gebracht hatten. Dann sehe ich uns im Zugabteil. Da saßen wir alle zusammen in einem Waggon und neben mir auf der Bank saß der kleine Guido. Das war der Kleinste und der Jüngste, der mit unterwegs war, wenn ich mich richtig erinnere. Ein kleiner süßer Junge. Er war wegen Asthmaproblemen verschickt worden. Er weinte und wir versuchten ihn zu trösten. Er hatte furchtbares Heimweh, »Trennungsschmerz« würde man heute sagen. Er konnte sich gar nicht beruhigen, bis zum Schluss nicht. Er hat uns allen sehr leidgetan. Der ist dann später in den Keller gesperrt worden.

Als wir ankamen, blieben die netten Damen im Zug. Ich weiß nicht mehr, ob wir zum Heim marschierten oder gefahren wurden.

Danach sehe ich jedenfalls die Villa vor mir, das Haus Concordia, eine große, alte, graue Villa. Dahinter lag angebaut der Speisesaal. Im

Garten existierte ein Schlafhaus. Gegenüber vom Schlafhaus, hinter dem Speisesaal, befand sich eine Baracke. Diese Baracke mit den offenen Toiletten, den niedrigen Waschbecken und auf der anderen Seite einem zusätzlichen Raum war während der ganzen Zeit unser Aufenthaltsraum.

Im Schlafhaus bekam jeder sein Bett zugewiesen. Dann mussten wir die Koffer abgeben. Sie wurden geöffnet und die Erzieherinnen nahmen alles an sich. Ich verstand das nicht. Als Erstes wurde uns das Geld weggenommen, sodass wir keinerlei Geld mehr hatten. Die Umschläge damit wurden irgendwo deponiert. Angesprochen auf die Bücher, die ich dabeihatte, sagten sie: »Kannst du im Koffer lassen, interessiert keinen Menschen.« Es gab in schulischer Hinsicht überhaupt keine Unterstützung, ich bekam die Bücher die ganzen sechs Wochen nicht mehr zu Gesicht. Wir hatten überhaupt keinen Zugang mehr zu allen unseren Sachen, sie waren weg, in irgendwelchen Spinden. Ob wir den Schulstoff nachholten, hat niemanden interessiert. Dabei war es so, dass ich am Ende der vierten Klasse war und in dem Jahr der Übergang aufs Gymnasium anstand.

Mit eigenem Spielzeug durften wir auch nie spielen, denn das war ebenfalls weggeschlossen worden. Den Sonntagsanzug hatte ich ein einziges Mal an, als wir am Ende der Kur tatsächlich einmal in Richtung Leuchtturm marschierten, wo wir die einzige Gelegenheit bekamen, in einem Souvenirladen Mitbringsel zu kaufen. Vor dem Leuchtturm wurde ein Foto mit einem »Freund« für zu Hause gemacht. Das war das einzige Mal, dass ich den Sonntagsanzug zugewiesen bekam und anziehen durfte.

In den ganzen sechs Wochen waren wir nur ein einziges Mal am Strand, auch hier wurde ein Foto für die Familie geschossen. Dazu haben wir uns über einer Tüte Bonbons beugen dürfen, im Hintergrund sah man den Strand. Ja, nur einmal waren wir am Strand. Die restliche Zeit saßen wir in der Baracke, beschäftigt immer mit irgendwelchen Aufgaben: Wie falte ich meine Sachen richtig? Dort mussten wir uns sogar bettfertig machen und unsere Kleidung zusammenfalten. Es war schon kühl und wir saßen in den Schlafanzügen auf den Bänken und warteten, bis wir dann rüber ins Schlafhaus dackelten. Unsere Kleidung blieb bis zum nächsten Morgen in der Baracke. Ich weiß nicht mehr, wie oft da die Unterwäsche gewechselt wurde, aber sicher nicht täglich.

Wir waren so gut wie nie an der frischen Luft, nie draußen. Der Strand lag direkt vor der Tür, einfach nur über die gegenüberliegende Düne. Aber das sahen wir nicht. Wir waren im September immer nur in der Baracke, in der es ausschließlich Bänke gab. Auf denen saßen wir nebeneinander und warteten. Ich kann mich nicht erinnern, was wir den ganzen Tag gemacht haben. Spielzeug gab es jedenfalls nicht. Wir waren immer in dieser Baracke. Keine Minute unbeaufsichtigt, immer in der Gruppe, immer überwacht. Wie eingesperrt, sowohl in der Baracke als auch auf dem gesamten Grundstück. Die Baracke hatte uralte Fenster, aus denen der Kitt fast rausgefallen war. Nachdem wir abends rüber ins Schlafhaus gegangen waren, in Zweierreihen, haben wir uns nachts in den Schlaf geweint. Heimlich, weil wir ja schon große Jungen waren. Wir haben uns gewälzt, hin- und hergedreht, wir konnten nicht schlafen.

Wir waren etwa 15 bis 20 Jungen und hatten eine Erzieherin. Die war sogar noch erträglich, eine Jüngere, aber trotzdem resolut. Schlimmer war das Personal, das beim Essen unterwegs war. Immer aufessen müssen und so.

Manchmal durften wir nach Hause schreiben. Dabei ging keine Zeile raus, die nicht von den Betreuerinnen gegengelesen wurde. »Bitte schreibt nur nette Sachen, die Eltern sollen sich ja keine Sorgen machen«, das sagten sie. Sie nahmen einigen Kindern auch die Karten weg, wenn sie etwas »Falsches« geschrieben hatten.

Kontakt der Gruppen untereinander gab es nicht. Wir waren immer von den anderen getrennt und wären nie auf die Idee gekommen, mit Kindern anderer Gruppen in Kontakt kommen zu wollen. Nicht einmal mit den Kindern unserer Gruppe gab es einen richtigen Kontakt. Im Essenssaal herrschte Grabesruhe. Alles war grauslich dort, besonders das Essen. Während des Essens war es der reinste Horror. Die Heimleiterin lief dort herum oder schimpfte. Sie achtete darauf, dass auch ja jeder seinen Teller leer aß. Ich sehe sie da noch hin- und herrennen. Sie war eine dicke Matrone, immer mit Schürze. So lief sie schimpfend und nölend zwischen den Bankreihen hin und her.

Der Speisesaal war ebenerdig und hatte eine Verbindung zur Villa. Eine breite Treppe führte nach oben zu einem Durchbruch ins Haupthaus. Dort stand ein Tisch, an dem das Heimpersonal saß und aß. Sie konnten von oben auf uns herunterschauen, hatten einen Blick in den kompletten Speisesaal und konnten genau sehen, was da vor sich ging. Hinter ihnen in einem anderen Raum konnten wir riesige Regale sehen, die voll bestückt waren mit Obstkonserven. Ich sehe noch Zehn-Liter-Eimer voller Ananas – da ist uns das Wasser im Mund zusammengelaufen, von dem, was da stand, haben wir nur geträumt. So etwas haben wir nie bekommen.

Unsere Suppe am Samstag war das Schlimmste. Da dachten wir, sie hätten einmal vom Küchenfußboden die Reste aufgefegt und in die Suppe geschmissen. Irgendwelche Eintöpfe, die waren richtig eklig. Dieser Ekel, den ich mir da geholt habe, der befällt mich heute noch. Der ist mir für immer geblieben. Der erste Satz, den ich, als ich anschließend wieder nach Hause kam, sagte, lautete: »Nie, nie wieder!« Daraufhin haben sich meine Eltern beschwert und es hat dort wohl eine Kontrolle stattgefunden.

Aber am schlimmsten waren zwei Ereignisse, an die ich immer wieder denken muss. Das Erste passierte mit dem kleinen Guido. Unsere Baracke befand sich direkt gegenüber dem Schlafhaus, deshalb habe ich das so gut mitbekommen. Dieser kleine Guido hat wirklich gelitten. Schon im Zug hatte er so bitterlich geweint, und als wir dann in diesem Concordia waren und es mit seinem Heimweh nicht besser wurde, sperrte man diesen kleinen Kerl im Schlafhaus einfach in den Keller. Man sperrte ihn in den Keller und ließ ihn tagelang dort drin. Er hat geschrien dort. Unaufhörlich schrie und weinte er. Bitterlich hörten wir ihn schreien. Es war zum Steinerweichen. Es waren nur drei Meter, die uns von diesem Keller getrennt haben, und wir mussten zwei, drei Tage mitanhören, wie dieser kleine Junge sich dort jeden Tag die Seele aus dem Leib schrie. Das war eine Katastrophe. Wir kannten ja seine Stimme schon aus dem Zug, deshalb bekamen wir mit, dass das dieser kleine Junge aus dem Zug war, der da mutterseelenallein in diesem schrecklichen Keller eingesperrt war. Er schrie, er rief, er flehte und jammerte, dann weinte er wieder, uns liefen Schauer über den Rücken.

Das zweite Erlebnis, das mir bis heute nicht aus dem Kopf geht, war das folgende: Es gab auch eine Gruppe mit noch etwas älteren Kindern, als wir es waren, zu der auch eine Mädchengruppe gehörte. Darunter war ein Mädchen, das so 13 Jahre alt war. Jedenfalls war sie sicherlich die Älteste von uns. Irgendwann hat sie es nicht mehr ausgehalten und war eines Tages weggelaufen. Großes Trara, großes Geschimpfe, Drohungen, Gerenne. Wir wünschten ihr alle, dass sie es schaffte, aber sie kam nicht von der Insel runter, und so wurde sie schließlich am Ende wieder eingefangen.

Für sie dachten sich die Frauen etwas besonders Perfides zur Bestrafung aus. Im Garten wurde ein zwei mal zwei Meter großer Gitterkäfig aus Metall aufgestellt, mit einer Plane oben drüber. Darin wurde sie für mehrere Tage eingesperrt. Sie stand dann da und wir mussten sie anschauen. Sie wurde uns als abschreckendes Beispiel vorgeführt. Drei Tage saß sie da drin, den ganzen Tag lang auf der Erde, oder sie musste stehen. Eine Sitzgelegenheit gab es nicht. Die Tanten wiesen auf sie hin und sagten, so würde es auch uns ergehen, sollten wir auf die Idee kommen, ebenfalls abzuhauen. Drei Tage sahen wir sie in dem Käfig dort. Sie weinte nicht, sagte kein Wort.

Ich kann mich auch nicht mehr erinnern, den kleinen Guido jemals wiedergesehen zu haben. Auch auf der Rückfahrt war er nicht im Zug. Er war sicher komplett traumatisiert. Ich denke sehr oft an ihn, sehe ihn vor mir, als sei es gestern gewesen. Wie mag er nach Hause gekommen sein? Wie mag sein späteres Leben verlaufen sein?

Die Angst und die Präsenz des Todes

Christine

Ich war vier Jahre alt, als ich zusammen mit meinem Bruder nach Langeoog verschickt wurde. Er war immer etwas schwach und mochte nicht richtig essen, deshalb sollte er dorthin. Ich war eigentlich munter und gesund, habe das Leben geliebt und brauchte den Aufenthalt nicht, aber mein Bruder war schmal, ein richtiges Sorgenkind. Ich nicht, ich war glücklich und habe mich immer stark gefühlt. Meine Eltern meinten, er sei zu schwach und zu sensibel und könne unmöglich allein in die Kur geschickt werden, ich solle dort auf meinen Bruder aufpassen. Darauf war ich sehr stolz, denn ich war ja die kleinere von uns und sollte trotzdem auf ihn aufpassen, das fand ich toll. Er sollte bald in die Schule kommen.

Meine Mutter nähte kleine Schilder in alle unsere Kleidungsstücke: in die Unterhosen, in Hemden, Kleider, in alles. Ich durfte da schon mithelfen, durfte immer etwas abschneiden, darauf war ich ebenfalls stolz, wodurch ich voller Vorfreude dachte, es komme etwas ganz Großes auf mich zu, etwas ganz Tolles. An die Reise selbst kann ich mich nicht erinnern. Als wir ankamen, wurden wir zwei gleich getrennt – ich habe meinen Bruder dort nicht mehr wiedergesehen bis zur Abreise. Wir waren in verschiedenen Gruppen: Schulkinder, Nicht-Schulkinder.

Christine verbrachte im Alter von vier Jahren zusammen mit ihrem Bruder sechs Wochen im Bremerhavener Kinderkurheim Friesenheim auf Langeoog. Träger war die AWO Bremerhaven.

Ich erinnere mich an riesige Teller grauer Graupensuppe. Die musste aufgegessen werden, zwei oder drei Teller davon, aber ich konnte das nicht und habe mich übergeben. Das muss mehr als einmal passiert sein. Ich bekam fürchterliche Schimpfe von der Tante und wurde ins Bett geschickt. Krank wurde ich dort auch einmal und bekam Fieber.

Noch heute erinnere ich mich an meine damaligen Fieberträume. Darin war es so, dass ich immer über diese gestärkten Laken geklettert bin, immer geradezu geklettert, um aus dem Gitterbett zu kommen, aber es gelang mir nie. Ich war so klein wie ein Fingernagel und bin immer eingesunken. Ich sehe immer die Gitterbetten und die Laken vor mir und wie ich geklettert bin und nicht hinauskam. Kann sein, vielleicht ist das auch in Wirklichkeit passiert, in der Erinnerung fühlt sich das aber wie ein Traum an, ich habe es oft geträumt, immer und immer wieder.

Diesen Schlafsaal habe ich nicht mehr verlassen dürfen. Den ganzen Tag, alle Tage, wochenlang lag ich nur in diesem Schlafsaal im Bett. Die anderen Kinder waren nicht da, die waren draußen, den ganzen Tag über. Ich weiß noch, wie sie abends immer zurückkamen und in einiger Entfernung dastanden, kicherten und sich wunderten: Warum liegt die immer im Bett? Aber ich sah sie nur wie von fern, wie durch einen Nebelschleier. Ich musste den ganzen Tag im Gitterbett liegen, durfte nicht raus.

Meinem Bruder ging es ganz anders, der hatte gleich einen Freund gefunden, erzählte er später. Sie waren den ganzen Tag am Strand, haben gebuddelt, gespielt, er hat das dort komplett anders empfunden, hat sich wohlgefühlt. Ich habe dann irgendwann gerufen: »Ich habe einen Bruder hier!« Das haben sie mir nicht geglaubt.

Ich war krank, ja, aber vielleicht auch krank vor Heimweh. Es gab keinen Trost. Von niemandem. Ich kann mich erinnern, dass manchmal die Tür aufging, dann kam eine Frau, die wohl die Köchin war und die sagte: »Ach, meine Kleine, ich kann doch nicht bei dir bleiben, ich muss doch kochen.« Sie streichelte mich manchmal, da weinte ich bitterlich.

Ich weiß noch genau, wie der Schlafsaal aussah, die vielen Betten, die den ganzen Tag leer blieben, und wo mein Bett stand. Das Fenster war geradeaus, die Tür links. Ich weiß noch alles von damals, wie das Licht ins Zimmer fiel, ich höre die Geräusche, alles. Von draußen hörte ich, wie die Kinder spielten. Zu mir kam niemand. Niemand. Kein Arzt, keine Tante, keine Kinder. Man gab mir kein Spielzeug, kein Bilderbuch. Ich lag allein da die ganzen sechs Wochen über. Ich weiß auch noch, wie sich die Bettdecke anfühlte. Ich war immer allein, lag wie starr und starrte in den leeren Schlafsaal. Ich weiß noch genau, wie das Erbrochene auf den Boden klatschte. In diesem Bett und in dieser Zeit, da wusste ich nichts mehr von meiner Mutter, meinem Vater, mein Zuhause war weg. Das gab es nicht mehr, so ging es ewig.

Die nächste Erinnerung ist die Zugfahrt, und ich weiß, dass ich mich wieder übergeben habe und dass die Tante unglaublich wütend war, die Kinder sind beiseite gesprungen, sie waren mir sowieso alle fremd. Ich habe dann eine Ohrfeige bekommen, furchtbare Schimpfe, alle waren wieder böse mit mir, und dann kamen wir irgendwo an. Der Zug hielt und eine der Tanten schubste mich raus und sagte: »Na, dann geh doch endlich zu deiner Mama, da ist sie ja!«

Ich sah sie schon und habe sie auch erkannt und freute mich. In dem Moment, ich fühle es noch heute, da strahlte ich wie ein Honigkuchenpferd. Ich freute mich, mein ganzes Gesicht war ein Lachen vor Freude, ich konnte es gar nicht kontrollieren. Dann sah ich, dass sie, als ich auf sie zulief, die Arme vorstreckte, und statt mich in ihre Arme zu schließen, hielt sie mich von sich weg, zeigte auf etwas hinter mir und sagt: »Zurück! Du hast dich noch nicht bei den Tanten bedankt!«

Danach habe ich einen Filmriss. Keine Ahnung, was ich gemacht habe oder ob ich ausgeschimpft wurde. Keine Erinnerung mehr. Und das war das Traumatische: In dem Moment habe ich gedacht, dass meine Mutter erst noch käme, dass das gar nicht meine Mama sei. Da sollte mich doch jemand in den Arm nehmen, deshalb dachte ich, das könne nicht meine Mama sein. Es muss mich jemand in den Arm nehmen, so wie eine Mama sein soll, aber das war nicht so, also konnte sie es nicht sein, das konnte sie nicht sein, meine Mama.

Nie habe ich wieder Vertrauen gehabt. Nie mehr.

Es gibt ein Foto, auf dem mein Bruder der Tante die Hand hinstreckt, um sich zu bedanken. Das wurde mir vorgehalten. Er war fröhlich, er war selbstbewusst, er hatte Freunde gefunden, er war braungebrannt – und ich stand da und war stumm, starr. Danach herrschte nur noch Leere, ein Abgrund, in den ich runtergestürzt bin. Es war das Gefühl, dass etwas nicht richtig war.

Ich hatte danach nie mehr Heimweh, ich hatte nie mehr das Gefühl, dass ich ein Zuhause habe, ich konnte hingehen, wohin ich wollte, und bin dann auch mehrmals weggelaufen. Meine Mutter hat später oft gesagt: »Was bist du denn für ein Mädchen, vermisst du uns denn nicht?« Abends habe ich immer mit dem Kopf geschaukelt, hin und her, mit einer Höllengeschwindigkeit, anders konnte ich nicht einschlafen. Das ging noch die ganze Grundschulzeit über. Dann habe ich mir immer die Haare gedreht und sogar ausgerissen, zack, und dann hinters Bett geschmissen. Habe immer gedacht, dass meine Mutter die ja vielleicht irgendwann mal finde. Aber sie hat nie etwas gesagt. Ich habe auch immer gedacht, ich dürfte nie weinen, und habe das auch nie mehr gemacht, nie mehr. Und nie mehr habe ich meine Mama oder jemand anders aus meiner Familie vermisst. »Vermisst du uns nicht?«, hat meine Mutter immer gefragt. Aber ich habe sie nie mehr vermisst. Ab da habe ich mir immer das Weinen verdrückt. Immer hatte ich ihnen allen gegenüber ein Fremdheitsgefühl. Meiner ganzen Familie gegenüber. Das war nicht mehr meine Familie.

Von meinen Geburtstagen später gibt es keine Fotos, an den Geburtstagen wurden nie Fotos von mir gemacht, nur von meinem Bruder. Als Kind war ich danach immer still und stumm, bin immer wie unterm Radar gelaufen, immer das Gefühl: Vorsicht, sonst passiert wieder was!

Was mich wirklich bewegt, ist, dass das bis heute in meiner Familie keiner weiß. Wir haben nie darüber gesprochen. Wenn ich etwas davon anspreche, wird das immer abgewehrt: »Das war nicht so schlimm«, heißt es jedes Mal. Meine Eltern haben auch gar keine Schuldgefühle. Ich habe ab da am Leben meiner Eltern vorbeigelebt. Ich hatte mein eigenes Leben und nie habe ich jemanden dorthin mitgenommen, auch meine Freunde nicht.

Aber ich bin meinen Eltern heute nicht mehr böse, sie haben nicht gewusst, was da passiert ist, was dieser Aufenthalt in mir ausgelöst hat. Es war beinahe eine andere Welt, ein anderes Leben, ich weiß es nicht. Es würde mir helfen, wenn sie sich entschuldigen würden, aber das liegt außerhalb aller Vorstellungen. Ich weiß nicht … Ich habe mir als kleines Kind immer gesagt, dass da vor mir müsse eine andere Mama sein, aber meine eigene … die suche ich noch heute.

Manchmal deutete ich meinen Eltern gegenüber etwas an oder fragte sie nach etwas, aber sie wehrten es immer nur ab, ich durfte nie darüber reden. Vielleicht haben sie etwas gemerkt und wollten, dass wir es schnell vergessen. Und da mein Bruder so viel Gutes erzählte, dachten sie wohl, ich sei nur undankbar oder würde lügen.

Wenn meine Mutter heute käme und sagen würde: »Verzeih mir, dass ich dich da hingeschickt habe, dass ich uneinfühlsam war«, das würde vielleicht helfen, aber das würde sie nie tun. Niemals. Sie würde es nicht tun, es liegt außerhalb ihrer Möglichkeiten.

Das hat sich auch auf meine Beziehungen ausgewirkt. Ich konnte keine festen Beziehungen eingehen, kannte verlässliche Beziehungen ja nicht, obwohl ich äußerlich alles hatte, aber in Wirklichkeit war unsere Familie zerrissen, nicht vorhanden, es gab keine Bindung. Meine Mutter hat oft mit mir geschimpft. Einmal wollte sie alle meine Bücher wegschmeißen, sie war eifersüchtig auf meine Bücher. Ich habe exzessiv gelesen, das war lebensnotwendig für mich. Ich habe mich verstanden gefühlt von den Schriftstellern. In die Grundschule bin ich mit fünf Jahren gekommen, ich war auch wirklich schlau, habe für meinen Bruder die Schulaufgaben gemacht.

Zum Glück kam ich in die Schule, denn die Lehrerin Frau Schröder hat mich gerettet. Sie war sehr lieb. Da konnte ich schon alles: lesen, rechnen … Sie hat mir, weil ich mich im Unterricht langweilte, den Auftrag gegeben, mich um den Holger zu kümmern, der war verhaltensgestört, immer ganz zappelig. Ich sollte auf ihn aufpassen. Das hat mir Spaß gemacht.

Später musste ich mit dem Zug zum Gymnasium fahren. Am dortigen Bahnhof angekommen, bin ich immer hinten aus dem Bahnhof gegangen, da, wo die Prostituierten standen, dann habe ich oft gedacht, dass es immer einen Ausweg gibt.

Apropos Beziehungen: Ehrlich gesagt, kann ich Männer eigentlich nicht ernst nehmen, denn mein Vater hat mich damals nicht gerettet, mein Bruder auch nicht, meine Mutter war die Dominante. Mein Vater hätte sagen müssen: Was machst du mit Christine? Aber er hat es nicht gesagt. Hat mich ebenfalls im Stich gelassen. Bei mir herrschte das Gefühl, dass Männer da doch nichts ausrichten können. Das hat mein Verhältnis zu Männern stark geprägt. Ich hatte zuerst nur Freundinnen. Mit 18 Jahren dann den ersten Mann, das war der Vater meiner Freundin. Wir waren zwei Jahre zusammen. Das war richtig und wichtig für mich. Ich war verliebt in ihn, ganz lange haben wir uns noch Briefe geschrieben. Als dann klar wurde, dass seinerseits eine Sexbeziehung daraus werden sollte, habe ich gedacht, nein, das will ich ihm nicht geben, also meine Jungfräulichkeit. Danach habe ich mir einen anderen gesucht, mit dem ich dann das erste Mal Sex hatte. Anschließend konnte ich es dann auch mit dem anderen tun, wusste jetzt, was auf mich zukam. Komisch? Ja, vielleicht.

Dann stand für mich auch fest, dass ich ein Kind wollte, aber keinen Mann. Ich wollte Kinder lieber allein großziehen. Ich hatte auch wechselnde Beziehungspartner. Dann wurde ich schwanger, habe das dem Partner aber nicht gesagt. Ich wollte das Kind für mich. Wollte mir nichts sagen lassen. Oh, nee!

Das war das Schönste in meinem Leben, das erste Jahr mit meiner großen Tochter. Ich habe sie gestillt, hatte nie einen Kinderwagen, bin viel gereist, meine Tochter immer im Tuch. Der Mann wusste gar nichts von dem Kind, denn er war in eine andere Stadt gezogen. Ricarda, meine Älteste, hat nie etwas vermisst, hat alles gehabt, also eine Art Stiefvater. Kurz bevor sie 18 wurde, habe ich ihn angeschrieben, den Vater. Zuerst wollte er es nicht glauben, aber dann hat er ihr das Studium finanziert.

Beziehungen zu Männern habe ich aber sogar oft gar nicht erst zustande kommen lassen. Bin immer gegangen, wenn ich schwanger wurde. Mein Liebesleben war nach der Abweisung durch meine Mutter vorbei. Ich habe es nie wieder kitten können. Mein Liebesleben, es war zerbrochen. Ich kann kein Vertrauen zu Männern haben.

Zu meinen Kindern war ich aber immer die Mutter, die ich nie hatte. Habe auch heute noch sehr liebevolle Beziehungen zu meinen Kindern. Undenkbar wäre all das für mich gewesen, was meine Mutter mir angetan hat.

An den damaligen Heimaufenthalt denke ich jeden Tag, und auch an den Tod. Beides scheint miteinander verbunden zu sein. Ich habe für mich die Lehre daraus gezogen, jeden Tag zu genießen.

Klar, selbstbestimmt ist mein Leben immer gewesen. Ich war immer stark und allein. Auch als ich verheiratet war, wollte ich mir immer ein Türchen offenhalten. Mein Gefühl, dass ich mich nie auf jemanden verlassen kann, hat mich geprägt, und selbst heute kann ich mich in Beziehungen nie entspannen. Solange ich selbst bestimmen kann, ist es gut, aber wenn nicht, dann ... Ich weiß nicht, wie ich vorher war, aber diese Lehre gehört so ziemlich an den Anfang meines Lebens, und zwar mit dem Ergebnis, dass ich eigentlich nie vertrauen kann. Ich weiß allerdings, dass ich vorher sehr fröhlich war. Das wurde immer gesagt und das habe ich auch gefühlt.

In meinen Beziehungen war immer ich diejenige, die Trennungen ausgesprochen hat, immer ich. Es fällt mir schwer, Vertrauen zu entwickeln.

Von meinen Eltern wünsche ich mir, dass sie nun bald mal sterben. Dann kann ich endlich aufatmen, denn meine Vorstellung, wenn sie sterben, ist: Dann kann das kleine Kind aufatmen. Aber vielleicht werden sie noch 100, das wäre wirklich ganz schrecklich.

Wenn sie mich um Entschuldigung bitten würden, ja, aber das werden sie nie tun. Und ich würde sie darum auch nie bitten, sie müssten es schon von sich aus tun, es sei denn, ich wüsste, dass sie gleich am nächsten Tag sterben. Aber so, nein, die Elternschaft haben sie verwirkt – so habe ich es empfunden, ja, sie haben ihre Elternschaft verwirkt. Wenn ich das nicht erlebt hätte, vielleicht wäre das Verhältnis mit meiner Mutter nie so zerstört worden.

Die Angst und die Präsenz des Todes haben mich immer wieder auch später noch ans Bett gefesselt. Ich habe immer an den Tod gedacht, schon als Vierjährige. Als Grundschuldkind habe ich versucht, mich mit einem Handtuch zu erdrosseln. Später auch noch mal. Dann habe ich an Gott geglaubt. Aber der Pastor sagte irgendwann, dass auch er zweifle, da war es für mich vorbei.

Wo kann es schöner sein als im Tod? Der Tod ist für mich immer präsent. Der Tod ist ein großes Ganzes, der Tod begleitet mich. Der

Tod ist allwissend, so wie ein Gott. Tod als Trost. Ein Gefühl der Ruhe, der Schmerzfreiheit. Suizidale Gedanken hatte ich immer. Aber sie waren nicht stark und nicht schlimm. Ich konnte mir den Tod immer gut vorstellen, das hat sich erst mit meinen Kindern geändert. Heute, in depressiven Phasen, denke ich immer an den Tod, jeden Tag. Der Tod ist wie ein freundlicher Begleiter, der immer neben mir ist und mich eines Tages aufnimmt, wie in eine Umarmung. Beim Aufwachen, jeden Tag, auch heute noch, sehe ich die Sonne und höre die Vögel und freue mich meines Lebens und neben mir ist immer der Tod, das ist wie eine Art Vater und Mutter der Ewigkeit, die mich aufnehmen, das ist schön, etwas Großes. Der Gedanke an den Tod ist bei mir nicht schlimm, denn er holt mich ja jetzt noch nicht. Das sagt er mir immer, noch hole er mich nicht, noch solle ich leben – das ist schön. Der Tod ist für mich wie ein Trost.

Der Borkum in die Luft sprengen wollte

Robert

Ja, ich bin derjenige, der auf Borkum ein Haus in die Luft sprengen wollte. Mein Name ist Robert, ich war in der dritten Klasse, neun Jahre alt. Das Heim war das von Cläre Meibert.

Ende der 1960er Jahre hatte ich chronische Bronchitis. Wir wohnten im rheinischen Kohlerevier, die Luft war damals noch ungefiltert schmutzig, wir wohnten außerdem in einer Flussniederung, sodass es häufig Smog gab. Beim Kinderarzt musste ich damals oft in eine »Klimakammer«. Ende 1969 wurde es dann angeraten von diesem Arzt, dass ich verschickt werden sollte. Dazu mussten wir zum Gesundheitsamt, wo alles seinen Gang nahm. Im Sommer 1970 sollte ich dann fahren. Ich hatte die Wahl: ans Meer oder in den Schwarzwald? Ich habe mir dann das Meer ausgesucht und war total begeistert.

Meine Mutter nähte meinen Namen in alle Klamotten, eine große Vorfreude erfüllte mich, denn ich fand es spannend, was da geschehen sollte. Ich hatte zwar etwas Bedenken, sechs Wochen weg von zu Hause, aber es überwog das Gefühl der Freude auf das Meer. Ich habe auch keine Negativerinnerungen an den Abschied. Wir wurden in größerer Gruppe zum Zug gebracht, dann waren die Eltern weg, und ich saß im Zug, zusammen mit fünf anderen Jungen und einer Aufpasserin. Die war nett. Ich fand eigenartig, dass die Frau nach der Ankunft wieder abfuhr, denn sie war nicht unangenehm, man hatte während der Fahrt eine gewisse Beziehung aufgebaut. Ich war jedenfalls traurig, dass diese Frau nicht mit uns im Heim blieb.

Robert verbrachte mit neun Jahren im Sommer 1970 sechs Wochen im Kurheim Concordia auf Borkum, Heimbetreiberin war Cläre Meibert.

Wir sind dann dort mit den 25 Jungen der Gruppe, der ich zugeteilt wurde, im Dachstuhl untergebracht worden – wir waren die Zweitältesten dort. Zuerst führte man uns durch das ganze Haus. Dabei haben wir auch schöne Waschräume gesehen, und ich frage mich bis heute, warum wir diese Waschräume nie benutzen durften. Jedenfalls waren sie nicht für uns vorgesehen, wie sich später herausstellte.

Der Raum unterm Dach war nicht schön, wirkte abgerissen, dreckig, es gab wenig Platz. Mit dem Abend nach der Ankunft, als wir ins Bett sollten, beginnt meine erste schlimme Erinnerung. Die Leiterin Cläre Meibert hatte eine weiße Schürze um und trug hinten einen Dutt. Sie war alt, hatte uns bei der Ankunft unwirsch begrüßt und uns dann gleich eine junge Frau als unsere Erzieherin vorgestellt. Daher kannten wir sie schon. Sie kam also da an dem ersten Abend in unseren »Schlafraum«. Wir lagen eng gedrängt, und sie sagte zu uns – das werde ich nie vergessen – in einem so scharfen Tonfall, wie ich ihn nie vorher gehört hatte: »Hier gilt jetzt das Folgende: Es wird nicht geredet, es wird nicht geheult, ihr guckt alle in eine Richtung und bewegt euch bis morgen früh nicht mehr!«

Das war das erste Mal, dass ich merkte, es würde nicht so laufen, wie ich mir das vorgestellt hatte. Dann kam noch ein Satz, nämlich der, dass wir in der Nacht möglichst nicht auf die Toilette gehen sollten, denn es gebe keine, sagte sie. Wir erfuhren, dass es so war: Da wir ja im Dachgeschoss schliefen, sollten wir zum Austreten im Notfall in zwei aufgestellte Blecheimer pinkeln. Dazu allerdings mussten wir rechts über einen Dachspeicher durch das Zimmer einer Erzieherin gehen, die dort schlief! Erst in einem Raum dahinter standen im Dunkeln die zwei Eimer, in die wir im Notfall pinkeln durften.

Ebenfalls weiß ich noch, dass wir am ersten Tag unsere Mützen bekommen haben. Da ich nicht zu den Ältesten gehörte – die hatten rot-weiß gestreifte Mützchen –, bekamen wir nur blauweiß gehäkelte Mützchen für die Zweitältesten. Ich war die Nummer 24, da ich der Zweitgrößte war; der größte Junge von uns bekam die Nummer 25 und war immer vor mir oder neben mir.

Die ganze Stimmung und alles dort, nun, es war wie ein »Kinder-KZ«, ungelogen! Alles immer in Zweierreihen, immer im Block, immer in der streng nach Nummern vorgegebenen Reihenfolge. Ich musste also stets vor dem Jungen mit der Nummer 25 gehen, vor mir der Junge mit der Nummer 23, im Gänsemarsch oder in Zweierreihen, alles immer auf Kommando, immer auf Befehl. Völlig unsinnige Sachen. Manchmal durften wir uns nicht abends die Zähne putzen, dann hieß es plötzlich mitten am Tag: Zähneputzen! Wenn wir irgendwo hingingen, dann im Block. Mit harten Worten wurde dieser Block in Schach gehalten. Wenn wir in den Ort kamen, war unser Erkennungszeichen das blauweiß gehäkelte Mützchen. Damit wir für jeden immer sofort zu erkennen waren. Wir sagten uns aber: Das war, damit wir nicht weglaufen konnten.

Als sehr schlimm und schambesetzt habe ich das Umgehen mit den Ausscheidungsvorgängen in Erinnerung. Zunächst mussten wir 25 Jungen, alle zur selben Zeit, im Gänsemarsch auf die Toilette gehen und dort auf Befehl unser Geschäft verrichten. Dafür blieb nur wenig Zeit. Wir warteten vor den Toiletten, danach einer nach dem anderen rein, dann dem Befehl gehorchend ein großes Geschäft machen. Da saßen wir dann auf der Toilette, draußen die wartende und alles mit anhörende Schlange der anderen Kinder, daneben die lauernde Aufseherin. So zwangen sie uns mit Gewalt etwas ab. Doch wer kann das schon auf Befehl? Aber viel schlimmer war noch: Hatten wir zu wenig oder nicht das richtige in den Augen der Aufseherin »gemacht«, dann bekamen wir irgend so ein Heilwasser, wahrscheinlich Meerwasser, zu trinken. Es war ekelhaft.

Dieses ganze Prozedere blieb mir als extrem schambesetzt in Erinnerung, wenn die Aufseherin danach reinkam und den Stuhlgang kontrollierte. Daher durften wir bei einem großen Geschäft nicht abspülen. Es kam also jedes Mal, nachdem einer von uns auf der Toilette gewesen war, eine der Tanten rein, beugte sich über die Schüssel und notierte auf einem Zettel, wie groß oder klein das Geschäft gewesen war. Das war uns allen ein unsäglich schambesetzter Vorgang. Es war ja keineswegs so, dass wir alle konnten ... nein, man zwang sich »etwas« ab!

Es gab auch einen Unterschied zwischen Mädchen und Jungen. Die Mädchen hatten zum Beispiel neben ihrem Schlafraum Toiletten, wir nur die Blecheimer. Die Mädchen hatten fest zugeordnete Waschräume, wir mussten zum Waschen irgendwo in ein Nebengebäude. Dort wurden wir in einer Abstellkammer abgefertigt. Mit großer Sehnsucht dachten wir immer an die Waschräume der Mädchen, durch die wir am ersten Tage durchgeführt worden waren und in denen wir uns aber nie waschen durften.

Was ich darüber hinaus noch sehr, sehr negativ in Erinnerung habe, ist die Atmosphäre im Speisesaal. Das war furchtbar. Man zog als Gruppe gemeinsam in den Speisesaal ein. Wir saßen auf Bänken, mussten uns dann zunächst mit dem Rücken zum Platz hinsetzen und die Hände auf die Knie legen. So blieben wir erst einmal eine Weile stocksteif sitzen. Wahrscheinlich warteten wir, bis alle reingekommen waren oder leise auf ihren Plätzen saßen. Mein Blick fiel jedes Mal, wenn wir da in Habachtstellung saßen, auf ein Bild an der Wand. In diesem Bild lag nun bald mein ganzer Kummer, mein grenzenloses Heimweh. Jeden Tag, an dem wir in der gleichen Stellung so sitzen mussten, mit dem Rücken zum Platz, da träumte ich mich in dieses Bild hinein. Geweint habe ich immer vor dem Essen, wenn ich das Bild ansah. Da hinein wollte ich fliehen, da hinein wollte ich mich verkrümeln. Es war vielleicht ein Landschaftsbild, ich weiß es nicht mehr genau. Aber ich wollte mich kleinschrumpfen und durch die Bildlandschaft hindurch verschwinden. ›Wie komm ich hier bloß weg?‹, das war ein Gedanke, der bald zur einzigen mich beherrschenden Frage wurde.

Ich hatte entsetzliches Heimweh. In dem Heimweh steckte eine Erinnerung an die häusliche Geborgenheit, die war sehr schmerzhaft. Zu Hause gab es auch manchmal Strenge, aber gegen das, was ich da erlebte, war es die große Freiheit Nummer sieben. Dagegen war zu Hause ein Paradies.

Endlich kam das Kommando und wir durften uns nach vorne umdrehen. Dabei mussten wir die Hände rechts und links neben den Teller legen. Erst als alle so saßen, kam das Kommando: Essen! Wir durften nicht reden und uns nicht anders bewegen, als das Kommando lautete. Da gab es dann eigentlich immer, oder fast immer, Milchreis, abwechselnd mal mit Zimt und mal mit Schokoladenpulver. Die alte

Frau Meibert lief dann durch die Reihen und schimpfte und drohte. Das Essen wurde zur Tortur. Milchreis kann ich seitdem nicht mehr essen, auch keinen Zimt. Und den Geruch gekochter Milch kann ich gar nicht aushalten und muss dann sofort würgen. Milchreis war das Standardessen, das es dreimal die Woche gab. Bis heute gilt für mich: Nie wieder! Und das Gefühl beim Essen: Du sitzt da und die Matriarchin läuft da rum, beobachtet und schimpft – es war schrecklich. Man konnte da einfach nicht essen.

Diese Cläre Meibert hatte einen Mann, das kann man bis heute noch auf dem Grabstein sehen, einen Major a. D., wodurch man sich gut vorstellen kann, wes Geistes Kind diese Familie war. Genauso war es, wie beim Militär eben. Eine Art privater Kadettenanstalt.

Nachts war unsere größte Angst, von der Aufseherin erwischt zu werden, durch deren Zimmer wir gehen mussten, um zu unseren Blecheimern zu kommen, oder womöglich auch noch den Blecheimer umzustoßen. Auch das eine Schreckensvorstellung: im Dunkeln die Blecheimer umzuschmeißen, furchtbar. Das sollte uns abhalten, aber das ging ja gar nicht, denn wenn man nun mal muss, dann muss man, das kann man ja nicht kontrollieren. Auch ich habe oft diesen Eimer benutzen müssen, oft nach langem Wachliegen und mit mir kämpfend, ob ich es nicht doch aushalten konnte. Das überlegt man sich lange und liegt dann da mit der schmerzenden Blase, kann nicht schlafen und hat Angst, sich einen Anraunzer anhören zu müssen. Wir versuchten es zwar immer so leise wie möglich zu machen, aber es blieb nie unbemerkt. Die Frau wurde jedes Mal wach oder wachte vielleicht sogar die ganze Zeit. Wir warteten immer ganz lange, hofften, sie schliefe irgendwann, aber das erlebten wir nie. Sie erwischte jeden, schnauzte jedes Mal. Ich habe ganz leise versucht hindurchzugehen, ohne Erfolg, jedes Mal schnauzte sie mich an.

Sehr nachhaltig ist auch die Erinnerung an die Freizeitgestaltung. Das spielte sich in einem Schuhkeller ab; wir saßen mit 25 Jungen in einem fensterlosen dunklen Kellerraum. Dort gab es eine Art Lego-Spielzeug. Wenn wir brav waren, dann rückte die Frau, die dort bei uns saß und uns beaufsichtigte, ab und zu kleine Rädchen heraus, damit wir auch Autos bauen konnten. Das war eine Belohnung. Außerdem gab es dazu Essen: Honigkuchen. Immer wieder Honigkuchen. Den kann ich auch nicht mehr sehen. Es war jämmerlich. Wir saßen in einem dunklen Keller und gierten nach den armseligen Rädchen, damit wir daraus etwas bauen konnten.

Hin und wieder waren wir auch im Garten, sehr selten auch mal am Strand, obgleich es Sommer war, das war aber vielleicht vier-, fünfmal in der ganzen Zeit. Wenn wir an den Strand geführt wurden, dann in Zweierreihen und mit diesen Mützen auf dem Kopf. Dort gab es ein abgetrenntes Areal, auf dem wir uns bewegen durften. Die Aufseherin – es gab nur eine – ging in der Zeit mit uns in kleinen Zweiergruppen nur kurz ins Wasser. Das war ein Highlight, mal rauszukommen, wie Hofgang im Knast. Sandburgen haben wir gebaut, das durften wir, auch mit dem Ball spielen. Wir sind auch mal spazieren gegangen und haben eine tote Seerobbe gefunden und haben gesehen, dass es dort einen riesigen Bunker gegeben hat.

Dann gab es in der letzten Woche noch diese Geschichte: Wir gingen mit der ganzen Gruppe ins Dorf Borkum, um Geschenke für unsere Eltern zu kaufen. Einzeln betraten wir mit der Erzieherin ein Geschäft und mussten uns in drei Minuten etwas aussuchen und kaufen. Ich fand, dass das ein bisschen gezwungen ablief: ich mit der Frau in den Laden rein, drei Minuten Zeit, aussuchen, kaufen, raus. Aber ich konnte es nicht einmal richtig aussuchen, denn ich schaute auf irgendwas und der Mann packte es auch schon ein.

Zu Hause bei meinen Eltern hängen immer noch die Sachen, die ich damals »ausgesucht« habe. Meinem Bruder habe ich so einen dummen Seestern gekauft, der stank. Es war nicht schön, es war gezwungen, es ging zu schnell, es war nur wie eine Abfertigung, es war eine Lüge. Letztlich versetzte uns das auch in ein Schuldgefühl, weil wir für unsere geliebten Menschen nur dumme unsinnige Sachen aussuchen konnten, die man uns nur aufgezwungen hatte und die wir zu Hause nicht erklären konnten. Wie gern hätten wir unseren Eltern schöne Geschenke mitgebracht, aber wir hätten mit Menschen einkaufen gehen müssen, die auch wirklich daran Interesse gehabt hätten. Wenn nun die Eltern diese »Geschenke« ehren wollten, dann haben sie sie aufbewahrt, und wir erinnern uns noch Jahrzehnte an diesen Aufenthalt. Bei uns im Wohnzimmer hing ewig lange noch dieses furchtbare Bild von Borkum.

Was ich noch als ganz schlimm empfunden habe, das war die Zensur der Post. Die Aufseherin entschied eines Tages: So, jetzt schreiben wir eine Karte. Dann wurden die Karten gekauft. Karte und Briefmarke mussten wir von unserem Taschengeld bezahlen. Wir kamen in einen Schreibraum, aus dem wir nach draußen blicken konnten, es war nicht der Schuhraum. Allerdings durften wir nicht schreiben, was wir wollten, das war ganz klar. Ich zum Beispiel musste meinen Eltern schreiben: »Weil wir nicht lieb waren, gehen wir nicht so oft zum Strand.« Das war völlig gelogen. Irgendwann in der Mitte der Zeit dort musste ich schreiben: Schickt bitte kein Paket mehr! Ich hatte zwei Pakete bekommen, das war denen wohl schon zu viel gewesen. Meine Oma schrieb mir zurück, das könnte sie gar nicht verstehen, sie hätte das Paket schon auf den Weg gebracht, was denn da los sei und warum ich das schreiben würde.

Dann kam auch dieses Paket an, aber es wurde mir nicht ausgehändigt. All diese Pakete wurden gesammelt und irgendwann, als die Aufseherin Lust dazu hatte, hieß es: Jetzt machen wir ein Zuckerfest. Da wurden alle Pakete geöffnet und der Brief, der meistens beilag, wurde dem Kind gegeben. Die Süßigkeiten und sonstigen Sachen wurden durcheinandergeworfen und wahllos auf Teller verteilt. Das fand ich wirklich schmerzhaft, total schmerzhaft. Wir wurden um die einzigen wenigen besonderen Liebesgaben unserer Angehörigen gebracht, um unsere Lieblingssachen, um ihre Gedanken zu unseren Vorlieben … Sowas wurde noch mit Gerechtigkeit gerechtfertigt und ein »Fest« genannt. Hätte man uns die Pakete gelassen, hätten wir bestimmt freiwillig abgegeben und mit anderen geteilt, so aber empfanden wir es nur als gemein. Die uns gestohlenen Sachen schmeckten uns nicht mehr auf diesem »Fest«.

Es gab zwei, drei Kinder aus meiner Gruppe, mit denen ich mich heimlich, wenn wir ungestört waren, draußen manchmal, ein bisschen anfreundete. Die Nummer 25 war mein Freund. Wir ergingen uns in Fluchtfantasien. Die Fluchtfantasien beherrschten uns. Wir haben uns vorgestellt, wie wir abhauen könnten, aber alle Überlegungen endeten darin, dass wir nicht wussten, wie wir von der Insel hinunterkommen sollten. Der Wunsch war immer präsent, aber da Borkum ja eine Scheißinsel ist, scheiterten alle Versuche schon in Gedanken. An dieser Tatsache, dass wir, selbst wenn wir da aus diesem Loch hinauskämen, ja niemals von der Insel runterkommen würden. So wuchs später die Idee, Borkum in die Luft zu sprengen, wir hatten eine ungeheure Wut auf diese Insel.

Kontakt zu Kindern anderer Gruppen hatten wir gar nicht, überhaupt nicht, nie. Wir waren die Blauweißen, weil wir altersgleich waren.

Dann gab es eine Postkarte zum Abschied. Ich erinnere mich daran, dass wir die selbst schreiben durften. Ich habe auf meiner letzten Karte oder in meinem letzten Brief meinen Eltern einen Wunschvorschlag gemacht bezüglich des Essens: Ich habe mir Nudeln mit Gehacktem gewünscht, das war damals mein Leib- und Magengericht. Außerdem habe ich meinen Vater gebeten, mir doch bitte beim Zusammenbauen eines Modellhubschraubers, den ich zum Geburtstag bekommen hatte, zu helfen. Dieser Wunsch ist auch in Erfüllung gegangen.

Aber was bei mir dann doch noch ganz negativ in Erinnerung geblieben ist, das ist die Fahrt zurück. Die haben uns für die lange Fahrt von Borkum nach Köln nur so ein Tütchen mitgegeben, in dem ein Butterbrot war und ein Trinkpäckchen, winzig klein. Nur ein einziges Trinkpäckchen für die ganze Fahrt. Das allerdings hatten wir schon auf dem Schiff ausgetrunken. Wir hatten also in der Sommerhitze auf der ganzen Fahrt nichts mehr zu trinken. In Zügen gab es ja damals noch keine Bistros, nicht einmal trinkbares Wasser. Das hat uns auf den letzten 100 Kilometern noch mal so einen richtigen Tritt gegeben. Wir litten schrecklichen Durst.

Während des ganzen Aufenthalts war bei mir immer das Gefühl des Wegnehmens von Freiheit präsent, das Eingeschränktsein, Fremdbestimmtsein, und zwar bis ins Kleinste, bis zu der Tatsache, dass jemand anderer entschied, wann ich zur Toilette durfte und was ich dort abzuliefern hatte. In diesem ganzen Haus fehlte Wärme, Liebe und eine warmherzige Atmosphäre, die fehlte komplett, war nirgendwo zu spüren, an keiner Stelle. Dass die Aufseherinnen Kinder mochten ... nein, ganz im Gegenteil, wir hatten immer das Gefühl, sie hassten Kinder. Das war besonders an der Cläre Meibert zu sehen. Diese Frau war vom ersten Moment an ekelhaft. Ich kann mich an kein Lächeln erinnern, kein positives Wort von ihr, nichts, sie war verkniffen, hasserfüllt, voller Abscheu uns gegenüber, überhaupt keine Wärme, nichts, rein gar nichts.

Es gab viele Räume in diesem Haus, in die wir nie gekommen sind. Wir gingen nur immer mit unserer Leiterin in Reih' und Glied aus der Dachstube hinüber in die Abstellkammer, in der wir uns waschen sollten. Von dort ging es runter in den Speisesaal. Frei sind wir in diesem Haus nie gelaufen. Im Anbau, in der Schreibstunde, schrieb ich einmal an meine Eltern: »Ich bin so traurig, ich habe Heimweh, holt mich hier raus.« Doch dann kam die Aufseherin, nahm mir die Karte weg, zerriss sie vor meinen Augen und sagte: »Nee, das schreibst du nicht, jetzt schreibst du was anderes!« Das war natürlich noch eine Steigerung meiner Verzweiflung! Man denkt, dass das doch nicht wahr sein könne. Die ganze Zeit über habe ich mich gefragt, wie ich meinen Eltern einen Hinweis darauf geben könne, wie elend es mir ging.

Am Bahnhof Horrem kamen wir dann an. Dort standen meine Eltern und ich bin weinend auf sie zu gelaufen. Sie nahmen mich in den Arm, und ich habe sofort begonnen zu erzählen, übersprudelnd berichtete ich von dem ganzen Aufenthalt, ich kam gar nicht zum Ende. Ich erzählte und erzählte. Im Laufe der Zeit erzählte ich alles, was mir dort passiert war, jedes Detail. Meine Eltern haben mir sofort geglaubt, worüber ich sehr dankbar war. Ja, sie haben nicht an meinen Worten gezweifelt, obwohl sie fassungslos waren und es am Anfang gar nicht verstehen konnten. Ich weinte und weinte. Ich schrie unter Tränen, dass ich da nie wieder hinwolle. Sie waren entsetzt, entgeistert, fassungslos und dann auch wütend. Sie haben mir geglaubt, mich getröstet, mir versichert, dass ich nie wieder in solch ein Heim müsse. Auch sie konnten es nicht verstehen.

Meine Eltern haben das auch nicht auf sich sitzen lassen. Meine Mutter ist zu der Stelle im Gesundheitsamt gegangen, von der die Reisen ausgegangen waren, und hat sich beschwert. Aber daraus folgte natürlich nichts, es wurde »zur Kenntnis genommen«. Für meine Eltern war damals klar, dass es keinen zweiten Aufenthalt für mich geben würde. Sie waren zutiefst erschüttert darüber, wie ich zurückkam.

Ich konnte das alles nie vergessen, habe immer und immer wieder davon erzählt, vielleicht in der Hoffnung, das schlimme Erlebnis dadurch loszuwerden. Als ich später mit 15 oder 16 Jahren einen der *Rambo*-Filme im Kino sah, dachte ich: So müsste ich sein: stark und ohne Angst. So müsste ich nach Borkum zurückkehren. Dann fantasierte ich mich lange Zeit in diese Figur hinein und hatte stundenlange Tagträume, in denen ich mir vorstellte, ich sei Rambo und reiste nach Borkum und sprengte dort die Insel mit all ihren Einwohnern in die Luft und wäre der große Rächer der Bedrängten. ›Der Mann hat keine Angst‹, dachte ich, ›der ist groß, der ist stark, so möchte ich einmal in Borkum von der Fähre steigen und das Haus Concordia pulverisieren.‹ Das wurde zu einer fixen Idee, die mich durch meine ganze Jugend hindurch begleitete.

Später hatte ich einen Freund, dessen Frau Verwandte auf Borkum hatte. Wir sind bis heute befreundet. Den habe ich immer gefragt: »Sag mal, kennst du das Haus Concordia?« Aber der kannte das Haus nicht, es war wie verschwunden. Mit diesem Freund bin ich in einer gemeinsamen Skatgruppe, mit der wir ab und zu Reisen machen. Einmal wollten sie mich zu einer gemeinsamen Reise nach Borkum überreden, damit ich es endlich einmal überwinde, wie sie meinten. Aber ich kann das nicht. Borkum kann ich nicht betreten. Da fehlen mir die Waffen.

Macht man nicht mehr, oder?

Valerie

Meine Mutter brachte mich zum Bahnhof – damit beginnt meine Erinnerung. Meine Mutter hatte die Schilder besorgt und die Namen in die Sachen genäht. Sie hat Kleidung besorgt, Koffer besorgt. Der Koffer war nachher immer unterm Bett. Später wurde immer erzählt, alle Frauen hätten am Bahnhof geheult, nur meine Mutter nicht. Auch alle Kinder hätten geheult, nur ich ebenfalls nicht. Wir waren »kernig«, soll bedeuten, wir weinten nicht. Tränen, die wir uns verdrückt haben: absurd.

Ich kann mich nicht erinnern, dass Erwachsene dabei waren, während dieser Zugfahrt. Ich hatte einen Koffer, in den meine Mutter eine Liste gelegt hatte, was ich gern anzog, was gut passte oder was ich bevorzugte, weil mir immer alles gekratzt hat. Um diese Liste hat sich aber nie jemand geschert. Es war vollkommen egal, wer man war. Ich konnte mit Messer und Gabel essen, im Kurheim gab's aber keine Messer und Gabeln, da gab's nur Löffel. Das Essen mit Messer und Gabel habe ich dann eine Zeitlang verlernt. Es war so, dass ich vollkommen gesund da hingekommen bin, kurz nach meinem vierten Geburtstag, angeblich zu dünn, aber ich besitze noch eine Wiegekarte, auf der man sehen kann, dass ich vollkommen normal ernährt war.

Valerie kam 1968 mit vier Jahren für acht Wochen ins Hamburger Kinderheim in Wyk auf Föhr. Heimbetreiber war der Verein für Kinder- und Jugendgenesungsfürsorge in Hamburg, Vertragsheim der Arbeits- und Sozialbehörde der Hansestadt Hamburg, heute Rudolf-Ballin-Stiftung. Der Heimleiter war Helmut Diederichs.

Meine Mutter hat mir jeden Tag eine Postkarte geschickt. Zwei sind noch übrig, eine ganz kindgerechte mit Vögeln darauf, und sie schreibt:

»Fräulein Koller schreibt, daß ihr jeden Tag Mittagsschlaf macht, schläfst du denn da auch wirklich?« Natürlich habe ich da nicht geschlafen. Ich erinnere mich nur an Kinder auf jener Terrasse, auf der wir lagen, die alle nicht geschlafen haben. Ich verstehe nicht, wieso sie das gemacht haben, mit so kleinen Kindern. Es hieß, das mache man so. Meine älteren Schwestern waren auch verschickt. Daher war das für mich selbstverständlich.

Einmal gingen wir Muscheln sammeln, bergeweise, das war vermutlich in der letzten Woche. Jeder bekam ein Päckchen mit, in das auch die Muscheln kamen. Während des Sammelns gab's irgendeine Aufregung, dass wir auf die Tide nicht richtig aufgepasst hatten, glaube ich. Wir sind spazieren gegangen, es war kalt, Mitte Oktober, aber es durften nur die Kinder eine Pudelmütze aufsetzen, die erkältet waren, die anderen nicht, wegen der Abhärtung. Ich fand es aber zu kalt und fand, dass ich doch auch eine aufsetzen müsste, und habe dann eine aufgesetzt. Das fiel aber auf und ich musste zurück. Die anderen Kinder haben dann ihren Ausflug gemacht, aber ich musste in die Küche und bei der Köchin bleiben. Ich hatte das Gefühl, dass das keine Logik hatte, das war mir schon als Vierjährige klar.

Ich durfte nie anziehen, was ich wollte, Postkarten wurden vorgelesen, das war mir derartig unangenehm, dieses »Mein liebes Mottchen«, jeden Tag und alle lachten. Meine Haare sollte ich selbst waschen, aber das konnte ich noch nicht, das Shampoo brannte in den Augen, und ich wusste nicht, wie ich das wegkriegen sollte. Das gehört zu den wenigen kleinen Situationen, die ich undeutlich erinnere, es ist ein dunkles, trauriges Grundgefühl.

Für mich war es wie im Märchen *Der Wolf und die sieben Geißlein,* als das siebte Geiß heimlich gerettet wird, so etwas wünschte ich mir auch. In dem Buch *Das fliegende Klassenzimmer* gibt es eine Szene, bei der ich immer weinen muss, denn das Buch hat mich immer absolut beeindruckt. Darin gibt es einen Martin und der darf nicht mehr nach Hause. Es ist eine Internatsgeschichte. Die Jungs sind da zusammen und erleben allerhand. Martin bekommt ein Päckchen und erwartet darin die Fahrkarte für die Heimfahrt an Weihnachten, aber seine Eltern, das kommt jetzt heraus, haben nicht genug Geld, um ihm die

Heimreise zu bezahlen. Sie schreiben ihm, dass Weinen verboten sei – wie bei mir zu Hause. Weinen, das darf man nicht. Dann liegt er abends im Bett und denkt immer: Weinen verboten, Weinen verboten …

Am nächsten Tag kommt der Hauslehrer, gibt ihm das Geld und dann kann er doch nach Hause fahren. Ich kann da jedes Mal weinen. Das hat mich immer so berührt, ich muss an der Stelle einfach weinen. Kleine Kinder, die irgendwo alleingelassen worden sind, das kann ich gar nicht aushalten, obwohl ich viel aushalten kann.

Ich weiß, ich wurde oft verlacht. Ich erinnere mich an ein dunkles Inneres, es war jedenfalls nicht gemütlich. Die anderen Kinder haben sich lustig gemacht über die Art, wie ich mich anziehen wollte. Ich habe so ein Gefühl, dort endlos verlassen gewesen zu sein.

Zu Hause kennt man sich aus, da weiß man Bescheid, aber dort, ich kannte all diese Regeln von zu Hause nicht. Es war vollkommen unberechenbar.

Mein Vater war Jahrgang 1930, meine Mutter 1937. Sie hatte einen behinderten Bruder, mit Downsyndrom. Meine Großmutter hat den versteckt und ist immer herumgereist zu Verwandten, und konnte so verhindern, dass er ihr weggenommen wurde. Mein Vater war mit elf Jahren in die Kinderlandverschickung gekommen. Danach habe es nur noch Schwarzmarktgeschäfte für ihn gegeben, hat er erzählt.

Zu Hause wurden wir geschlagen, meine Mutter hat oft so aus dem Affekt heraus geschlagen, einmal auf die Wange. Auch mein Vater hat geschlagen, das war eher strafend, zum Beispiel wenn man geraucht hatte. Ich habe mit sechs Jahren zum ersten Mal geraucht. Geklaut habe ich auch, zum Beispiel die Schokolade aus den Adventskalendern. Die waren im Schrank und ich habe die Schokolade aus allen drei Kalendern für uns Kinder geklaut. Da hat mein Vater mich verprügelt. Meine Mutter sagte: »Warte, bis dein Vater kommt.« Dann gab es Prügel.

Mein Großvater, der war ein Patriarch, er ist mit 13 Geschwistern aufgewachsen. Die Familie lebte auf dem Land, in der Nähe von Stade, dort hatten sie ein Gehöft, aber mein Großvater ist mit zehn Jahren als Knecht auf einen anderen Hof gekommen. Er musste immer die Eier auf den Markt bringen. Er hat sie aber in eine größere Stadt gebracht, wo es pro Ei ein paar Pfennige mehr gab. Das Geld hat er über einen

Onkel auf ein Sparbuch gebracht und mit dem Geld hat er dann in Hamburg eine Lehre gemacht, Tischlerlehre, pfiffig war der.

Dann trat er der SPD bei, doch es kam die Kriegseinziehung. Sie haben ihm das Wanderbuch weggenommen, da musste er in den Ersten Weltkrieg ziehen. Schlachtvieh. Gehör weg, schreckliche Erlebnisse, kam vollkommen klapprig zurück. Danach hat er immer gesagt: »Ich nicht mehr, das ist nicht mein Krieg, meinen hatte ich schon.« Das hat er gesagt, als es in den Zweiten Weltkrieg ging. Hitler hat er nicht gut gefunden.

Er hat dann eine 20 Jahre jüngere Verwandte geheiratet, sieben Kinder aus dieser Ehe. Die Frau ist zwanzig Jahre vor ihm gestorben, dramatische Umstände. Drei Kinder waren Mädchen, aber auch die hat er alle in eine Ausbildung geschickt, nichts davon, dass Mutterschaft und Ehe für Mädchen reichen.

Mein Vater war der Älteste und der Beste in seiner Klasse. Die Nazis meinten: Den holen wir uns für die Ordensschule Napola. Aber mein Opa hat gesagt: Nein. Stattdessen kam er dann aufs Wilhelm-Gymnasium. Auch eine Eliteschule für die Söhne aus den besseren Familien. Das war schwer für meinen Vater. Als sie dann alle zusammen ins KLV-Lager fuhren, wurde es besser führ ihn. Mein Vater war Pimpfenführer, das war klasse, sagte er. Da hat er sich wohlgefühlt.

Zuletzt war er in Fahnenbühl, ist aber abgehauen, als die Amis immer näher kamen und das Lager nicht aufgelöst wurde. Magermilchbande. Das ist alles eine Geschichte wie für mich. Jungs, die sich durchgeschlagen haben. Später hat mein Vater viele Reisen gemacht. Er ist als Funker zur See gefahren. Er ist später auch noch mal die Reise abgefahren, wie sie nach Hamburg gekommen sind, als sie aus Fahnenbühl abgehauen sind. Sie hatten Monate nichts von zu Hause gehört, da sah er dann, wie kaputt Hamburg war, und dachte, dass es sein Zuhause wohl nicht mehr gab. Ganz langsam ist er zu der Straße hin, in der sie früher gewohnt hatten. Und dann sieht er: Ja, das Haus steht noch, sein Vater auf einem Schemel in seiner Tischlerwerkstatt und sagt: »Auf dich habe ich schon lange gewartet.« Nicht etwa, wie schön, sondern einfach: Auf dich habe ich schon lange gewartet. Das war stark.

Später bin ich selbst auch mal in den Norden gekommen und habe mir die Insel meiner Verschickung angeschaut. Ich geh da also durch die Straßen und bin plötzlich irgendwo vorbeigekommen, wo es mir so bekannt vorkam. Da stand eine Schautafel, und auf der sah man Fotos von den Liegekuren, und alles war wieder da, so ein trauriges … ein irgendwie bedrückendes Gefühl. Ist mir aber immer so verkauft worden, als sei das eine tolle Reise gewesen.

Den Begriff »Heimweh«, gibt es den noch? Mit zehn war ich im Ferienlager, Geländespiele, da gab es welche, die hatten schreckliches Heimweh. Aber heute hört man davon nichts mehr. Das macht man einfach nicht mehr, dass man Kinder, wenn sie so klein sind, allein weggibt, macht man nicht mehr, oder?

Das Schaukeln mache ich jetzt noch manchmal

Kati

Es war im Juni 1962, da hieß es, ich solle verschickt werden, »verschickt« ... ich wusste gar nicht, was das bedeutete. Meine Großeltern waren beide Ärzte, und sie sagten, dass das gut für mich sei.

Meine ersten acht Jahre habe ich mit meiner Mutter allein gelebt, denn meine Eltern hatten sich früh scheiden lassen. Meine Mutter war oft traurig, hat nur auf dem Sofa gelegen, kein Essen gekocht. Sie hatte Depressionen. Meine Großeltern waren wohlhabend, meine Großmutter Kinderärztin. Wir haben oft bei meinen Großeltern gewohnt. Berlin Charlottenburg-Wilmersdorf, wo wir wohnten, war ein wohlhabender Bezirk.

Meine Mutter hatte viele seelische Probleme. Sie ist eher durchs Leben gestolpert. Sie war Krankenschwester, konnte aber nie richtig arbeiten, da es ihr so oft schlecht ging. Sie hat auch darunter gelitten, dass mein Vater immer ums Sorgerecht gestritten hat, er schrieb Briefe und hat geklagt. Meine Mutter hat mich oft auch zwischendurch verlassen, weil sie wieder ins Sanatorium musste. Es passierte überhaupt oft Unvorhersehbares, etwas, was nicht gut für mich war und mir Angst machte. Dann kam das kleine Tbc-Prüfpflaster: Man hatte es mir auf die Brust geklebt, das war positiv. Anschließend hieß es, ich solle verschickt werden. Großmutter meinte, frische Nordseeluft würde mir guttun. Ich sollte angeblich eine »leichte Hilusdrüsen-Tbc« haben.

Kati war 1962 als Sechsjährige für acht Monate in der Berliner Kinderheilstätte Schöneberg in Wyk auf Föhr, Heimbetreiber war das Bezirksamt Schöneberg, ein Vertragsheim der Landesversicherungsanstalten.

Hilusdrüsen-Tbc – das Wort spukte mir immer im Kopf herum, es war mir unheimlich. Ich merkte nichts davon, aber meine Omi als Fachärztin musste es ja wissen. Sie fand die Idee jedenfalls okay und sagte, das Kind müsse zunehmen. Das Nordseeklima, das sei gut.

Verschickung, Verschickung, Verschickung ... das Wort wurde dauernd ausgesprochen. Ich war gerade in die Schule gekommen, drei Monate zuvor, war sechs Jahre alt, erste Klasse. Das Wort »Verschickung« hatte etwas Bedrohliches, ich hatte ein schlechtes Gefühl, es gab auch keine Erklärung. Meine Mutter und meine beiden Omis saßen da und nähten Namen in meine Klamotten, rote Schrift auf weißem Grund, oder bügelten es auf. Ich hatte das Gefühl, ich würde weggegeben. Die wollen mich weghaben, dachte ich, und hatte Angst. Zwischendurch habe ich das wieder vergessen, aber dann rückte die Zeit näher, und da wurde diese »Verschickung« immer unheimlicher für mich.

Dann kam der Tag, es war abends und es war dunkel, ein beklemmendes Gefühl. Mal wieder passierte etwas, was blöd war. Ich hatte ein mulmiges Gefühl. Ich wusste gar nichts. Man hat mir nie gesagt, dass ich ans Meer käme und dass da viele Kinder sein würden, dass ich allein fahren und wir dort spielen würden. All das hat mir nie jemand gesagt. Es gab nichts, keine Erklärung. Dass ich allein führe, die Eltern nicht mitfuhren, das wurde nicht erzählt. Keine Erklärung. Ich erinnere mich jedenfalls nicht daran.

An die Abfahrt habe ich eine glasklare Erinnerung: Da war der Funkturm, an dem sich der Busbahnhof befand. Es war dunkel, nur der Funkturm leuchtete. Es gab Gepäck, Kinder, einen großen Reisebus, und plötzlich hieß es: Abschied, Gedränge, weg, ein Tschüss, und weg, in den Bus gedrängt, dann noch winken, endgültig weg. Der Bus ist in die Dunkelheit hineingefahren. Im Bus war es ebenfalls dunkel, draußen war es dunkel und ich habe geweint. Geweint und geweint und geweint. Die ganze Nacht, bis ich eingeschlafen bin. Auch die anderen Kinder haben geweint. Ich habe gedacht, es ist alles aus, Ende der Welt, für immer weg. Ein unfassbarer Albtraum.

Als es hell war, gab es einen Stopp – eine verschwommene Erinnerung. Dann irgendwann kamen wir an. Plötzlich waren da Tanten und diese Tanten waren für mich der Graus. Wir wurden sofort ausgezogen und gebadet, in einem großen Baderaum wurden wir abgeschrubbt. Die Tanten haben das gemacht. Sie haben geschrubbt, dass es wehtat. Wir hatten das Gefühl, in der Gewalt fremder Menschen zu sein, die keine Liebe hatten. Danach mussten alle sofort ins Bett. Ein großer Saal, voller Gitterbetten. Jeder musste in so ein Bett, Gitter hoch und dann lag man da, allein. Ganz still sein, keinen Piep sagen. Die Tanten waren streng: »Ihr müsst ganz still sein, sonst kommt ihr in eine dunkle Kammer.« Dort gab es wirklich solch eine Kammer, ein kleiner, dunkler Raum voller Gartengeräte, da kämen wir rein, haben sie gedroht.

Sie waren so streng, dass ich dachte, mein Leben sei zu Ende, so viel Angst hatte ich. Ich habe denen alles zugetraut, sie waren teuflisch. Dann verschwimmt alles und ich erinnere mich nur noch an Einzelsituationen: warme Milch mit Haut, die hat mich angeekelt. Außerdem mussten wir immerzu Milchsuppe essen, dazu wurden wir gezwungen. Es ekelte mich fürchterlich. Das Essen war von vielen Drohungen begleitet. Der Teller hatte leer zu sein, alles musste aufgegessen werden. In der Suppe waren immer Klümpchen, ganz dicke, es hat mich unendlich geekelt. Es gab so viele Kinder, die geweint haben, Kinder, die sich übergeben mussten. Ich habe es mir reingewürgt. Aus purer Angst.

Manchmal gingen wir an den Strand mit Buddeleimern. Ich erinnere mich, gespielt zu haben mit einem anderen Kind, wir haben Schneckenhäuser gebaut. Kurz den Alptraum vergessen. Jeden Tag Mittagsschlaf auf dem langen, grauen Balkon, Pritschen, graue Decken, Augen zu, Mund zu, still. Eine Frau blieb bei uns sitzen und hat alle bedroht: »Augen zu!« Nein, ich hatte dort keine Freundin, habe mich von aller Welt verlassen gefühlt. Irgendwann hatte ich mich abgefunden, hatte aufgegeben, ich war willenlos.

Die erste Zeit hatte ich andauernde Bauchschmerzen, jeden Tag Bauchschmerzen, aber niemand hat sich dafür interessiert. Irgendwann, nach ganz langer Zeit, hat mich eine Tante durch ein Gelände zu einem kleinen roten Backsteinhaus geführt, zu einer Ärztin, da sollte ich mich hinlegen. Die hat meinen Bauch gestreichelt, und da hatte ich das Gefühl, sie würde mich verstehen. Wir sprachen von meinem Heimweh. Ich hatte Heimweh, wahnsinniges Heimweh. Sie hörte zu. Das war ein Moment, in dem es etwas besser wurde. Sonst immer nur Angst. Gefühl von Resignation. Ich hatte vergessen, wohin ich gehörte. War einfach weg. Verloren, als hätte man mich für immer weggegeben. Die Frau, die über meinen Bauch gestreichelt hat, die kam mir warm vor, sie war wie ein erster Mensch nach langer, langer Zeit.

Dann wurde es kälter, ein heftiger Winter kam, noch nie hatte ich so viel Schnee gesehen. Wir sind immer in Zweierreihen an den Strand gegangen, dann in den Wald. Im Winter im Wald all die Tannenbäume, überall die dicke Schneeschicht, das war schön, aber auch ein bisschen unheimlich. Trotz allem konnte ich mich gar nicht daran erfreuen. Ich war immer traurig, keine Freude kam in mir auf.

Dann kam Weihnachten, da wurde uns auch noch mit dem Weihnachtsmann gedroht. Dass der ganz schlimme Sachen mit uns machen würde, wenn wir nicht artig seien. Das war eine neue Angst. Irgendwann sagt mir ganz überraschend jemand: »Kati, du hast Besuch.« Ich gehe also auf den Flur, steht da doch meine Mutter! Ich sehe sie, habe die erkannt, habe geschrien vor Freude, wie wahnsinnig habe ich geschrien. Dann habe ich geweint, geweint, geweint. Ich wollte sie nicht mehr loslassen, wollte sofort mit ihr gehen, sie hat in einer Pension in der Nähe des Kinderheims gewohnt, und ich habe mich an sie geklammert.

Meine Mutter hat mir immer ihre Liebe gezeigt. Sie war oft krank, aber ihre Liebe hat sie mir immer gezeigt, ich wusste immer, dass sie mich lieb hat. Da war ich dann mit in ihrem Zimmer, aber das Gefühl war furchtbar, dass sie wieder gehen würde. Es hieß, es sei noch nicht so weit, ich dürfe noch nicht mit nach Hause. Sie musste wieder fahren. Als sie wieder ging ... es war so furchtbar ... es war alles aus.

Wir wurden auch regelmäßig geröntgt, ganz oft wurde Blut abgenommen. Dabei habe ich geschrien wie am Spieß, wie am Spieß. Immerzu Blutentnahmen. Zur Durchleuchtung mussten wir mit nacktem Oberkörper hinter einer Platte stehen. Da war ein Mann, erinnere ich mich, der hatte Handschuhe an, ganz dicke Handschuhe, mit denen hat er mich hin- und hergedreht, immer so hin- und hergedreht, dabei hat er die ganze Zeit in die Aufnahme gesehen, das zog sich ganz lange hin.

Ich musste außerdem viele Medikamente einnehmen, ganz viel Medikamente, jeden Tag. Von denen habe ich eine leichte Schwerhörigkeit zurückbehalten. Das wurde mit 30 diagnostiziert. Der Arzt fragte mich damals, ob ich mal Tbc gehabt habe. Ich fragte: »Woher wissen sie das?«

»Die Medikamente machen solche Schäden«, antwortete er.

Einmal auf Föhr bin ich hingefallen, als wir Kinder spazieren gingen, und von der Betonkante der Strandpromenade heruntergestürzt auf den Sand, von hoch oben. Ich fiel auf den Rücken, was fürchterlich wehgetan hat, ich schnappte nach Luft – aber kein Mensch ist zu mir gekommen. Alle sind weitergegangen, weil es niemandem aufgefallen war. Voller Schreck bin ich wieder aufgestanden und habe hektisch die Stufen gesucht, hatte nur noch Angst, wie ich wieder zu den anderen finden würde.

Ich habe dann gar nichts davon gesagt, blieb lieber allein in meinem Schmerz. Getröstet hat mich keine, die Tanten waren alle gleich, keine einzige von ihnen war lieb, alle waren gleich streng, man musste immer nur brav sein.

Das war damals ein sehr kalter Winter. Ich sollte eigentlich im Januar zurückfahren, aber die Nordsee war zugefroren, so musste der Aufenthalt um vier Wochen verlängert werden. Das habe ich von Kindern auf dem Klo erfahren, sie sagten, wir könnten nicht fahren. Ich nahm es auf, na ja, so, dann eben nicht. Im Februar 1963 bin ich dann nach Berlin zurückgekommen. Seltsamerweise erinnere mich nicht an die Ankunft.

Es war eine endlos lange Zeit, daran kann ich mich erinnern. Als ich zurückkam, habe ich oft geschaukelt, immer auf dem Stuhl, hin und her. »Das Kind hat Hospitalismus«, wurde gesagt. Daran kann ich mich erinnern.

Es wurde nach der Verschickung nicht so schnell wieder alles gut, keine Erleichterung im Gefühl. Ein paar Wochen später kam ich in eine neue Klasse, denn ich musste ein ganzes Jahr wiederholen. Als ich im

Heim gewesen war, hatte ich immer Sehnsuchtsgefühle nach meiner Mutter gehabt, aber als ich dann wieder zurück war, war mein Gefühl nicht richtig gut. Etwas Trostloses beherrschte mich, keine Erleichterung. Nach dem Zurückkommen aus der Kur hatte ich keine große Freude. Ich sehe mich noch in der Wohnung sitzen, während meine Mutter die Koffer auspackte.

Einmal ging meine Mutter zum Turnverein, und ich blieb allein in der Wohnung. Ich hatte immer Angst, wenn ich allein bleiben musste. Da bin ich auf den Balkon gerannt und habe gerufen: »Mami, Mami!«, habe ich gerufen, bis die Polizei kam.

Meine Mutter hat mir Liebe gezeigt, aber sie war oft weg, ist einfach gegangen, hat mich allein gelassen. Ich weiß trotzdem, meine Eltern haben damals ihr Bestes gegeben, sie konnten nichts dafür. Sie wollten mir auch mit der Verschickung nichts Böses antun.

Die Trennung von meiner Mutter kam mir vor wie eine Trennung für immer. So kommt es mir sogar heute noch vor. Nach der Kur hieß es: »Das Kind ist noch labil«, immer die Unsicherheit, ob wieder alles weg war, und immer die Angst davor, ich könnte noch mal dorthin müssen.

Manchmal möchte ich meine Mutter anschreien, denn bis heute leide ich oft unter Verlustangst, weil es keinen sicheren Felsen gab in meinem Leben. Mein Vater war zwar liebevoll, aber er konnte seine Liebe nicht gut zeigen. Später, als ich bei ihm wohnte, war er immer im Büro.

Es gab einmal einen Sommer vor meiner Verschickung, als ich bei meinem Vater und seiner neuen Frau war. Sie war die große Liebe meines Vaters und war auch wirklich sehr lieb, ich wollte nicht mehr von dort weg. Aber sie starb an einer Herz-Lungen-Embolie, nach der Geburt des gemeinsamen Kindes. Das war der größte Kummer meines Vaters. Er heiratete dann ihre Schwester. Das war eher eine Vernunftehe, noch dazu eine junge Frau von 25 Jahren. Sie war mit den zwei nicht eigenen Kindern und nachher noch zwei weiteren völlig überfordert.

Später kam ich ganz zu meinem Vater. Es war fast wie eine Entführung. Das geschah anderthalb Jahre nach der Verschickung, da war ich fast neun. Bis auf wenige Besuche kannte ich meinen Vater gar nicht so gut. Er war ein großer dünner Mann und nett. Ich dachte zuvor immer, ich hätte keinen Vater, wenn die anderen Kinder von ihren Vätern erzählten. Mit der Entführung war das dann so:

Mein Vater holte mich überraschend von der Schule ab und wir fuhren zu Omi und Opi, das waren die Eltern meines Vaters. Dort war ich sehr gerne und ich dachte, mein Vater sei nur zu Besuch. Erst abends, als ich sagte, ich wolle nun zurück zu meiner Mami, haben sich alle angeguckt. Er hat dann gesagt: »Du brauchst nicht mehr zu deiner Mutter, morgen auch nicht mehr in die Schule, ich nehme dich mit nach Mannheim.«

»Für immer?«, fragte ich.

»Für immer«, antwortete er.

Das war ein furchtbarer Schreck, wie ein Schock, ich saß wie vom Donner gerührt, saß nur da. Ich sagte: »Ich muss doch meiner Mami noch Tschüss sagen.«

»Nein, das geht nicht.«

Da habe ich furchtbar geweint. Doch dann beruhigte ich mich. Eine Stimme in mir sagte laut und deutlich: ›Das ist richtig so.‹ Später erfuhr ich, dass meine Mutter damit gedroht hatte, sich selbst und mich umzubringen, falls mein Vater mich wegholen würde. Nun hatte er einen Gerichtsbeschluss und sie konnte nichts mehr machen. Sie hatten es ihr nicht sagen können, solange ich noch bei ihr war. Ich habe meine Mutter in schweren Zwangs- und Angstneurosen erlebt, einmal stand sie mit dem Messer in der Küche. So fühlte ich auch eine gewisse Erleichterung, dass dies nun vorbei sein sollte, und konnte mich etwas beruhigen.

Als ich dann zu meiner neuen Familie kam, war ich aber ein sehr schwieriges Kind. Das war bestimmt auch schwer für sie. Zuerst waren sie noch nett, später habe ich dann immer von meiner neuen Mutter gehört, ich sei schlecht erzogen. Das hat mir wehgetan, weil es meine Mutter beleidigte. Und deshalb, meinten sie, müsse ich streng erzogen werden. Mein Vater war viel im Büro und meine neue Mutter kannte ich nicht sehr gut. Das war traurig. Bei der neuen Mutter war ich dann lange Zeit sehr schwierig, angeblich war ich jähzornig.

Nachts hatte ich immer einen bestimmten wiederkehrenden Albtraum, in dem keine Menschen vorkamen, dafür immer das Gefühl, ich würde sterben. Ich schrie im Schlaf. Dann hat mich die Stiefmutter geweckt und geschlagen. Seitdem hatte ich noch mehr Angst, dass ich diesen Traum wieder haben könnte und wieder geschlagen würde.

Ich habe in der neuen Familie gern mit den kleinen Geschwistern gespielt, aber ich habe auch schnell die Geduld verloren und manchmal habe ich sie gehauen. Dafür wurde ich bestraft. Durch die Strenge meiner neuen Mutter war ich oft sehr, sehr traurig. Fühlte mich ausgeschlossen. Aus dieser Zeit erinnere ich mich an ein schlimmes Erlebnis im Badezimmer: Ich kam in einen ganz eigenartigen Zustand und dachte, da stimme etwas nicht mit mir. Es war, als wäre ich nicht mehr richtig in meinem Körper, ich wusste nicht, was mit mir passierte, es war ein furchtbarer Moment.

Ich kam zu einer Kinderpsychologin, eine sehr nette Frau, und durfte dort malen. Einmal die Woche, mit der Straßenbahn hin. Habe dort mit Püppchen spielen müssen, meinen Albtraum erklären, das konnte ich aber nicht. Die Frau war meine Rettung.

Kinder brauchen Liebe, sodass man sie nicht zu früh von der Mutter trennen darf. Viel zu früh tut man sie heute schon wieder in die Krippen, das ist gar nicht gut, diese langen Trennungen von der Mutter. Kinder brauchen lange Geborgenheit und Liebe. Liebe ist das Allerwichtigste.

Aus der Verschickung habe ich das Gefühl zurückbehalten, ich sei anders als die anderen Menschen. Ich sei falsch, das kommt immer wieder, dieses Gefühl. Ich gehöre nicht dazu. Ich leide bis heute immer wieder unter Verlustangst, gerate in manchen Situationen schnell in Panik. Das Urvertrauen ins Leben habe ich nicht bekommen. Und das Schaukeln mache ich jetzt noch manchmal. Ich kann schlecht allein sein.

Und das mit Männern, das war so: Ich verliebte mich zu schnell. Das war nicht witzig. Besonders für meinen Mann. Ich konnte lange Zeit Männer, die sich für mich interessierten und nett waren, nicht gut zurückweisen. Ich wollte, dass es nur Freundschaft bleibt, und genoss einfach sehr das Gefühl, gemocht, ja geliebt zu werden. Irgendwann wurde dann doch mehr daraus und es wurde kompliziert. Natürlich kamen dann auch Schuldgefühle. Aber Schuldgefühle sind sowieso mein Problem.

Meinen eigenen Kindern habe ich sehr viel Liebe gegeben, oh ja, das war sehr viel Liebe. Das war mir das Wichtigste. Ich habe kaum Bücher über Erziehung gelesen, aber ich habe sie nie allein gelassen, ich war eher eine Übermutter. Mein Problem war nur, ich konnte nicht gut Nein sagen. Ich konnte keine Grenzen setzen. Und ich konnte nicht ertragen, wenn mein Mann in einer bestimmten Situation mal richtig streng mit ihnen sein musste. Die enttäuschten Kinder taten mir dann so leid. Das hat natürlich auch zu Problemen geführt. Als sie erwachsen waren und nach und nach auszogen, war ich sehr traurig. Aber inzwischen wohnen wir alle wieder nah beieinander. Und wir haben uns immer noch alle sehr lieb.

Gestopft wie eine Weihnachtsgans

Sabine

Meine Eltern haben studiert, als ich auf die Welt kam, damit war ich automatisch ein Fall für die Fürsorge, zumal sie zu dem Zeitpunkt auch noch nicht verheiratet waren. Das galt damals als anrüchig. Ich bin ein 54er Jahrgang. Vor der Einschulung im April 1961 kam dann das Angebot, mich bei Luft und Sonne zu erholen, dabei wohnten wir in einer alten Abbruchvilla in Zehlendorf, da gab's genug Luft und Sonne. Meine Eltern sind darauf eingegangen, weil sie damals eher mit sich selbst beschäftigt waren. Die sind dann wohl während der Zeit nach Paris gefahren. Sie sind abends auch oft weggegangen, und haben mich mutterseelenallein gelassen in meinem Gitterbett, und ich konnte nicht raus. Das war aber nicht ungewöhnlich seinerzeit.

Mein erstes Kinderheim befand sich in Bayern, in der Nähe von Kulmbach, an den Namen erinnere ich mich nicht mehr. Im April 1961.

Sabine war 1961 in einem Kinderkurheim in Bayern, nahe Kulmbach, und 1964 im Kinderheim Pinguin des Dr. Z. auf Borkum, sie war jeweils sechs Wochen verschickt.

Ich besitze einen Brief meiner Mutter, in dem sie an das Heim schreibt:

> »Sehr geehrte Heimleitung,
>
> Sabine ist artig und folgsam, ihre Lieblingsbeschäftigung ist Malen, weshalb wir ihr Papier und Stifte mitgegeben haben. […] Sie hat leider die Angewohnheit, noch am Daumen zu lutschen, deshalb ziehen wir ihr nachts Fausthandschuhe an, die haben wir aber nicht mitgegeben, da sie deshalb vielleicht ausgelacht wird. Senf hilft nicht, den isst sie

nämlich auf. Vielleicht haben sie dort ein besseres Mittel? Beim Essen ist sie Vegetarierin, sie mag weder Fleisch, Wurst noch Speck, doch vielleicht können sie ihr dies nach dem Motto ›Es wird gegessen, was auf den Tisch kommt‹ abgewöhnen?

Wir bitten sehr, Sabines Haare nicht zu schneiden, sie sollen einmal zu Zöpfen wachsen!

Mit recht herzlichem Dank für die Pflege, die Sie unserem Kind angedeihen lassen, verbleiben wir mit vorzüglicher Hochachtung …«

Es gab dort einen Schlafsaal für Mädchen und ein Schlafsaal für Jungen. Ich war sechs Jahre alt, und es fing damit an, dass ich aufs Klo musste und nicht durfte. Die ganze Zeit über wurde dieser Schlafsaal bewacht und jedes Mal hieß es: Zurück, wieder ab ins Bett! Was habe ich gemacht? Ich habe ins Bett gepinkelt. Am nächsten Morgen wurde das kontrolliert, und ich musste als kleines Mädchen das ganze Bettzeug abziehen, die Matratze aus dem Bett wuchten, in den Waschraum schleppen, sie dort mit der Wurzelbürste bearbeiten und mich anschließend mit der nassen Matratze vor den Schlafraum der Jungen stellen. Sie wurden dann aufgefordert, mich auszulachen. Seit der Zeit habe ich eine schwache Blase, ganz schlimm.

Abends bekamen immer alle Kinder einen Bonbon, aber ich nicht mehr. Damit wurde allen bekanntgegeben: Sie hat ja wieder ins Bett gemacht.

Aber was das Allerschlimmste war, das war das Essen. Das Essen war … es war … ekelhaft. Es gab oft eine Specksuppe, die bestand aus aufgelösten Speckschwarten. Ich bekam die einfach nicht runter. Niemand bekam die runter. Ich habe den Löffel dann ganz hinten in den Rachen geschoben, wo man nichts schmeckt. Zu Ostern bekam ich von meinen Großeltern ein Päckchen mit Süßigkeiten, davon habe ich nichts erhalten, weil ich ja die Böse war, und zwar gleich von dem Tag an, an dem ich ins Bett gemacht hatte. Ja, ich war die Böse.

Meine Eltern hatten mir auch Schuhputzzeug mitgeben müssen. Ich sehe noch diese Bürsten, auf die mein Vater schön mit Druckbuchstaben meinen Namen geschrieben hatte. Noch heute bekomme ich einen Würgereiz, wenn ich irgendwo Namensschilder auf Sachen sehe. Ich hatte noch nie Schuhe geputzt in meinem Leben. Ich habe es versucht, hatte dabei ein von meiner Oma gestricktes Jäckchen an, das ich völlig verschmutzt habe. Danach habe ich es verkehrt herum angezogen, aber das haben die Tanten natürlich bemerkt, sodass ich Prügel bekam. Ich wurde geschlagen dort, bekam richtig den Hintern versohlt.

Ich war natürlich nicht in der Lage zu kommunizieren, sechs Wochen lang nicht, ich konnte noch nicht schreiben. Ich bekam Briefe, die man mir vorgelesen hat, aber ich konnte nicht antworten. Gerade mal meinen Namen konnte ich mit Müh und Not schreiben. Es gab also keinen Kontakt, nichts. Was das bedeutet, habe ich erst begriffen, als meine eigene Tochter sechs war. So ein kleines Kind ganz allein fortzuschicken, ohne Möglichkeit der Kontaktaufnahme, ohne Telefon, nichts. Das wäre für mich unvorstellbar gewesen.

Als ich von dort nach Hause kam, da war es ganz klar, dass ich nie wieder in irgend so ein Heim wollte. Die blauen Briefe mit den »Empfehlungen«, mich irgendwohin zu verschicken kamen weiterhin. Mein Vater und ich haben dann unter Triumphgeheul auf den Briefen rumgetrampelt. Nach meinen Erzählungen waren meine Eltern schockiert, meine Eltern waren sehr auf meiner Seite.

Doch dann kam dieses Mädchen doch ein zweites Mal in ein Kinderheim. Da ist Folgendes passiert: Ich war ein Außenseiter in der Schule. Meine Eltern lebten als Künstler. Wir hatten keine Gardinen an den Fenstern und ich musste mit abgelegten Klamotten meines Cousins aus der Zone herumlaufen. Das war demütigend. Mein Vater schnitt mir die Haare mit einem Topf auf den Kopf. Wir hatten einfach kein Geld. Ich war ein Paria. Das nahm in der Schule solche Formen an, dass ich völlig ausgeschlossen war. Ich bin in so einem linksintellektuellen Milieu aufgewachsen. Das war zwar ganz nett, aber für die Schule blöd. Ich bin in einem kleinbürgerlichen Bezirk zur Schule gegangen. Das war die Hölle, wirklich, die absolute Hölle. Ich wurde zur Außenseiterin. Heute nennt man das Mobbing.

Dann kam wieder mal so ein Brief, 1964. Ich hatte irgendwelche Probleme mit der Schilddrüse, sodass der Brief eine Empfehlung enthielt, mich sechs Wochen an die Nordsee zu schicken. Das sollte in der Schulzeit stattfinden und das hat den Ausschlag gegeben. Ich habe die

Schule gehasst. Vom ersten bis zum letzten Tag habe ich die Schule gehasst. Deshalb wollte ich später wohl Lehrerin werden, um alles besser zu machen. Als also dieser Brief kam, habe ich gesagt: »Ich will da hin. Ich bin zehn, ich will da hin. Ich bin groß, ich schaffe das.«

Meine Eltern haben geantwortet: »Du weißt doch, wie schlimm es war.«

»Nein«, habe ich gesagt, »ich schaffe das.« Ich wollte nur raus aus der Schule. Ich habe gedacht, ich sei erwachsen. Ich wollte das zeigen, ich wollte es mir beweisen. Dass ich schon groß bin, das wollte ich zeigen. Aber ich habe mich überschätzt.

Wir haben sogar einen Code vereinbart für den Briefwechsel, denn ich hatte im ersten Heim mitbekommen, dass die Briefe gelesen und zensiert wurden. Man konnte nicht schreiben, was man wollte. Deshalb habe ich mit meinen Eltern ausgemacht, dass ich, wenn es mir gutginge, ein Haus mit Buntstift malen würde, wenn es mir schlecht ginge, ein Haus mit Bleistift. Schwarze Häuser.

Dann ging's los, an einem Abend, wie damals hielt der Bus vor dem Rathaus Zehlendorf – da wurde mir schon schlecht. Wir fuhren die ganze Nacht durch. Mein Vater hatte mir ein Käsebrot gemacht, weil ich immer noch kein Fleisch aß, aber ich konnte nichts essen. Morgens kamen wir ganz früh in Emden an und auf der Fähre sollten wir alle unsere Brote in einen großen Korb werfen und uns dann eins wieder rausnehmen. Ich erwischte ein Brot, das leider ein Leberwurstbrot war. Von da an fing ich an zu weinen, und ich habe, glaube ich, drei Wochen beinahe durchgeweint.

Trotzdem war dieses Heim auf Borkum anders, denn es hatte keinen Schlafsaal, es gab normale Zimmer. Wir vier Mädchen waren dort eine kleine eingeschworene Gemeinschaft. Ein Mädchen war schon 13 Jahre alt. Wir haben uns gegenseitig unterstützt. In diesem Heim war es nun so, dass wir gehungert haben. In diesem Heim war das Essen absolut ungenießbar, verfaultes Fleisch, Kartoffelpamps mit Bohnen, aus denen man die Fäden nur so rausziehen konnte. Sonntags gab es Mirabellen, da haben wir immer gespielt: »Wer hat die meisten Würmer?«, denn die wimmelten von Würmern. Das war das Kinderheim Pinguin, inzwischen ein schickes Apartmenthaus. Einmal haben wir uns Zutritt zur Speisekammer verschafft: Was es da alles zu essen gab! Davon haben wir nie etwas bekommen.

Die Erzieherinnen waren uns Älteren gegenüber völlig gleichgültig. Sie haben uns oft uns selbst überlassen. Die Großen wurden zum Glück auch nicht mehr geschlagen. Und wir wurden auch nicht gezwungen, den Fraß aufzuessen. Die Kleinen schon. Da kam dann eine Tante mit Gummischürze, hat sich den Kopf des Kindes zwischen die Knie geklemmt und es mit Essen gestopft wie eine Weihnachtsgans.

Eines Tages habe ich nach Büchern gefragt. Meine Eltern waren davon ausgegangen, dass es in einem Kinderheim auch Kinderbücher gibt. Im Wintergarten gab es einen Bücherschrank, voll mit Büchern über den Krieg. Ich habe Ernst Jüngers *In Stahlgewittern* gelesen. Das hat mich irgendwie gerettet, weil es vom Krieg handelte und davon, wie man Schmerzen aushält, denn auch ich habe mich wie in einem Krieg gefühlt. Ja, ich habe mich dort in dem Heim wie im Krieg gefühlt. Einmal habe ich mich geschnitten und habe dann die Wunde tatsächlich selbst genäht. Das kann man sich gar nicht vorstellen. Ich habe die Wunde mit meinem Kindernähzeug genäht und kam mir ganz großartig vor. Ich war ganz cool, wollte immer mutiger sein als die Jungs. Wir hatten zur Strafe Fenster putzen müssen und dabei hatte ich mich geschnitten. Bei Ernst Jünger hatte ich gelesen, wie man das macht: mit Zahnpasta desinfizieren und dann die Wunde nähen. Schmerzen, die man sich selbst beigebracht hat, helfen irgendwie, Spannungen auszuhalten. Aggressionen hatten wir viele. Wut.

Morgens gab es immer eine ungenießbare, saure Milchsuppe mit Sago. Für die Jungen gab es ein Brötchen. Das war so ungerecht. Eines Tages haben wir die Suppe unter den Tisch gekippt. Na, da war die Hölle los!

Beim Mittagschlaf durften wir nicht sprechen, da haben wir uns immer Briefchen von Bett zu Bett geworfen. Das war ein gutes Gefühl. Das war eigentlich die Rettung.

Jeden Tag bei Wind und Wetter mussten wir raus, selbst bei Windstärke zwölf, da mussten wir uns alle an der Hand halten, um nicht fortgeweht zu werden. Ich bekam die Aufgabe, das Kind einer der Tanten in einem Karren herumzufahren. Das war irgendwie gut, so ganz allein, es war irgendwie Freiheit. So konnte ich ganz für mich sein, das hat mir geholfen. In diesen kuscheligen Dünentälern habe ich mir vorgestellt, ich würde da wohnen. Das Kind im Wagen war ein ganz seltsames Kind, es hat einfach nur dagesessen, sich nicht gerührt, keinen Laut von sich gegeben.

Am ersten Advent sollte ein Krippenspiel aufgeführt werden und ich sollte *Vom Himmel hoch* singen, als Engel. Wir mussten uns immer in diesem Wintergarten umziehen, aber da zog es wie Hechtsuppe, und prompt holte ich mir eine starke Erkältung und lag mit 39 Grad Fieber im Bett. Eine dieser Tanten, die war total wütend, rammte mir das Fieberthermometer in den Po, das tat so weh, so weh! Den Schmerz kann ich heute noch abrufen, ich erinnere diesen Schmerz wie gestern, es tat so weh. Viele schwarze Häuser habe ich auf meine Briefe gezeichnet, meine Eltern schrieben zurück, es werde schon besser werden ...

Es handelte sich bei diesem Heim um das Kinderkurheim Pinguin von Dr. Z. Er hatte seine Praxis im Haus gegenüber, den haben wir allerdings nur einmal gesehen, und zwar am ersten Tag, zum »Ah«-Sagen. Die Praxis gibt es immer noch, die hat jetzt der Sohn.

Einmal pro Woche mussten wir ins Kurmittelhaus gehen und kamen in Wannen mit so einer stinkenden, braunen Flüssigkeit. Das Wasser war arschkalt, und das alles bei Windstärke zwölf draußen. Einmal fiel im Heim sogar die Heizung aus, es war so kalt, dass wir mit Mänteln in die Betten gestiegen sind. Wir haben gefroren, gehungert. Nach diesen sechs Wochen kamen wir völlig abgemagert nach Hause. Leider gibt es keine Fotos davon, wie ich damals aussah, leider.

Es war nicht so, dass wir nicht damals schon gespürt hätten, dass die Tanten böse waren, unser Gefühl war: Eigentlich sind wir denen herzlich egal, die Kleineren ja, die wurden bestraft, wir nicht mal das. Aber wir wurden Zeugen solcher Bestrafungen. Das war auch schlimm genug.

Als ich dann zurückkam, ab der vierten Klasse, wurde es ganz schlimm in der Schule. In der fünften Klasse sollten wir auf eine Klassenreise nach Bayern gehen, und zwar auch noch in die Nähe des ersten Heimes, in dem ich als Sechsjährige gewesen war. Für mich stand sofort fest, dass ich da nicht mitfahren konnte. Ich konnte es nicht! Wir hatten einen Klassenlehrer, der sagte: »Das gibt es nicht, wir sitzen alle in einem Boot.« Der hatte nun die Aufgabe, mich zu überreden, damit ich doch mitfuhr. Er sagte meinen Eltern, ich müsse mit, Ausscheren gebe es nicht, ich müsste zum Psychologen. Das war ich dann auch und habe mit Biegepüppchen Kinderheim gespielt. Das hat nicht viel gebracht, ich blieb dabei, dass ich nicht mitfahren wollte. Und ich fuhr dann auch nicht mit.

Diese zwei Wochen bin ich in die Parallelklasse gegangen, aber danach brach die Hölle über mich herein. Ich war Freiwild. Dieser Lehrer hat mich morgens aufstehen lassen und mich vor allen Schülern zusammengeschrien: »Ich sag dir eines, du denkst, du bist was Besseres, aber ich sag dir: Ein Scheißdreck bist du.« Damit war ich zum Abschuss freigegeben. Der hat die ganze Klasse gegen mich aufgehetzt. Alle durften mich ärgern … ich war … eine Ausgestoßene. Wenn ich morgens in die Klasse kam, hat keiner mit mir geredet. Die Schüler haben sich demonstrativ die Nasen zugehalten, ich war eine Unperson. Es war furchtbar.

Dazu kam, dass sich in dieser Zeit meine Eltern getrennt haben. Ich bin irgendwann morgens von zu Hause losgegangen, bin in einen Bus eingestiegen und irgendwo hingefahren, war tagelang nicht mehr in der Schule – mit elf Jahren. Aus diesem Zustand hat mich eine Schulpsychologin gerettet. Sonst hätte ich mir etwas angetan, da bin ich sicher. Ich hatte schon die Klinge aus meinem Anspitzer geschraubt und wollte mir die Pulsadern aufschneiden; ich hätte es getan, ich wollte mich umbringen.

Meine Mutter ist mit mir dann zu dieser Schulpsychologin gegangen. Die hat mir zugehört. Der habe ich alles erzählt. Die Frau hat mich Jahre später auch vor dem Sportunterricht gerettet, denn den habe ich gehasst. Wir hatten eine ehemalige BDM-Tante im Sport.

Die Psychologin hat dafür gesorgt, dass ich praktisch von einem Tag auf den anderen in eine neue Schule kam. Dort hatte ich einen dicken gemütlichen Klassenlehrer, der war für mich der Himmel auf Erden. Alles hat sich verändert, ich war selig.

Ich bin in meiner Kindheit oft verprügelt worden von Mitschülern. Die neue Schule war ein Paradies gegenüber dem, von wo ich kam, besonders nachdem ich die Klassenreise verweigert hatte. Körperliche Gewalt war für mich nie ein Problem, da konnte ich mich gut wehren. Ein Problem war nur das Demütigen. Ich habe nächtelang im Bett gelegen und überlegt: Was mache ich morgen, wenn die Kinder wieder die Nase rümpfen, wenn ich zur Tür reinkomme?

Es lag auch daran, dass ich immer anders war: Ich habe nur Jungensachen getragen und hatte auch kein typisches Mädchenverhalten. Ich war mit einem Mädchen befreundet, deren Eltern sehr reich waren, aber ich war sehr arm, deshalb gab sie sich nur dann mit mir ab, wenn sie mich gerade brauchte. Zuerst war sie meine beste Freundin, aber wenn ich etwas nicht so machte, wie sie es wollte, hat sie mich fallen lassen. Dann hat sie die ganze Klasse gegen mich aufgehetzt. Später war sie meine schlimmste Feindin. Das kam alles erst, nachdem ich nicht auf Klassenreise mitgefahren war. Alles wäre anders gelaufen, wenn ich mitgefahren wäre.

Ja, ich hatte schon als Dreijährige im Kindergarten Traumata erlebt, aber dort haben mich meine Eltern dann rausgenommen. Wir mussten mittags in alten Wehrmachtshängematten schlafen. Ich konnte aber nicht schlafen. Das war ein Fehler und ich wurde böse angeschaut deshalb, musste still sein. Über mir lag einer, wenn der in die Matte pinkelte, konnte ich sehen, wie der dunkle Fleck über mir immer größer wurde, bis sich schließlich ein Tropfen löste ... Oder ich saß vor dem Essen, bis sich »Eisschollen« drauf bildeten. Ich saß und saß und saß, immer vor dem Essen – das war schon ein Vorgeschmack zu der Kinderheimsituation später. Beim Anblick von Betten in Reih und Glied schnürt sich mir heute noch der Hals zu.

Später habe ich mit anderen Kindern und auch allein immer Heim gespielt. Ich war die Erzieherin und die anderen Kinder mussten vor mir kuschen, ich war die Böse. Ich saß oft da und habe Kinderheim gespielt. Ich war ein Schlüsselkind, oft allein zu Hause, da habe ich mir Büchsen aufgemacht und mit mir selbst Heimkind gespielt. Habe das ganz allein für mich mit verteilten Rollen gespielt. Habe das gespielt bis zum Abitur. Immer wenn ich gegessen habe.

Es gab noch weitere »Spätfolgen«: Ich habe zum Beispiel mal in einem Hotel gearbeitet, mit 17 Jahren, und da habe ich nichts zu essen bekommen, nur die Reste, Knochen. Dort habe ich dann begonnen, Essen zu klauen, das war genau wie im Heim, wo wir auch hungern mussten und Essen geklaut haben. Mit 17 habe ich plötzlich wieder Essen geklaut. Am Ende war ich dick wie eine Tonne. Danach habe ich ganz viel abgenommen. Das war schwierig, eine richtige Essstörung. Das Ausgeschlossenheitsgefühl blieb, sogar im Studium, das habe ich auch später oft und immer wieder erlebt.

Seit 30 Jahren bin ich nun Kinderbuchautorin. Eigentlich wollte ich Lehrerin werden. Ich habe hier in Berlin an der TU studiert, auf Lehramt fürs Gymnasium. 1981 wurde ich fertig, war dann sehr erstaunt, als es hieß: keine Chance. Es gab nicht mal Referendariatsstellen, es gab nichts. Man habe auf den Pillenknick und sinkende Schülerzahlen gewartet, hieß es. Ich hatte ein Superexamen, aber: keine Chance. Wir waren reif für den Müllhaufen. Von denen, die mit mir studiert hatten, ist gerade mal eine im Schuldienst gelandet. Allein das Examen hat ein Jahr gedauert. Es hieß, wir sollten zehn Jahre auf einen Referendariatsplatz warten. Dabei hätte man die Lehrer gebraucht. Ich wurde dann erst mal Vertretungslehrerin, peinlicherweise an dem Gymnasium, an dem ich Abitur gemacht hatte, durch Zufall. Dort hatte ich 35 Schüler in einer zehnten Klasse, das waren Zustände ... kann man sich nicht mehr vorstellen. Da war ich ein Jahr und habe danach alles Mögliche gemacht, Deutsch für Ausländer unterrichtet und Kurse an der Volkshochschule gegeben.

Im Jahr 1983 habe ich dann meinen allerersten Text geschrieben, für einen Literaturwettbewerb. Den habe ich gewonnen und anschließend beim Rundfunk gearbeitet, Features und Hörspiele geschrieben. 1987 hieß es plötzlich: Wir brauchen Kindergeschichten fürs Radio, kannst du das machen? Ich, Kindergeschichten? Ich habe keine, kenne keine, mag keine, aber ich kannte ja mich. Über dieses Kind habe ich dann geschrieben. Später hatte ich ein Kind und kannte auch viele andere, die alle in meinen Büchern auftauchen. Über meine Zeit im Kinderheim wollte ich schon lange ein Kinderbuch schreiben und alle haben gesagt: Das geht nur für Erwachsene.

Aber ich habe gedacht, nein, ich war damals zehn Jahre alt und möchte das Buch für Kinder schreiben, genau für das Alter. Lesungen aus diesem Buch laufen unglaublich gut. Die Kinder stellen da ganz andere Fragen als die üblichen: Wie haben Sie sich gefühlt? Warum haben Ihre Eltern Sie dort nicht abgeholt? In einem katholischen Mädchengymnasium, Lesung mit 150 Mädchen, haben sie vor Begeisterung mit den Füßen getrampelt. Trotzdem sagen die Veranstalter oft: »Ach, nein, lesen sie lieber was Lustiges.« Die Lehrerinnen und Lehrer trauen den Kindern dieses Buch nicht zu. Nachher sind sie dann selbst erstaunt, wie positiv ihre Schüler reagiert haben. Sie erzählen mir, sie hätten noch ganz lange in der Klasse darüber gesprochen.

Es herrschen zwar heute nicht mehr solche Zustände wie in meinem Buch, aber was fast alle Kinder kennen, das ist Gewalt, auch wenn das keine körperliche sein muss. Und was sie auch kennen, ist Heimweh. Aber sie erleben hoffentlich heute auch Solidarität, die es im Buch ja auch gibt. Das war mir wichtig. In einem Kinderbuch muss es das geben. Anders geht es nicht. Und es muss gut ausgehen, für die, die etwas Schlimmes erlebt haben, und es muss schlecht ausgehen für die, die es ihnen angetan haben. Das Ende in meinem Buch ist fiktional. Bei mir damals gab es das leider so nicht.

Es gab große Resonanz auf das Buch, alles Reaktionen von Betroffenen, die das Gleiche erlebt hatten. Ich habe unendlich viele Mails bekommen. Nachdem ich das Buch geschrieben hatte, bin ich aber erst mal in eine richtig schlimme Depression gerutscht.

Ein großer Trost war für mich, dass ich bei dem Buch mit meiner Tochter zusammenarbeiten konnte. Sie hat es illustriert und wir waren auch gemeinsam im November auf Borkum, um zu recherchieren und die Stimmung einzufangen. Gewohnt haben wir in dem Heim, das heute ein schickes Appartementhaus ist. Ich hatte mir ein Zimmer ausgesucht, das ungefähr der Lage von meinem von damals entsprach. Jede Nacht wanderte der Strahl des Leuchtturms über mein Bett, genau wie 50 Jahre zuvor …

Eingewickelt wie in einen Teppich

Detlef

Ich neige leicht zum Weinen. Das war schon bei meinem Vater so und auch meine Söhne haben das. Wir neigen leicht zu Tränen.

Ich wurde 1943 geboren. Ich bin das Überbleibsel eines Fronturlaubs meines Vaters, er hat mich zurückgelassen. Wir haben auf dem Land gewohnt, auf einem Gutshof, mit einem Gutsbesitzer der alten Klasse: Wenn er spazieren ging, dort auf dem Gutshof, dann mit grüner Lodenjacke, Handstock und zwei großen Hunden. Als Kinder mussten wir über den Hof zur Schule gehen und hatten immer Angst vor den großen Hunden, die liefen frei herum. Einmal kam er vorbei, und als wir »Schön guten Tag« sagten, kam einer der Hunde und legte seine Pfoten auf meine Schulter – ich habe mir in die Hosen gemacht, vor Angst. Daraufhin sah mich der Gutsbesitzer an und sagte: »Na, hast du ein schlechtes Gewissen?!« Er hat später dafür gesorgt, dass wir dort wegkamen.

Detlef kam mit sechs Jahren 1949 in das Kinderheim der Barmer Ersatzkasse »Schloss am Meer« in Wyk auf Föhr. Der Kuraufenthalt an mehreren Orten dauerte insgesamt ein Jahr.

Mein Vater kam als Kriegsinvalide zurück, war dann Knecht und hat mit Pferden gearbeitet. Der Gutshof hatte noch Ende der 1950er Jahre 52 Gespanne für die Feld- und Hofarbeit. Zwar gab es auch Trecker, aber vor allem wurde mit Pferden gearbeitet. Der Bruder meiner Mutter arbeitete ebenfalls dort, meine Mutter und Großmutter auch. Es gab insgesamt über 100 Pferde dort, es war ein riesiges Gut. Die ganzen Knechte mit ihren Familien lebten auf dem Gutsgelände. Zum Lohn gab es ein Deputat, ein Stück Land mit Kartoffeln, und einmal im Monat bekamen sie Mehl. Wir bekamen das aber nicht, denn wir wohnten nur bei meinem Onkel und meiner Großmutter. Meine Großmutter hatte in jungen Jahren auf dem Hof gemolken. Ihr Mann war dort Schäfer gewesen.

Meine Mutter war 1920 auf dem Hof geboren worden, alle ihre Geschwister auch. Ich dann ebenfalls. Als sich mein Onkel zusammen mit einem Kollegen ein eigenes Haus gebaut hatte, zogen sie weg, also mit meiner Großmutter, sodass nur wir noch in der Wohnung wohnten, aber dann schmiss uns der Gutsbesitzer raus. Das war 1955. Da war meine Kindheit vorbei. Mein Vater lag zu der Zeit im Krankenhaus, weshalb wir da nicht weg wollten. Ab dem Zeitpunkt, als wir unser Zuhause verloren, lebten wir sehr arm. Meine Mutter hat oft geweint. Es war ja nur ein uraltes Reetdachhaus mit insgesamt drei Familien darin, eine einfache Kate, sehr primitiv. Kein Mensch wollte da einziehen. Wir hatten schon so lange darin gewohnt. Wir waren sieben Geschwister.

Dann kamen sie mit dem Bürgermeister, mit dem Gemeindevorsteher, alle haben uns überredet, da rauszugehen, angeblich bräuchte der Gutsbesitzer das Haus für eine andere Familie – aber nie ist da jemand eingezogen. Das war eine große Sauerei. Das habe ich schon damals als Kind gespürt. Es war unser Ende.

Sacksdorf hieß der Hof und heißt er noch, ein Schloss ist das, so wie eine alte Ritterburg. Der Gutsbesitzer hat unsere kleine Kate sicher nicht nötig gehabt.

Wir sollten dann eine Wohnung bekommen, die sich noch im Bau befand, und bis die fertig sei, sollten wir, nur für 14 Tage, in eine Baracke ziehen. Aus den 14 Tagen sind dann zehn Jahre geworden. Das war so eine Blechhütte für Flüchtlinge. Da wohnten elende Leute, die sehr verkommen waren. Im Winter war es sehr kalt, im Sommer stickig. Mit sechs Personen hatten wir nur zwei Zimmer. Vorher in der Kate war es viel schöner gewesen, denn die hatte meine Familie auf- und ausgebaut und seit drei Generationen bewohnt, alles war gepflegt, auch der Garten. Von da an haben wir nur noch gegen die Kälte gekämpft, wir mussten ununterbrochen heizen.

Irgendwann wurde ich sehr krank. Meine Mutter ebenso, sie hatte Typhus. Sie schickte uns zu verschiedenen Verwandten, ich kam zu der anderen Oma nach Niebüll. Irgendwann sollte ich zusammen mit meiner Mutter nach Föhr fahren, wegen meiner Krankheit, zur Erholung. Meine Mutter brachte mich hin. Dann ging sie weg. Keine Verabschiedung. Ich blieb sehr allein zurück. Verdattert, verwirrt. Ich erinnere mich genau an die ersten Tage. Zuerst war ich ganz allein in einem Zimmer, da habe ich Angst gehabt, ziemlich oft geweint. Danach bekam ich zwei weitere Mitbewohner ins Zimmer. Später kam ich in den großen Saal.

Ich sprach damals nur Plattdeutsch. Ich verstand die anderen, aber sie mich nicht, kein Mensch verstand mich. Da wurde ich sofort beschimpft. Sie haben mir gedroht, ich solle vernünftig sprechen, aber ich wusste nicht, was »vernünftiges« Sprechen war.

Eines Abends wurden plötzlich die Nachttöpfe in eine Reihe gestellt. Wir sollten uns raufsetzen und unser Geschäft machen. Ich war verwirrt, ich war sechs Jahre alt, wir mussten auf Befehl unser Geschäft machen, und wer das nicht konnte, bekam auf den Hintern gehauen. Ich und ein paar andere mussten länger sitzen bleiben, so lange, bis wir etwas gemacht hatte. Ich war entsetzt. Ich war doch schon sechs Jahre alt. Ich weiß noch genau, welche Kinder den Po versohlt bekamen, ich sehe sie noch vor mir.

Der große Saal und das Essen waren auch furchtbar. Wir bekamen einen Teller vorgesetzt, einfach so mit der Kelle auf den Teller drauf, und das musste aufgegessen werden. Das war für einige ganz, ganz schwer. Ich kann mich erinnern, dass wir uns dann zu zwei oder drei Jungen zusammengetan haben, um uns gegenseitig zu unterstützen. Wenn dem einen was passiert ist, hat man den getröstet. Das war gut. Ansonsten habe ich nur alles so gemacht, wie die es von mir wollten. Ich habe mich nur geduckt, dass ich nicht auffiel. Auch nicht reden, denn dann wurde man bestraft.

Nachmittags mussten wir zwei, drei Stunden schlafen. Wir durften in der Zeit überhaupt nichts sagen, nicht flüstern, nichts. Die wollten nichts von uns hören. Gar nichts. Sobald jemand etwas sagte, kamen sie herein und machten Folgendes: Sie rollten uns in diese dicken grauen Decken ein, und zwar komplett, bis zum Hals, die Arme eingerollt, auch die Füße eingewickelt, wie in einen Teppich, wie in ein Paket.

Das war ganz schrecklich. Das hat sich angefühlt wie verschnürt, man konnte sich nicht bewegen, gar nichts mehr tun.

So kam es, dass meine Krankheit dadurch auch nicht besser wurde. Die Atmosphäre war einschüchternd, kalt, ich kann mich nicht an irgendeine Person erinnern, an die man sich wenden konnte, die einem half. Nie ist man persönlich angesprochen worden, nur Befehlssätze. Ausschließlich Befehle und Drohungen. Von dem Einwickeln habe ich eine Klaustrophobie zurückbehalten. Ich habe dort sehr viel Angst gehabt.

Einen Nachmittag werde ich nie vergessen: Als wir schlafen sollten, war da einer, der krank war. Der Arzt kam und alles endete damit, dass der Junge eine Spritze bekam. Er bekam die Spritze in den Bauch und der Junge hat geschrien, zwei Schwestern waren nötig, um ihn festzuhalten. Das habe ich mitansehen müssen und werde das nie vergessen, niemals! Mir steigen die Tränen in die Augen, wenn ich daran zurückdenke. Es war furchtbar.

Einmal bekam ich Besuch von meiner Tante. Da wurde nur gesagt, dass ich krank sei und dass sie nicht zu mir hoch dürfe. Aber dann sollte ich auf den Balkon gehen, meine Tante stand unten, und wir haben wenigstens miteinander gesprochen, ich auf dem Balkon und sie da unten. Viel habe ich nicht sagen können, die Schwester stand ja neben mir. Ich konnte nichts sagen. Das war der einzige Besuch in dem ganzen Jahr, in dem ich weg war.

Nach Wyk war ich im Frühjahr gekommen und musste dort fünf Monate bleiben. An einen Strand kann ich mich gar nicht erinnern. An Spiele kann ich mich auch nicht erinnern. Ich kann mich nicht erinnern, dass die irgendetwas mit uns getan haben. Gar nichts! Irgendwann gab es mal etwas wie einen Fasching. Da haben welche gestanden und eine Schnur gehalten und da gab es einen Kringel für jeden, den sollten wir mit dem Mund runterholen. Ich habe gar nicht mitgemacht, nur zugesehen. Ich selbst blieb fünf Monate, während die anderen Kinder wechselten. Freunde habe ich da nicht gehabt.

Dann kam ich von Wyk direkt nach Dänemark. Dort war es besser. Viel besser. Von Wyk hat mich auch keiner abgeholt, ich wurde einfach zum Schiff nach Dänemark gebracht.

Nachher, als ich nach dem einen Jahr endlich wieder nach Hause kam, wurde ich mit einem Auto nach Flensburg an die Grenze gefahren, dort hat mein Vater mich abgeholt. Ich erinnere mich genau, dass ich aus dem Auto stieg und dann »Papa« gesagt habe. Anschließend saßen wir im Wartesaal des Bahnhofs und haben über dies und das gesprochen. Einmal sah ich ihn auf einmal an und habe gefragt: »Bist du mein Vater?!« Ich muss noch heute weinen, wenn ich an die Situation denke.

Da war ich sechs Jahre alt und ein Jahr von zu Hause weg gewesen. Es dauerte aber nicht lange, dann habe ich mich wieder zu Hause gefühlt. Ich konnte nicht gleich zur Schule, weil es Frühjahr war und das Schuljahr längst angefangen hatte. Ich sprach auch kein Deutsch mehr, nur Dänisch.

Dass ich nach Dänemark gekommen war, hatte mein Vater verfügt. Damals lebten noch viele dänischstämmige Menschen in Schleswig-Holstein. Es waren vor allem die kleinen Bauern, die traditionell dänischer Abstammung waren. Das dänische Heim war in der Nähe von Sonderborg, das an eine Klinik für Tbc-kranke Kinder angeschlossen war: Augustenborg, ein dänischer Adelssitz. Dort war ich in einer kleinen Gruppe untergebracht, in einem kleinen niedlichen Fachwerkhaus. Wir machten auch Aufführungen mit den Dorfkindern. Obwohl ich kein Wort Dänisch sprach, haben die mich gleich sehr lieb behandelt, immer freundlich, auch wenn ich nur herumsaß, allein war, nicht sprechen konnte. Sie haben mich einbezogen, haben mich zu trösten versucht, es gab größere Spielräume, sie haben gespielt mit uns, wirklich, sie haben immer mit uns gespielt, so erscheint es mir in der Erinnerung. Der Sinn des Tages war dort das Spielen, so wie es in Wyk das Drohen und Schimpfen gewesen war. So habe ich dann ganz schnell Dänisch gelernt.

Es gab mehrere deutsche Kinder, die kein Dänisch konnten. Die Erzieherinnen haben uns dann zusammengeführt. Das war alles sehr behutsam, einfühlsam, freundlich, man brauchte keine Angst mehr zu haben. Das hat mir sehr geholfen. Es kam mir gegen das Wyker Heim wie ein Paradies dort vor, wie eine Familie. Einmal haben sie mich, vielleicht noch ganz zu Anfang, als ich mich mal allein irgendwo verkrochen hatte, dort aufgesucht, mich dann ganz lieb herausgeholt und mit einem anderen Kind zusammen an einen Tisch gesetzt. Dann haben sie mit mir etwas Schönes gespielt, das war so erleichternd. Man brauchte keine Angst mehr haben.

Dort gab es auch keine Töpfe und es war nicht verboten, auf die Toilette zu gehen. Man brauchte keinen Mittagsschlaf zu machen, es gab kein Redeverbot, es wurde immer gespielt. In dem dänischen Heim sind wir gut behandelt worden. Wir haben viel gelacht. Der Schlafsaal war kleiner und wir haben Kissenschlachten gemacht. Die Erzieherinnen kamen zwar auch mal rein und sagten, wir sollten ruhig sein, aber es war nie bedrohlich, man brauchte keine Angst haben, sie hatten nette Gesichter, sie lächelten, sie sprachen lieb zu uns.

Wir sind dort auch untersucht und geröntgt worden, aber selbst vor den Untersuchungen hatten wir keine Angst. Das Essen war ebenfalls viel, viel besser. Ich bin aufgeblüht, ich habe mich aufgerichtet innerlich, ich habe freier geatmet, es war wie im Paradies. Es war für mich wie eine zweite Familie.

Und als ich dann wieder nach Deutschland kam, wollte ich immer zurück nach Dänemark. Von da an stand es für mich fest, dass ich später in Dänemark leben wollte, und das habe ich auch umgesetzt. Ich bin später wirklich nach Dänemark ausgewandert.

Nach meiner Rückkehr aus dem Heimjahr bin ich noch in die deutsche Schule eingeschult worden. Wir waren 52 Schüler. Da war kaum richtiges Lernen möglich. Auch dort gab es meist nur Geschimpfe. Da bereits feststand, dass im Ort eine dänische Schule gebaut werden würde, war für einige von uns, die auch Dänisch konnten, klar, dass wir nach den Sommerferien in die dänische Schule wechseln würden. Als ich einmal in der Schule wieder mal ausgeschimpft wurde, habe ich dem Lehrer geantwortet: »Ich freu mich schon, wenn ich nach den Ferien in die dänische Schule komme!« Nach den Sommerferien gingen viele Kinder ab und wechselten in die dänische Schule. Dort war es wieder richtig schön, kein Vergleich mit der deutschen Schule: freundliche Lehrerinnen, schöne Lernspiele, es war anregend, hat mir immer Spaß gemacht.

In den ersten Ferien kamen dann der Bürgermeister und noch andere Leute zu uns und wollten meine Eltern überreden, mich nicht in die dänische Schule zu geben, aber mein Vater hat sich glücklicherweise nicht umstimmen lassen. Ich hatte insgesamt eineinhalb Jahre Schulausfall gehabt, die habe ich aber in der dänischen Schule ganz schnell aufgeholt und gleich auch perfekt Dänisch gelernt.

Nach der Schule, zwei Jahre danach, sollte ich Wehrdienst machen, aber zusammen mit einem Freund, der war Lehrer an der dänischen Schule, bin ich über die Grenze gegangen und habe mir in Dänemark Arbeit gesucht, in einer Spedition. Bei dieser Spedition habe ich dann 25 Jahre lang gearbeitet. Das habe ich nie bereut! Niemals!

Es ist hier zum Totgehen

Jane

Ich bin eher streng und altmodisch erzogen worden, mein Vater war Jahrgang 1920, im Krieg gewesen, depressiv und alkoholabhängig; meine Mutter war Jahrgang 1930. Ich durfte sie nicht »Mama«, sondern musste sie »Mutter« nennen. Andere Eltern waren irgendwie lustiger, warmherziger. Der oberste Erziehungsgrundsatz bei uns war: Gelobt sei, was hart macht. Dennoch haben sie mich geliebt, denn ich war ein Wunschkind. Nachdem meine Mutter lange Zeit kein Kind mehr bekam und schon gedacht hatte, sie bekäme kein weiteres mehr (ich habe zwei ältere Brüder), kam ich. Sie hat sich sehr über meine Geburt gefreut. Ich sei ein Geschenk für sie gewesen, so hat sie es immer erzählt.

Jane war im Herbst 1973 für sieben Woche im »Haus Schwarzwald« in Birkendorf, einem Kinderkurheim der Barmer Ersatzkasse. Sie war damals acht Jahre alt.

Bei uns ging es traditionell und gutbürgerlich zu. Wenn mein Vater nach der Arbeit nach Hause kam, durfte ich nicht mehr Klavier spielen, ich musste »spuren«, alles musste leise vonstattengehen und ich musste ihm das Bier bringen. Meine zwei Brüder waren sieben und neun Jahr älter als ich.

Bei uns herrschte immer eine eher ernste, kühle, strenge Atmosphäre. Andere Kinder bekamen frische belegte Brötchen mit in die Schule, ich nichts. Das habe ich damals durchaus bemerkt und fand es seltsam. Die Mutter einer Freundin bekam das mit und bot an: »Komm, ich mache dir auch ein Brötchen«, das hat meine Mutter dann aber untersagt – und hat mir doch nie ein Brot mitgegeben. Seltsam, ja; warum, ich weiß es nicht. Bei anderen waren die Eltern irgendwie lustiger.

Zum Einschlafen habe ich immer so ein Wickel-Wackel gemacht, habe den Kopf hin- und hergerollt, im Grunde wie beim Hospitalismus, keine Ahnung, woher das kam. Wir bekamen auch schon mal Ohrfeigen fürs Hampeln bei Tisch.

Die Liebe habe ich trotzdem durchgespürt. Ich hatte alles in allem ein heiles, nettes, förderndes Elternhaus. Auf der seelischen Ebene, na ja, da war es schon sehr streng, wir durften nie laut sein, alles war eher kühl, etwas zwanghaft, meine Brüder und ich mussten uns davon später richtig losstrampeln. Ich habe mich innerlich auch schon mit 15 von zu Hause gelöst. Ab da habe ich alles aus einer Distanz wahrgenommen.

Mit 13 Jahren hatte mich meine Mutter kurzfristig mal zu ihrer Vertrauten gemacht, aber danach, ab 15 Jahren, war ich innerlich »draußen«, weg, abgenabelt. Mit einer Freundin bin ich später nach meinem Abitur nach München gegangen. Mit ihr habe ich mich aus allem befreit. Sie war eine sehr liebe Freundin, mit ihr habe ich das Emotionale nachgeholt.

Jahrelang hatte ich damals keinen Kontakt zu meinem Vater, womit ich ihm sehr unrecht getan habe. Aber durch den Abstand nachher von meiner Mutter habe ich zu meinem Vater wieder eine gute Beziehung bekommen.

Dass ich damals in dem Heim war, lag wohl daran, dass meine Mutter wieder in den Beruf gehen wollte. Sie war Lehrerin. Mein Vater war gleichzeitig auf einer Entzugskur. Im Beruf hat er immer gut funktioniert, aber meine Brüder haben öfter seine Wut abbekommen.

Dann also kam das Heim, mit acht Jahren. Na, das war was! Das war 1973. Die Briefe nach Hause von damals hat meine Mutter aufgehoben.

Nein, ich war nicht krank, ich war ein völlig gesundes Kind, nicht zu dünn und nicht zu dick. Zwar hatte ich eine Mandeloperation gehabt, Einlagen in den Schuhen hatte ich auch, aber sonst nichts.

Eines Tages brachte meine Mutter mich zum Hausarzt und sagte, der schreibe jetzt ein Attest, damit ich zu einer Kur käme. Ich fragte danach: »Was hat der denn jetzt aufgeschrieben? Ich bin doch gar nicht krank.«

Sie antwortete: »Damit du da hinfahren kannst. Das wird schön dort, da lernst du andere Kinder kennen.« Meine Mutter war damals für die CDU Ratsherrin. Ja, meine Mutter war Politikerin, eine sehr tatkräftige Frau, Grundschullehrerin, wirklich taff. Ich kam wohl ins Verschickungsheim, damit sie wieder in ihren Beruf einsteigen konnte – verstehe ich, klar.

Es begann dann so, dass Namensbändchen in die Kleidungsstücke genäht wurden. Außerdem wurden lauter komische Sachen eingekauft, Sachen, die ich nie vorher hatte anziehen müssen und gar nicht kannte: Innenschuhe für Gummistiefel, merkwürdige Dralonhosen mit Bündchen. Diese Sachen standen auf einer Liste. Dann wurde ich irgendwann zum Zug gebracht. Dort warteten Massen von Kindern auf einen Sonderzug. Das war ziemlich beängstigend für mich. Die anderen waren alle um die zehn Jahre alt, ich selbst war mit acht die Jüngste. Im Zug kein Erwachsener weit und breit. Ein irritierendes Spiel vor meinen Augen war Dauerküssen. Ich fand das sehr befremdlich: Jungen und Mädchen küssten sich unter Lachen und Johlen und die anderen stoppten dazu die Zeit. Ich dachte: Wohin bin ich denn hier geraten? Das ging wohl von den älteren Mädchen aus. Hab's meinen Eltern nie erzählt. Fühlte mich wie aus einer anderen Welt.

Dann kamen wir da an, wurden in Gruppen aufgeteilt und eingewiesen in die Zimmer. Es gab einen langen Gang, rechts war der Waschraum, links die Zimmer, ganz hinten der Gruppenraum. Ich kam in die Gruppe der großen Mädchen. Insgesamt gab es vier Gruppen: die kleinen und die großen Mädchen und die kleinen und die großen Jungen. Die großen Gruppen gingen von acht aufwärts, ich war also die jüngste. Im Ess-Saal standen lange Tische, links die Fenster, rechts die Essensausgabe, auf der einen Seite die Jungen, auf der anderen die Mädchen. In der Mitte runde Tische für die Kleinen.

Ich kam ganz an den Rand der einen Bankreihe, außen neben mir saß keiner mehr, gleich daneben begannen die Tische der Jungen. Zwei Mädchen neben mir hatten das riesige Glück, dass sie dorthin gekommen waren, denn sie waren zu dick und bekamen essbares Essen, fand ich. Manchmal habe ich das mit denen heimlich getauscht, weil die lieber diese Mehlpampe haben wollten, die ich vorgesetzt bekam. Ich hatte die vorteilhafte Position, heimlich Zettelchen zu den Jungen rübergeben zu können. Dazu gehörte ein Junge, mit dem ich ein bisschen »anbandelte«, na ja, der war zehn und ich fand ihn gut.

Auf den Zimmern befanden sich sechs Einzelbetten und wir erhielten alle eine Nummer, meine war die Nummer 36, die war eingestickt in eine »Pferdedecke«. Dann bekamen wir beigebracht, wie man die Decke zu falten und zusammenzulegen hatte, nämlich so, dass die Nummer unten rechts lag und dass die Decke mit einem Kleiderbügel glattgestrichen werden konnte. Außerdem gab es so eine Art Zimmerappell, wegen dem es oft einen Riesenärger gab, wenn der nicht richtig funktionierte. Anschließend wurde alles begutachtet, alles musste tipptopp sein, die Spinde geordnet – wie beim Militär. Im Waschraum gab es ganz lange Waschbecken, so Tröge, wie in den Sporthallen: in der Mitte eine Reihe und jeweils an den Rändern. Jede von uns hatte einen festen Platz, die dazugehörigen Handtücher trugen unsere jeweiligen Zahlen. Man hatte zwei Handtücher, eins für oben und eins für unten, und auch entsprechend Waschlappen, für oben und unten.

Eine für mich sehr unangenehme Erfahrung war, dass wir uns alle nackt ausziehen mussten, was ich sehr irritierend fand. Das größte Mädchen in meiner Gruppe, die bereits 15 Jahre alt war und schon Busen hatte, für die fand ich es ganz besonders peinlich, dass die da so nackt sein musste. Die Erzieherinnen standen neben uns und überwachten die ganze Waschaktion. Wegen der Waschlappen musste ich nachfragen, was man damit mache, denn ich wusste gar nicht, wie das geht, sich mit einem Waschlappen waschen. Hatte ich noch nie gemacht. Ich hatte zuvor immer geduscht. Meine harmlose Frage kam natürlich ganz schlecht an, sodass mich die Erzieherin vor den anderen erst mal so ein bisschen lächerlich gemacht hat: »Ach, die feine Dame, weiß nicht, wie das geht, sich mit einem Waschlappen zu waschen, na, dann werde ich dir das mal zeigen.« Dann hat sie es mir gezeigt von oben bis unten, das fand ich sehr erniedrigend und übergriffig. Danach habe ich natürlich total aufgepasst, dass mir so etwas nicht noch mal passierte.

Mit dem Toilettengang war es ähnlich streng. Wir durften nachts nicht aufstehen und nicht zur Toilette gehen. Man musste vorher auf die Toilette gehen und dann aushalten. Ich weiß noch deutlich das

Gefühl: ›Oh, ein Glück, ich bin kein Bettnässer‹, denn damit hatte ich nie ein Problem, aber anderen ist es anders ergangen. Ich erinnere mich, dass es einmal ein fürchterliches Trara gab wegen des Bettnässens, denn ein Mädchen in unserem Zimmer bekam so einen Gummiüberzug über die Matratze gezogen und es gab negative Kommentare. Das war furchtbar peinlich für sie. Ich erinnere mich jedenfalls an das heiße Glück, dass ich selbst zumindest von dieser Sache nicht betroffen war.

Zu Mahlzeiten wurden wir, glaube ich, geführt und mussten dann die ganze Zeit da rumsitzen, bis auch die Letzten fertig waren. Anschließend mussten wir einen Mittagschlaf machen. Wir durften aber auch lesen. Allerdings haben mir manchmal die anderen Mädchen die Bücher weggenommen oder sich über mich lustig gemacht wegen des Lesens. So gab es Lärm, und sie sagten, wenn die Erzieherinnen kamen, ich sei es gewesen. Ich hatte da keine richtigen Freundinnen, war ziemlich isoliert, weshalb ich auch viele Jahre immer gedacht habe, das sei nur mein Problem gewesen, weil ich da mit den großen Mädchen nicht so warmgeworden war.

Ich wurde tatsächlich auch manchmal ein bisschen hervorgehoben, zum Beispiel als wir ein Krippenspiel vorbereiteten, bei dem ein Lied eingeübt wurde: *Wer klopfet an?* Ich konnte das und konnte auch sauber singen, sodass ich die Maria spielen durfte. Ich als Achtjährige durfte die Maria spielen, was die älteren Mädchen natürlich blöd fanden. Dazu kam: Dieser Junge, den ich mochte, der war der Josef – also, das war definitiv ein Highlight. Ich konnte deshalb auch manchmal aus den komischen Gruppenaktivitäten rausbleiben, weil ich ja zum Üben musste. Das war das einzige Gute daran.

Ein großes Problem war, dass mich gegen die Mädchen, die mich wegen des Lesens immer ausgelacht haben, auch die Erzieherinnen nicht unterstützt haben. Darunter muss ich schon sehr gelitten haben. Es gab in der »Bibliothek« ein Regal mit vielleicht sechs oder sieben Büchern, die hatte ich schon nach der ersten Woche einmal durchgelesen. Ich habe sie also die ganzen sieben Wochen immer wieder gelesen, jedes einzelne Buch. Eines konnte ich nachher auswendig, eine Ponygeschichte. Die fand ich besonders schön, das habe ich wahrscheinlich dreißigmal gelesen.

Ganz schlimm war die Zwangsstimmung dort, die die ganze Zeit hindurch herrschte. Dieses institutionelle Zwangssystem. Ich kam da hin und dachte wirklich: ›So, jetzt bist du in einem Kinderknast, im KZ gelandet.‹ Ich hatte schon eine Vorstellung von der Nazizeit. In unserem Sportunterricht gab es eine, die war eine richtige KZ-Schergin, die war schrecklich. Ich wusste schon, wer Adolf Hitler gewesen war, ich wusste, dass es KZs gegeben hatte. Ich hatte von meinem Vater Bilder zu sehen bekommen, auch von den Soldaten. Ich hatte also das Gefühl, in so etwas hineingeraten zu sein. ›Da musst du jetzt aufpassen‹, habe ich zu mir selbst gesagt. Es war ein Schweinesystem, das war mir irgendwie klar, vage natürlich, eben wie man als Kind so etwas fühlt, jedenfalls in die Richtung. Wie konnten meine Eltern mich nur in so etwas abgeben, habe ich mich gefragt. Das frage ich mich noch heute.

Es geschahen da Dinge, die ich wirklich schauderhaft fand, diese Bettengeschichte zum Beispiel oder, dass man in der Gruppe immer niedergemacht und vor den anderen bloßgestellt wurde, und zwar mit jeder Sache, die irgendwie ein Problem war – das kannte ich von zu Hause so nicht.

Einmal haben sich zwei Mädchen gestritten und geschlagen, so ganz grundlos war das nicht, deshalb dachte ich, man hätte dem Streit nachgehen müssen, aber die wurden einfach nur vor die Gruppe gestellt, und es wurde gesagt, sie seien beide völlig schlechte Menschen. Dann mussten sie sich beide, völlig verheult, vor der ganzen Gruppe die Hand geben. Das ist ja an sich gar nicht falsch, aber ich fand es enorm erniedrigend, wie das gemacht wurde. Das war total schockierend für mich.

Außerdem gab es da Sport. Ich war nicht gut im Sport, und dort war eine ganz resolute, ganz robuste Frau, eine Art Gefängniswärterin, die machte das alles mit Trillerpfeife. Wir mussten abwechselnd mal rennen, dann wieder stehen bleiben. Vor dieser Frau hatte ich total Angst, sodass ich mich immer weit verdrückt habe, damit sie mich bloß nicht wahrnahm und nicht bemerkte, dass ich nicht so schnell laufen konnte wie die anderen. Ich habe immer versucht, mich da unterhalb ihrer Sichtlinie zu halten. Einmal hat sie mich erwischt und hat mich vor den anderen Liegestützen machen lassen, das war … schrecklich.

Meistens habe ich es aber geschafft, mich irgendwie unauffällig zu verhalten. Habe aufgepasst, dass mir da nichts passierte, dass ich nicht aneckte. Als ich mal die Nacht über im Badezimmer verbringen musste, auf dem Stuhl, war das deshalb, weil die anderen gequatscht hatten. Sie hatten auf mich gezeigt: »Die war's.« Das war der andere Teil dieses Zwangssystems, dass nämlich immer als Strafe dieses »Auf-dem-Stuhl-Sitzen« verordnet wurde – also raus aus dem Bett und den Rest der Nacht auf dem Stuhl bleiben. Da durfte man nur diese kratzige Decke mitnehmen, mehr gab's nicht. In der Nacht, die ich im Badezimmer verbracht habe, saß ein Kind im Flur und ein drittes Kind im Gruppenraum. Es verbrachten also von dreißig Kindern drei die Nacht auf einem Stuhl. Das geschah jede Nacht.

Ich konnte so natürlich nicht schlafen und ich erinnere mich genau, dass ich dann begonnen habe, auf Englisch zu zählen. Das konnte ich schon. Ich habe da gesessen und bis in die Tausender auf Englisch gezählt, um die Zeit rumzubringen, und gleichzeitig gedacht: ›Das kann doch nicht richtig sein, was hier passiert.‹

Mir hatte man gleich am ersten Tag alle meine Stofftiere weggenommen, an denen ich sehr hing. In meinem ansonsten etwas kühlen Elternhaus hatten mir meine Eltern die Stofftiere zum Einschlafen gegeben, sodass ich sehr an ihnen hing. Erst am letzten Tag habe ich die zurückbekommen – die besitze ich alle jetzt noch! Mit denen habe ich auch danach wieder im Bett geschlafen, die waren meine Trösterlis, die waren mein wichtigstes Spielzeug. Daher hatte ich mir welche mitgenommen, aber schon in der ersten Nacht wurden sie mir alle weggenommen. Wobei das so ablief: Zuerst hatten sie mir die anderen Kinder weggenommen, dann gab es Geschrei, weil ich die wiederhaben wollte, und daraufhin kamen die Tanten herein und haben sie mir alle weggenommen. Für die ganzen sechs Wochen. Das war schlimm, denn ich wusste gar nicht, wie ich einschlafen sollte. Jede Nacht habe ich geweint, mich in den Schlaf geweint, unter der Decke. Am Anfang hatte es geheißen, sie würden sie mir für eine Woche wegnehmen, aber als ich dann nachfragte, hieß es: »Jetzt sind sie für immer weg.«

Meinen Eltern durfte ich das natürlich nicht schreiben. Jedes Mal wurde über die Schulter geguckt, während man schrieb, und wenn es denen nicht passte, wurde das öffentlich vorgelesen und gesagt, dass man das doch so nicht schreiben dürfe. Dann wurde der Brief zerrissen und die Kinder mussten noch mal neu schreiben. Einmal hatte ich ein Bild gemalt mit einem Panther im Käfig, als hätte ich sagen wollen: Ich bin in einem Käfig eingesperrt, holt mich hier raus. Vielleicht war das eine unbewusste Botschaft, jedenfalls muss das wohl auch die Tante vermutet haben, denn die wollte mir den Brief mit dem Bild zuerst nicht erlauben.

Schrecklich war auch, dass die anderen Kinder öfter Päckchen geschickt bekamen, aber sie erhielten davon immer nur ein Teil, das sie sich aussuchen durften, alles andere wurde an alle verteilt. Auch das kann man unter bestimmten Umständen sogar richtig finden, aber es war eher eine Strafaktion, weil es vorher eine Anweisung gegeben hatte, die Eltern sollten keine Päckchen schicken. Die liebevollen Eltern hielten sich aber an so eine bescheuerte Anweisung natürlich nicht. Meine Eltern hingegen hielten sich daran, mit der Folge, dass ich eben nie ein Paket bekam. Das führte dazu, dass sich die anderen Kinder im Laufe der Zeit Süßigkeitsvorräte anlegten, wovon sie sich untereinander natürlich abgaben, aber nicht mir, denn ich hatte ja nie etwas bekommen und konnte deshalb auch nichts abgeben. Das wurde getauscht und hin- und hergeschenkt. Süßigkeiten waren die Währung in dem Heim.

Einmal bekam ich Besuch von meiner Patentante, die durfte aber nicht rein, sondern wir mussten uns vor der Tür treffen. Sie gab mir ein kleines Weihnachtstütchen mit drei kleinen Sachen drin – das sollte ich dann auch teilen. Ich habe mir ein Stück Marzipan genommen.

Ansonsten gab es immer Milchsuppen, so eine Art verdünnter Pudding, mal mit Vanille-, mal mit Schokoladengeschmack. Ich hatte das Glück, dass ich das mochte. Am Sonntag gab es zu meinem Schrecken etwas, was für besonders gut befunden wurde: Weißbrot, ganz dick mit Butter bestrichen und mit Honig bekleistert. Mich ekelte diese dicke Butter sehr, ich kannte nur Margarine, und auch die nur dünn gestrichen. Gemüse gab es nur immer in einer dicken Mehlpampe gekocht. Das fand ich auch ziemlich schlimm. Auch so etwas hatte ich nie vorher gegessen. Meine Mutter hatte eine Hauswirtschaftsschule besucht und Gemüse gab es bei uns nur gedünstet. Dazu gab es dann auch noch schwabbeliges Fleisch, ziemlich eklig. Aber: Man musste das eben aufessen, jedenfalls wer nicht tricksen konnte.

Ich konnte zum Teil tauschen mit diesen übergewichtigen Kindern, aber das war nicht so einfach. Die Tanten kamen und haben einem das Essen so flatsch auf den Teller geknallt, eine riesige Portion. Matschige Kartoffeln zum Beispiel, das war alles eklig. Wenn wir nach dem Essen rausgingen aus dem Saal, dann blieben einzelne arme Tröpfe vor ihren Tellern sitzen, und wenn wir nachmittags wieder reinkamen, saßen die da immer noch. Deswegen habe ich immer gut aufgepasst, dass ich mein Essen irgendwie verteilt bekam, damit mir so etwas nicht passierte.

Während der ersten Woche, als wir alle nackt oder nur in Unterhöschen bekleidet dastanden und warteten, bis wir gewogen wurden, habe ich vor Schreck abgenommen. Aber von da an habe ich zugenommen, denn es hieß sofort: »Das geht ja hier so nicht, dass du nicht zunimmst, du musst mehr essen.«

Einmal bin ich krank geworden, wahrscheinlich ein Magen-Darm-Infekt, und wurde auf die Krankenstation gepackt. Das fand ich ganz besonders scheußlich, das war noch viel schlimmer, das war richtig gruselig. Ich durfte das Bett nicht verlassen und bekam Haferschleim zu essen und der schmeckte so, dass man wirklich nur noch kotzen konnte. Ich habe mir dennoch ganz viel Mühe gegeben, dass ich keine Zeichen mehr von meiner Magen-Darm-Verstimmung zeigte, denn dieser Haferschleim, zu dem ich ja auch gezwungen wurde, der war wirklich so schrecklich, dass mir es schon beim ersten Löffel im Halse würgte. Ich lag da tagelang und fand das noch die Steigerungsform von allem, sehr beängstigend, die ganzen weiß-grauen Räume, die weiß-grauen Betten und die graue Haferschleimsuppe … albtraumhaft. Im Rest des Heims fand immerhin noch ab und zu ein normales Kinderleben statt, aber auf der Krankenstation gab's ja gar nichts, das war wie eine geschlossene Psychiatrie.

Es wurde dort auch viel gesungen, was mir Spaß gemacht hat. Ich habe viele neue Lieder gelernt und gerne mitgesungen. Eine Erzieherin hatte eine Gitarre, das war mal sehr schön.

Einmal habe ich an der Zensur vorbei meiner damaligen besten Freundin geschrieben und alles ein bisschen genauer erzählt. Am Ende steht da ein Satz: »Es ist hier zum Totgehen!!!«

Ich will gar nicht sagen, dass es nicht auch schöne Ausflüge gegeben hat, das Basteln, das Krippenspiel, aber meine Gefühle zu der Zeit waren so, dass es einfach das Schrecklichste war, was mir je passiert ist. Immer habe ich mich gefragt: Wohin bin ich hier geraten? Und das, obwohl ich ja aus einem strengen, kühlen Elternhaus kam; Strenge und Gehorchenmüssen, das war ich durchaus gewohnt.

Als ich wieder nach Hause kam, habe ich meine Eltern gleich gefragt: »Wohin habt ihr mich da bloß gebracht?« Das habe ich sie gefragt. Was habt ihr euch dabei gedacht?

Die Reaktion war: »Das erinnerst du bloß falsch, wahrscheinlich hattest du nur Mühe mit den Mädchen, hast dich nicht eingefügt, eigentlich war es doch schön, guck mal, ihr habt doch immer Ausflüge gemacht.« Und natürlich hatten auch meine Briefe nichts von dem Bedrückenden berichtet. Na ja, sie haben es heruntergespielt, und dann habe ich nichts mehr gesagt. Unsere Familiensituation war auch nicht so, dass ich mir große Hoffnungen gemacht habe, viel Mitgefühl zu erfahren. Ich habe nie wieder darüber gesprochen, nie wieder.

Vor dem Kongress der Verschickungskinder auf Sylt 2019 habe ich zum ersten Mal seit meinem achten Lebensjahr das noch mal meiner Mutter gegenüber angesprochen. Ich habe ihr davon erzählt und da war sie völlig schockiert. Ich habe mit ihr darüber geredet, ihr gesagt, dass es ja nicht ihre Schuld war, dass ich das einordnen könne. Danach hat sie nach meinen damaligen Briefen gesucht und sie auch wiedergefunden. Vorher hatte ich wirklich überlegt, ob ich noch mal mit ihr darüber reden will, ich dachte: Was soll's, es ist auch eine Chance, um darüber ins Gespräch zu kommen. Ich wollte auch die Zusammenhänge besser verstehen. Meine Mutter meinte, dass das auch ein Versuch der Hausärzte war, die Mütter zu entlasten. Sie wollte wieder anfangen zu arbeiten, mein Vater war krank und der Arzt hat ihr sicher zugeraten zum Wiedereinstieg ins Arbeiten.

Von dem Aufenthalt habe ich eine Schlaflosigkeit zurückbehalten. Ich erinnere mich an viele Nächte mit Schlaflosigkeit in diesem Heim.

Ich hatte einen Trick: In einem Kinderbuch hatte ich mal gelesen, was man machen kann, wenn man nicht einschlafen kann, nämlich sich von A bis Z zu jedem Buchstaben ein Gedicht auszusuchen, ein Lied. Auch das mit dem Zählen auf Englisch war so etwas. Meine Stofftiere fehlten mir und das Wickelwackel heimlich unter der Bettdecke. Stattdessen das Weinen, ich habe nächtelang wach gelegen damals. Später ist das dann noch mal manchmal wiedergekommen, phasenweise.

Wir durften ja abends und nachts nicht einmal flüstern, aber natürlich haben wir es trotzdem getan. Nur ein einziges Mal bin ich dabei erwischt worden, und das auch noch zu Unrecht. Ich hatte gar nicht gequatscht, sondern die anderen hatten mich provoziert und mir die Decke weggezogen. Ich hatte sogar Angst, mich zu wehren, damit ich nicht erwischt wurde, aber es wurde eben trotzdem lauter im Raum. Es war jedenfalls keine lustige Hanni-und-Nanni-Internatssituation. Wir wurden in der Gruppe richtig gegeneinander aufgehetzt. Deshalb fand ich das auch mit dem Jungen so nett, den ich da hatte und mit dem ich manchmal zusammentraf. Zwischen uns gab es das mit dem Ausspielen und dem Ärgern nicht.

Ich habe nachher nur wenig über all das gesprochen. Meiner besten Freundin habe ich vieles erzählt, bis die sich vor Schaudern gekrümmt hat, aber sonst keinem mehr. Aus meiner Schulklasse war auch keiner sonst verschickt worden, das kannte niemand. Das war 1973.

Interessiert habe ich mich aber schon früh für KZs. Immer, wenn mir etwas über KZs begegnete, las ich darüber, auch über Gefängnisse und so etwas. Dann herrschte bei mir immer das dumpfe Gefühl: Du hast so was schon mal erlebt. Das war mir immer klar. Du bist auch mal in so etwas hineingeraten, in ein Lager oder Gefängnis, in so eine Institution, du weißt so ungefähr, wie sich das anfühlt. Das war für mich immer total klar. Ich habe immer diese Verbindung gesehen. Immer blieb aber auch diese Unsicherheit: Erinnerst du dich überhaupt richtig? Oder kamst du nur mit den anderen Mädchen nicht klar?

Mit acht Jahren, da war mir klar: Du kannst dich hier jetzt nicht wehren, aber ich dachte, du wirst dafür kämpfen, dass so etwas nie mehr stattfindet. Die Barmer Ersatzkasse hatte dort eigenes Geschirr, mit dem Logo, einem Adler. Beim Essen im Heim habe ich immer meine Gabel vor den Adler gehalten und mir vorgestellt: Ich bin der Adler, hinter Gittern, aber ich werde mich befreien! Damit habe ich mir selbst während der Mahlzeiten Mut gemacht.

Ich habe danach übrigens mit meiner besten Freundin, der ich auch den Brief geschrieben hatte, immer ganz viel Rollenspiele gespielt: Wir haben gespielt, wir wären Kinder in einem Land, in dem Kinder gezüchtet werden, um deren Haut zu verwenden. Ich vermute, dass wir irgendwas gehört hatten von diesen Lampenschirmen, die in KZs aus Menschenhaut gefertigt wurden für die Wächter. Wir haben hinten in so einem Teil des Gartens gespielt, in dem man uns nicht sehen konnte und wo es Birnen gab. Wir durften uns nur von Birnen ernähren, weil die so eine schöne Haut machen, und wir haben dann gespielt, wie wir uns wehren und versuchen zu fliehen – völlig schräg. Das war ein Spiel, das man gar nicht erzählen konnte, weil das die Erwachsenen gar nicht verstanden hätten. Aber wir haben das ungeheuer intensiv gespielt, wie wir uns verhalten und wie es ist, wenn die Aufseherinnen kommen und so weiter.

Ein anderes Spiel war »Maier und sein Tiger«. Ich war der Tiger, die Freundin Maier (der deutsche WM-Torwart 1974). Der Tiger wird weggeschleppt und in einem Zoo eingesperrt. Maier hat sich darum zu bemühen, dass dieser Tiger wieder befreit wird. Das konnten wir nicht aufhören zu spielen. Alle dachten, wir spinnen, was wir da immer spielen. Bis wir 13 Jahre alt waren, bis wir unsere ersten Freunde hatten, so lange haben wir das und andere Spiele gespielt, bei denen es um Macht und Misshandlung ging und wie man sich dagegen wehrt. Zum Beispiel haben wir »Römer« gespielt. Sklaven wurden darin erniedrigt. Die eine von uns war der Kaiser und der hatte die Sklaven, die erniedrigt wurden. Oder wir haben uns Wunden angemalt. Irgendwann hörte das auf, aber wirklich erst, als wir unsere ersten Freunde hatten. Das waren Spiele, die man keinem erzählen konnte, das ging nicht, war völlig unmöglich. Wir haben es wohl so verarbeitet, was um uns gewesen war, die Gewalt, das Einsperren, die Härte, wir haben diese bösen Menschen in unsere Spiele integriert. Wir haben sie in unseren Spielen zu bändigen versucht. Wir haben versucht, aus ihnen

Menschen zu machen, in deren Rollen wir schlüpfen konnten, wahrscheinlich damit wir selbst es waren, die das tun konnten, oder auch lassen, wenn wir uns besserten. Wir hatten das dann unter Kontrolle, es beherrschte nicht mehr uns, wir beherrschten es.

Seit ich da unten im Keller war

Helga

Kurz vor der Einschulung 1962 bin ich nach Bad Sachsa gekommen. Wir wohnten damals in Bremen. Ich war ein dünnes Kind und oft erkältet, hatte es oft mit den Bronchien, mit juckender Haut, heute würde man sagen: Neurodermitis und Heuschnupfen. Die Ärztin bei der Einschulungsuntersuchung meinte, ich sei noch zu schwach für die Schule und solle noch ein Jahr warten.

Als sie mich zurückstellen wollte, habe ich viel Theater gemacht, bis sie beschloss, dass ich doch zur Schule gehen könne, wenn ich bis zum Termin, das war im Mai, ein bestimmtes Gewicht habe. Deshalb sollte ich vorher noch zur Kur. Mein Arzt meinte es sicher gut, dass er es schaffte, mich noch vor dem Schulbeginn ins Mittelgebirge zu schickten. Gute Höhenluft würde mir helfen. Ich wurde von Februar bis April verschickt, Spätwinter also. Es hieß, da liege dann ganz viel Schnee, da gebe es Berge – so hat man es mir schmackhaft gemacht. Außerdem wollte ich unbedingt zur Schule, denn ich konnte schon ein bisschen schreiben und bis 100 rechnen und meine Freundin kam auch zur Schule.

Helga kam 1962 im Alter von sechs Jahren für sieben Wochen von Februar bis April nach Bad Sachsa. An den Namen des Heimes kann sie sich nicht erinnern.

Mein Vater war Soldat gewesen, und als er aus der Gefangenschaft kam, als 19-Jähriger, erhielt er ein sogenanntes »Kriegsabitur«. Er hatte gerade mal acht Jahre Grund- und Hauptschule absolviert und seine Lehre als Feinmechaniker begonnen, als er in den Krieg ziehen musste. »Kriegsabitur«, das war die Anerkennung des Kriegsdienstes als

»Lehrzeit«, die ihm fehlte. Über Abendkurse hat er sich in einen technischen Beruf gearbeitet.

Wir besaßen kein Auto und machten keine Urlaubsreisen, waren immer in der Großstadt und die Spielplätze von uns Kindern waren die Trümmergrundstücke und Baustellen. Das war aber überhaupt kein Drama, zu Hause war alles in Ordnung, es war nicht so, dass »das Kind« weggeschickt wurde, weil die Eltern mal Ruhe haben wollten. Das Kind war ganz einfach krank und ihm sollte geholfen werden – und ich war einverstanden. Das Versprechen auf tolle Rodeltouren, Berge, viele andere Kinder, das hat mir schon gefallen. Ich war auch kein ängstliches Kind. Man konnte mich schon mal allein lassen.

Wir kamen mit dem Zug dort an und schlagartig sah alles nicht mehr so schön aus wie erwartet. Es war ein trüber Tag, ein dunkler, neblig-grauer Februartag. Der Schnee war schmutzig angetaut, das Haus hatte ein düsteres graues Dach, alles war grau, der ganze Anblick: grau in grau. Dazu die Tannenwälder, die schwarz aussahen, und die Waldwege, die vor Nebel im Nichts endeten. Schwarze Tannen auch um das Haus herum. Das Haus selbst war eines, wie ich es noch nie gesehen hatte, ein Fachwerkhaus. Viel Holz und Erker und Giebel, Türmchen, alles ebenfalls düster, ›wie ein Hexenhaus in Groß‹, so dachte ich damals sofort. Solche Häuser kannte ich einfach nicht. In Bremen gab es viele Ruinen, die neuen Häuser waren schlicht aus Beton und nicht so verziert.

Ich sehe das Haus genau vor mir: Wenn man aus dem Ort kam, das Dorf im Rücken, lag das Heim auf der rechten Straßenseite, weit abseits der Bebauung Auf der linken Seite war ein freier Abhang, der führte zu einer Talsenke. Dahinter stieg das Gelände wieder an und war wieder bewaldet. Alles war schneebedeckt, und da dachte ich immer: ›Was für ein traumhafter Rodelberg!‹ Es ist aber nie gerodelt worden.

Dann ging es auch gleich los, die erste Nacht kam. Ich bekam ein Bett im Dachgeschoss. In dem Zimmer standen viele Pfosten und es hatte an allen Seiten schräge Wände. Man konnte die Betten gar nicht richtig in Reih und Glied stellen. Das wirkte gemütlich, aber es war sehr kalt, weil es keine Heizung gab, die Fenster waren nicht dicht. Außerdem schrien Tiere aus dem Wald, die ich noch nie gehört hatte –

das war der Anfang. Die Eulenrufe fand ich ganz unheimlich. Ab und zu fiel auch ein Schuss. Wenn ein Kind so daliegt, hört es die Eulen als Hexenrufe, dazu das Hexenhaus. In mir war nur noch der eine Gedanke: ›Die Eltern haben mich weggeschickt, zum Dickerwerden, wie bei Hänsel und Gretel.‹

Am nächsten Morgen ging es zum Arzt: erst einmal wiegen, auch das passte ins Schema: Wiegen! Anschließend hieß es, ich müsse so und so viel zunehmen. Ich war in voller Angst in der Gewissheit, ich sei in einer modernen Art von Hänsel-und-Gretel-Version gelandet. Ab da wurde zugeteilt, was ich zu essen hatte und wie viel. Jeden Morgen einen großen »Erwachsenenteller« voll Puddingsuppe, mit Haut und in verschiedenen Farben, oder Grießbrei mit Zucker oder Milchsuppe mit Rosinen und danach zwei Scheiben Schwarzbrot mit Leberwurst und Marmelade. Ich musste oft brechen, weil es zu viel war. Tagelang immer neuerliches Wiegen und Messen, A-Sagen, Abhorchen der Bronchien und in den Achselhöhlen und Kniekehlen nach nässendem Ausschlag schauen, auch zwischen den Oberschenkeln.

Nach sechs Wochen kam die Abschlussuntersuchung vom Arzt. Dabei stellte sich heraus, dass ich abgenommen hatte. Ich pfiff aus dem letzten Loch, die Haut sah auch nicht gut aus, und so teilte man mir mit, dass ich noch eine Woche länger dort bleiben müsse. Da brach für mich natürlich eine Welt zusammen. Außerdem sollte ich noch eine »Aufgabe« übernehmen: Man sagte mir, ich sei ja jetzt schon sechs Wochen dort und würde mich inzwischen auskennen, wüsste, wie das Ganze lief, deshalb dürfe ich ab jetzt das Essen austeilen. Sie meinten wohl, ich sei dann stolz. Aber ich war gar nicht stolz. Ich war sechs Jahre alt und überfordert.

Das Essen wurde in einem silbrigen Kübel von einem halben Meter Höhe in den Speisesaal getragen und auf einem Stuhl abgestellt. Der Turm war größer als ich. Was passierte? Ich bekam einen Stuhl und sollte jetzt mit der Schöpfkelle diesen ekelhaften Grießbrei, oder was es war, austeilen. Die Kinder standen in einer langen Schlange und konnten ihre Teller gerade bis zum Topfrand anreichen. Ich musste den Brei in die hingehaltenen Teller füllen. Dazu musste ich mich fast mit dem Kopf in den Bottich beugen. Ich war einfach zu klein, um etwas herauszuschöpfen. Ich konnte die riesige Schöpfkelle, wenn sie voll war, nicht mit einer Hand herausheben, ich musste sie mit beiden Händen nehmen. So konnte ich mich nicht an der Stuhllehne festhalten, und es fiel mir schwer, freihändig das Gleichgewicht zu halten. Deshalb habe ich den Brei eher von oben in die Teller gekippt, traf aber natürlich nicht immer. Ein Teil ging daneben und tropfte auf den Boden, weshalb ich dann zusammengefaltet wurde.

Die anderen Kinder standen in der Schlange oder saßen schon an den Tischen und kicherten. Als die Suppe verteilt war, hieß es, ich habe meine Suppe ja schon auf dem Fußboden ausgeschenkt, die sollte ich nun von dort auflöffeln. Dann haben sie mir einen Löffel in die Hand gegeben, und ich musste die Suppe von dort auflöffeln, vom Boden in den Mund. Gleichzeitig gab man mir einen Lappen in die Hand, denn was ich nicht mehr auf den Löffel bekäme, solle ich aufwischen. Ich machte das also, während alle anderen Kinder am Tisch saßen und aßen und mir dabei zusahen.

Eigenartig, zuerst habe ich das gar nicht als so demütigend empfunden, aber als ich es später meiner Mutter erzählte und sie dann ganz empört sagte, ich solle aufhören, mich mit so etwas wichtig zu machen, denn das könne ja wohl nicht stimmen, vom Fußboden zu essen, wo solle es denn so etwas gegeben haben?! Das hat mich verletzt, dass sie mir nicht geglaubt hat, dass sie mich der Lüge bezichtigte.

Vor der Reise hatten wir eine Kleiderliste bekommen, auf der genau stand, was wir mitnehmen sollten, wie viele Unterhosen, Socken usw. Ich war noch nicht so alt, dass ich selbst entscheiden konnte, wann ich meine Sachen wechseln sollte. Meine Eltern jedenfalls haben sich strikt an diese Liste gehalten. Meine Mutter hatte mir einen kleinen Taschenkalender mitgegeben und an den Tagen, an denen ich die Kleider wechseln sollte, kleine Symbole hineingemalt. Ich konnte ja auch noch nicht lesen. Sie hat an den Sonntagen und mittwochs ein Hemdchen und ein Höschen gemalt, was »Hemd und Schlüpfer wechseln« heißen sollte. Und ich sollte jeden Tag im Kalender abstreichen, damit ich wisse, wann es wieder nach Hause geht. Sie hat mir auch Symbole vorgemalt, die ich in die Briefe malen sollte: Wenn es schön war, eine Sonne, wenn es ganz toll war, fünf Sonnen …

Das habe ich auch genauso gemacht und sonntags die Wäsche gewechselt, im Kalender immer abgestrichen und die schmutzigen Sachen in die Wäsche gegeben. Nach zwei Wochen habe ich dann gefragt: »Morgen ist wieder Wechseltag, wann bekomme ich meine Wäsche zurück?« Ich wurde vertröstet. Die ganzen sieben Wochen sind meine Sachen nicht gewaschen worden und ich habe zu Anfang brav regelmäßig gewechselt, aber dann habe ich die restlichen Wochen ein und dieselbe Unterwäsche getragen. Nach drei Wochen kam ich auf die pfiffige Idee, meine Hose mal umzudrehen und auf links zu tragen. Mit dem Wachlappen habe ich dasselbe gemacht. Jedenfalls hatte ich die ganze Zeit keine sauberen Sachen. Ich wurde sogar noch gefragt: »Warum hast du sie denn weggegeben?« In der letzten Woche haben sie zwei Tage vor der Abfahrt die Wäsche wieder zurückgegeben – schmutzig! Da fühlte ich mich ganz eklig in den dreckigen Sachen.

Der Empfang zu Hause am Bahnhof war dann auch nicht so, wie ich erwartet hatte. Ich sah »verboten« aus, als ich ankam. Es war Anfang April und in Bremen ein heißer Tag, ich kam allerdings in einem dicken Pullover an und hatte auch noch den dicken Wintermantel drüber. Außerdem Handschuhe und Schal und Mütze. Mein Vater trug bloß Hemd und Sakko und Hose, meine Mutter stand da im Frühlingskostüm, und so war das Erste, was sie sagte: »Wie siehst du denn aus?!« Sie hat mich nicht einmal in den Arm genommen. Nur meine kleine Schwester auf dem Arm meines Vaters räkelte sich runter auf den Boden und kam auf mich zugepaddelt, umarmte meine Beine und rief sehnsuchtsvoll gedehnt: »meine Heddo«. Sie lernte gerade sprechen. Ich fühlte mich natürlich unwohl in der Hitze und mit den dreckigen Unterhosen an und dem dicken Pullover drüber. Da bin ich dann erst mal in einem Heulkrampf zusammengebrochen.

Als ich erzählen wollte, wie es gewesen war, war das meiner Mutter alles sichtlich peinlich vor den ganzen Leuten im Bahnhof. Meiner Mutter war das alles sehr unangenehm, denn ich hatte auch dreckige Haare, sie waren nie gewaschen worden, sieben Wochen lang. Außerdem hatten sie meine Haare vor der Heimfahrt geschnitten, aber die waren völlig verschnitten. Meine Mutter starrte mich die ganze Zeit über völlig entgeistert und abgestoßen an. Sie meinte, mit mir könnte sie sich in der Straßenbahn nicht sehen lassen. Mein Vater hat dann alles einigermaßen gerettet und ist erst mal mit mir ein Eis essen gegangen.

Wir hatten in dem Heim keine Duschen oder Wannen, nur so eine Art von altertümlichem Wasserspeier, der wie ein Brunnen aussah. Rund um eine Säule war ein Kranz mit Wasserhähnen, aus denen eiskaltes Wasser kam und in ein rundes Becken davor abgeleitet wurde. Stöpsel gab es nicht. An die Wasserhähne kam ich nur ran, wenn ich mich auf Zehenspitzen ganz lang machte. Einmal hatte ich die Idee, mir auch mal die Füße zu waschen, konnte aber die Füße nicht über den Beckenrand heben, dafür war ich noch zu klein. Ich bin dann einfach reingeklettert. Das war natürlich ein Fehler, denn das war nicht erlaubt – und wurde bestraft.

Meistens musste ich im Treppenhaus Strafe stehen. Das kam öfter vor: Strafe stehen im Treppenhaus. Für dumme Fragen zum Beispiel. Einmal auch abends, als es Bonbons gegeben hatte, so Drops, die aussahen wie Schokolinsen, nur weiße. Die Schwester sagte: »Jeder nimmt sich nur einen«, und: »Schnell kauen und runterschlucken!«, damit wir schnell fertig würden und sie nicht im Bett noch im Mund hatten, nicht, dass wir noch daran erstickten. Schade, fand ich, denn ich hätte ihn gerne langsam gelutscht, bis die knackende Pfefferminzglasur allmählich den Schokokern freigab. Deshalb sagte ich, dass meine Mutter mir verboten hätte, Bonbons zu kauen, weil das die Zähne kaputt mache. Dann fiel mir auch noch ein, dass man sich die Zähne noch mal putzen muss, wenn man nach dem Zubettgehen Süßes isst. Ich habe dann gefragt, ob wir uns nachher noch mal die Zähne putzen sollten, weil ich gelernt hatte, dass man sich nach Süßigkeiten die Zähne putzte.

Das war eine Frage zu viel, denn daraufhin musste ich zur Strafe im Treppenhaus stehen. Aber das Gute war, dass mein Mund nicht mehr kontrolliert wurde, sodass ich im Flur stand und den Bonbon lutschte und mich auf die Schokolade freute, doch die Glasur schmeckte nicht nach Pfefferminz und es kam auch keine Schokolade, sondern so ein bitterer Brei – den habe ich ausgespuckt und unter die Fensterbank geschmiert. Ich glaubte, dass das gar kein Bonbon war, sondern eine Pille, die uns vergiften sollte, so bitter, wie das Zeug schmeckte.

Eines Tages geschah mir etwas noch Seltsameres, etwas, was ich überhaupt nicht einordnen konnte und wonach ich dann den Rest meines Aufenthalts im Keller zubringen musste, in einem provisorisch eingerichteten Schlafraum, der eigentlich nur für die Flutopfer aus Hamburg hergerichtet worden war. Da standen dicht an dicht nur so Leinenliegen mit kratzigen braunen Wolldecken. Für mich wurde ein viel zu kurzes Gitterbett einfach in die Mitte zwischen die Feldbetten der anderen geschoben. Dort wurde ich zum »Baby«, das dem Spott und den Aggressionen der traumatisierten Kinder, die viel älter waren, zwischen elf und 16 Jahre alt, ausgesetzt war. Ich litt Höllenqualen. Dort war es dunkel und ein normales Heimleben fand nicht statt. Es gab nur Bestrafungen und Rumgebrülle. Außerdem liefen Ratten herum, die Hamburger litten Hunger und Durst und ich fürchtete mich.

Das Seltsame begann zunächst freundlich: Ein Mann aus der Heimverwaltung spielte auf einem Heimfest ausgelassen mit mir »Hoppe, hoppe Reiter« und »Flugzeug«. Er fragte, ob mir das Essen heute geschmeckt habe. Ich lobte das Wiener Würstchen und den Kartoffelsalat, den es zum Fest gegeben hatte. Er fragte weiter, ob ich denn gerne noch ein Würstchen essen möchte. Begeistert stimmte ich zu, aber die Würstchen seien ja leider schon alle weg. Wenn ich möge, könne er mir noch eins aus der Küche holen. Ich zweifelte daran, dass er einfach in die Küche gehen durfte, er sei ja keine Köchin. Aber er meinte, er dürfe hier alles bestimmen.

Ich ging also mit ihm. Vom Speisesaal führte ein langer dunkler Gang zur Küche. Das war der Gang, den ich später als den Flur erkannte, von dem das Zimmer abging, in dem ich dann später mit den Flutopfern zusammen untergebracht war. Er meinte, ich solle im Flur auf ihn warten, er würde ein Würstchen aus dem Küchenkühlschrank holen. Er verschwand in der Küche und ich wartete. Es war zu hören, wie die Kühlschranktür auf- und zuklappte. Dann kam er zurück und sagte, er habe das Würstchen. Es sei in der Tasche, dabei zeigte er auf seine Hosentasche, ich solle mal fühlen. Daraufhin nahm er meine Hand und führte sie in seine Tasche – ich fühlte da tatsächlich ein Würstchen.

Nun sagte er, ich solle es mal probieren, solle daran lecken. Das fand ich komisch, »daran lecken«, ein Würstchen kann man doch nicht lecken wie ein Eis. Es war dunkel und er reichte mir scheinbar das Würstchen hin und ich … ich biss hinein. Das löste etwas Unbeschreibliches aus: Der Mann schrie wie am Spieß, Leute kamen in den Flur, das Licht ging an und ein großes Geschimpfe und Handgemenge begann. Ich kam nicht dazu, darüber nachzudenken, was passiert war, denn man griff mich und der eben noch so freundliche Mann zeigte wutentbrannt auf mich und behauptete, ich sei weggelaufen und er habe mich zurückholen wollen. Dabei hätte ich ihm in die Hand gebissen, er wollte wohl so seinen Aufschrei erklären. Ich stotterte herum, setzte immer wieder an, etwas zu meiner Verteidigung zu sagen, aber alle schrien mich an, ich sei kriminell. Menschen zu beißen! Ich wurde herumgezerrt und bekam »den Po voll«. Ich weinte los, kann mich aber heute nicht mehr erinnern, was genau danach geschah. Wahrscheinlich wurde ich gleich ins Bett geschickt. Jedenfalls durfte ich am nächsten Tag nicht an dem Ausflug in den Märchenpark teilnehmen und hatte Stubenarrest.

Ich fühlte mich völlig unschuldig und empfand die massive Bestrafung als ungerecht. Ich hatte doch gar nichts getan, als ein Würstchen essen zu wollen. Niemals hatte ich in die Hand gebissen. Alle hier logen, selbst die Tanten, die gar nicht dabei waren, glaubten mir nicht. Ich durfte noch nicht einmal sagen, wie es wirklich gewesen war, dass mir der Mann das Würstchen doch angeboten hatte.

Ich wollte weg von hier, hatte schweres Heimweh. Mit fiel ein, dass ich schon mal schweres Heimweh gehabt hatte, und ich steigerte mich richtig rein in mein Selbstmitleid.

Bei der Postverteilung wurden Briefe und Päckchen aussortiert, nur die Postkarten wurden vorgelesen. Briefe wurden vor dem Öffnen abgetastet, und wenn der Verdacht bestand, dass sie Beilagen enthielten, zum Beispiel eine Tüte Brause oder Geld, wurden sie zu den Päckchen gelegt. Die Päckchen wurden nicht verteilt, sondern von den Tanten in Abwesenheit der Kinder ausgepackt. Die Tanten erklärten, dass die Eltern angewiesen worden seien, keine Päckchen zu schicken. Da die Eltern sich nicht an die Regeln gehalten hätten, hätten die Kinder das jetzt auszubaden. Der Inhalt der Päckchen würde an die Allgemeinheit verteilt.

Die »unverdächtigen« Briefe wurden von den Tanten geöffnet und ebenfalls vor allen anderen vorgelesen. Meist lasen die Tanten nicht alles vor, um kein Heimweh auszulösen. Das war bei mir in einem Fall reichlich misslungen. Ein etwas dickerer, unebener Brief hatte es durch die Tastkontrolle geschafft. Ein Brief an mich! Ich bat, den Brief selbst öffnen zu dürfen. Keine Ahnung, welcher Impuls mich dazu antrieb, denn ich hätte ihn sowieso nicht lesen können, aber ich wollte unbedingt mit dem kleinen Dolch, der dazu benutzt wurde, den Brief selbst aufschlitzen. Ich hatte noch nie einen Brief bekommen und war ganz aufgeregt.

Und ich durfte es. Die Tante nahm mich zu sich, gab mir den Brieföffner und führte mir die Hand. Im Briefumschlag befand sich eine gefaltete Pappkarte, auf deren Innenseite ein gepresstes Schneeglöckchen klebte. Die Tante las vor: »Liebe Helga, viele Grüße von … Dein lieber Papi. Ein Gruß aus unserem Garten mit dem ersten blühenden Schneeglöckchen.«

Ich griff nach der Schneeglöckchen-Karte und war völlig gerührt. Im Herbst hatte ich Papi beim Blumenzwiebelpflanzen helfen dürfen und war selbstständig für die Schneeglöckchen zuständig gewesen. Ich freute mich riesig, dass sie nun aufgeblüht waren, und war mächtig stolz und dachte wehmütig an zu Hause.

Abends nahm ich die Karte mit ins Bett und sah sie mir immer wieder an, drückte sie mir an die Wange. Unwillkürlich musste ich weinen, nur ganz leise rannen Tränen auf das Papier und die Pappe wurde wellig. Ich bekam Heimweh, ich hätte es gerne blühen sehen.

Am nächsten Morgen lag die Karte verknickt und feucht neben dem Bett auf dem Fußboden. Die Thermometertante hob sie auf und nahm sie an sich, mit den Worten, dass sie sie mitnehmen würde, weil ich kein Heimweh haben soll und in der Nacht schlafen und nicht spielen. Ich war sehr traurig, dass sie mir die Karte wegnahm. Als ich nach etlichen Wochen nach Hause kam, stand Ostern vor der Tür und die Schneeglöckchen im Garten waren längst verblüht und meine Karte war mir nicht zurückgegeben worden.

Wenige Tage nach dem Vorfall verkündet die Heimleiterin nach dem Frühstück, dass alle Kinder all ihre Sachen in ihre Koffer packen sollen, denn die Zimmer würden umgeräumt, damit mehr Betten hineinpassten. »Es kann sein, dass einige Kinder in ein anderes Zimmer kommen.« Als Grund wurde angegeben, dass zahlreiche zusätzliche Betten aufgestellt werden müssten, da unerwartet »Waisenkinder aus Hamburg« unterzubringen seien, die kürzlich ihr Zuhause verloren hätten und manche auch ihre Eltern. Das Heim sei aber voll belegt und so müssten die Betten enger gestellt werden, damit für die »Hamburger Waisenkinder« Platz geschaffen werde. Die Koffer seien auf dem Flur vor den Zimmern abzustellen und danach sollten sich alle Kinder wieder im Speisesaal einfinden: »Danach darf keiner mehr im Treppenhaus und auf den Fluren herumlaufen, damit ihr den Möbelpackern nicht im Wege steht. Wenn ihr aufs Klo müsst, sagt ihr Bescheid, damit euch eine Tante auf die Personaltoilette im Küchenflur aufschließen kann. Alleine schleicht ihr da nicht rum.«

Diese Tante erzählte uns dann, dass die Kinder aus Hamburg anders wären als wir, denn sie seien nicht krank – würden deshalb auch nicht an den Kuranwendungen teilnehmen. Da sie schon älter seien, nämlich zwischen elf und 15 Jahre, bekämen sie stattdessen Schulunterricht. Die Kinder kämen aus einer Gegend von Hamburg, in denen es den Familien schon vor der Sturmflut nicht so gut gegangen sei wie uns. Wir sollten keinen Kontakt zu ihnen pflegen und nicht mit ihnen reden oder spielen, denn sie wären unerzogen, wild, laut und würden sich oft prügeln. Sie hätten eine schlechte Sprache mit vielen derben Schimpfworten, die wir uns nicht aneignen sollten – mit anderen Worten, sie seien »asozial«.

Die Kinder würden getrennt von uns untergebracht und sie hätten einen anderen Tagesablauf als wir. Essen würden sie im Wintergarten, einem gläsernen Anbau an den Speisesaal. Bisher war dieser Wintergarten stets mit einer gläsernen Flügeltür vom Speisesaal abgetrennt gewesen, damit nicht die Kälte von dort in den Speisesaal zog, denn die Veranda war eine Art Bretterbude mit verglaster Frontseite, ohne Heizung oder Ofen. Oft hatte ich fasziniert die Eisblumenschicht dort auf den Scheiben betrachtet. Und in diesem Eispalast würden die Flutopferkinder nun ihre Mahlzeiten einnehmen …

Es handelte sich um die »Flutopferkinder« der großen Sturmflut vom 16. Februar 1962 in Hamburg. Kinder, die erst vor wenigen Tagen nachts das große Wasser gesehen hatten, die mit Booten aus dem Bett geborgen worden waren und anschließend erleben mussten, wie ihr Zuhause mit allem, was sie besaßen, in den Fluten »ertrank«. Sie wurden obdachlos und es gab keine Unterbringungsmöglichkeit für sie bei Verwandten. Einige Kinder verloren dabei Eltern, Geschwister, Haustiere. Alle hatten sie schwere Verluste erlitten, und … ja, diese Kinder erlebte ich dann tatsächlich als wild und laut, brutal und gewalttätig – aber warum?

Die Kinder aus den geduldeten Dauerbehelfs-Gartenlaubenkolonien in Wilhelmsburg hatten kein Zuhause und einige keine Eltern mehr, die ihnen eine Erholungskur finanzieren konnten. Dort lebten keine Doktoren, Anwälte oder Ingenieure, sondern hart arbeitende Menschen mit geringem Einkommen. Da konnte nicht ein Elternteil zu Hause auf die Kinder aufpassen. Diese Kinder gingen selten aufs Gymnasium oder zum Blockflötenunterricht.

Ihre Sprache war rustikaler, derber, sie spielten draußen und balgten sich untereinander. Sie waren beileibe nicht grundsätzlich asozial. Nicht alle Eltern waren Alkoholiker oder Kriminelle. Die meisten sind sehr liebevoll und fürsorglich groß geworden. Die durch die Blume von den Tanten angedeutete sogenannte Asozialität war sicher nicht Ursache für das durchaus auch mir aufgefallene, völlig überdrehte Verhalten, sondern eher Folge des gerade erlebten Traumas. Jedes Kind schrie förmlich danach, Trost zu bekommen, und musste irgendwie auf sich aufmerksam machen. Leider erhielten sie niemals Trost, sondern immer nur Strafen. Uns anderen Kindern verbot man Kontakt und Trostspende. Die »Ausbrüche« dieser Kinder wurden mit den üblichen Züchtigungen und sonstigen Strafen mit großer Selbstverständlichkeit rein »disziplinarisch« »behandelt«.

Ich wurde Zeuge von körperlicher Gewalt in Form von Ohrfeigen und schwerem Übers-Knie-Legen mit dem berüchtigten Kleiderbügel (immerhin ohne Haken) und vor allem psychischer Gewalt. Kinder, die beim Essen aufstanden und herumliefen, wurden mit einem Gürtel am Stuhl gefesselt. Den Waisenkindern erlaubte man zwar beim Essen zu reden, ganz im Gegensatz zu uns, wir hatten strengstes Schweigegebot, aber sie durften natürlich nicht schreien und mit dem Essen werfen. Das taten sie aber. Wer schrie, musste dann in der Ecke stehen und bekam nichts mehr zu essen. Bei ihnen trauten sich die Tanten mit dem Essensverbot zu drohen, denn diese Kinder waren nicht dort, weil sie an Gewicht zulegen sollten. Sie waren hungrig und das Essensverbot war bei ihnen eine gut wirksame Strafe. Sie hatten ja meist auch keine Eltern mehr, die sich hätten beschweren können.

Das alles erschien mir schon als sechsjähriges Kind, sogar anlässlich meiner eigenen Misshandlungen und Demütigungen, als völlig unmenschlich.

Ich erinnere mich gut an diese Einführungsrede der Tante. Schon als Kind regte mich die Abwertung der Waisenkinder auf. Sie taten mir leid, und ich fand es ungerecht und schändlich, wie über jene geredet wurde, die gerade ihre Eltern verloren hatten. Meine Eltern hatten mir Mitleid beigebracht mit solchen Kindern. Gegenüber unserem Wohnhaus in Bremen war ein katholisches Waisenheim, dort hatte ich eine Freundin und spielte mit ihr gerne draußen. Sie waren ganz normale Kinder, nur waren sie manchmal traurig, besonders wenn ich sie mit nach Hause brachte und sie unser Familienleben miterlebten. Dann tröstete ich sie. Meine Eltern hatten mir vermittelt, lieb zu diesen Kindern zu sein.

Ich dachte in Bad Sachsa immer, wie schlimm es für die Hamburger Kinder sein müsse, gerade alles verloren zu haben, wie schlimm es für sie sein musste, wenn schon ich dort vor Heimweh verging. ›Ach, ihnen muss es so viel schlechter als uns gehen‹, dachte ich, und deshalb hatte ich Mitleid. Kann sein, dass die Tanten davon etwas mitbekommen hatten, jedenfalls legten sie mich kurz darauf in eines von den Zimmern dieser Mädchen, damit ich zu einer »anderen Sicht auf die Dinge« kam – und damit begann meine »Kellerzeit«. Sie gaben mir wie einem Baby ein Gitterbett, das viel zu klein für mich war.

Das »Zimmer« zweigte von diesem dunklen Gang »meiner Schande« ab und lag gegenüber der Küche. Durch die Hanglage des Hauses lag dieser Gebäudeteil auf Kellerniveau Die Geschossdecke lag auf der Höhe des Außengeländes. Es gab nur einen kleinen Lichtschacht im oberen Teil der Außenwand, der vergittert war. Das Fenster durften wir niemals öffnen, »damit keine Ratten ins Zimmer kommen«. Die

Ratten kamen aber trotzdem über den Küchentrakt, denn die selbstschließende schwere Stahltür war häufig mit einem Keil blockiert und stand daher meistens offen. Gegenüber war gleich die Küche und nebenan die Speisekammern, in denen die Ratten liefen.

Der Raum war sicher eine spontan zum Schlafsaal für die Hamburger Mädchen umfunktionierte Speisekammer. Er hatte keine Wandverkleidungen, es war roher Beton mit Rissen und Schimmel an den Wänden. Es gab auch keinen Bodenbelag, nur einen eiskalten Betonboden. Der Raum hatte keine Heizung, es war bitterkalt, und war mit einer Stahltür verschlossen, die so schwer war, dass ich sie nicht allein öffnen konnte; sie fiel mit gewaltigem Donnern ins Schloss. Man musste auf seine Finger aufpassen, sonst wären sie eingeklemmt worden.

Während die Flutopferkinder nur braune Bundeswehrwolldecken hatten, gänzlich ohne Bezug, hatte ich als »Kurkind« immerhin ein weißbezogenes Federbett. Der Raum wurde mit einer der typischen Kellerleuchten »erhellt«, Tag und Nacht brannte sie, da es eine »Notbeleuchtung« war, die bei geöffneter Tür eingeschaltet war. Dadurch, dass die Tür ständig offenstand, roch es im Zimmer immer nach Küche, nach angebranntem Essen, übergekochter Milch und den mir stets Würgereiz verursachenden Puddingsuppen. Der Raum war komplett mit Feldbetten zugestellt, ohne Zwischenräume. Die Mädchen mit »Randplatz« mussten über davorstehende Betten hinwegklettern, wenn sie hinausmussten. Es gab keine Ablagemöglichkeiten für Kleidung oder persönliche Dinge wie Brillen, Bücher, Armbanduhren oder Kuscheltiere. Alles musste unter oder im Bett deponiert werden.

Ebenso gab es keine Haken an den Wänden zum Aufhängen der Kleidung oder etwa nasser Winterjacken. Diese wurden stattdessen über die Gitterstäbe meines Bettes geworfen. Ich baute mir eine Höhle daraus. Vor dem »Schlafsaal« im Keller gab es keine »Nachtwache«, wie sonst üblich, sodass niemandem auffiel, wie die traumatisierten Sturmflutopfer heulend, schreiend und tobend durch die Nacht kamen. Es gab auch keinen Waschraum oder ein WC dort im Keller. Die Toilette, die es hier unten gab, war nur für das Küchenpersonal und verschlossen. Wer zur Toilette wollte, musste erst den weiten Weg durch den langen dunklen Flur, vorbei an der Küche, quer durch den Speisesaal, ins Treppenhaus (bis hierhin alles stockdunkel!) und bis hinauf in den ersten Stock finden. Hier erwartete ihn dann die Nachtwache. Nicht jede Tante erlaubte allerdings den WC-Gang, denn alternativ stand für uns Kellerkinder ein Eimer vor der Stahltür.

Auch zum Waschen und Zähneputzen hatten wir diesen Weg im Schlafanzug zum Waschraum im ersten Stock zurückzulegen, »ungewaschen«, in Schlafanzügen vorbei an allen, die schon im Speisesaal saßen. Das war den großen Mädchen so peinlich, dass sie auf die Morgenwäsche verzichteten.

Mitten im Raum stand nun ich in diesem Kindergitterbett. Die Tante erklärte mir, dass man es eigentlich nicht wolle, dass wir Kurkinder mit den Waisenkindern zusammenkämen, aber es sei wirklich nirgendwo mehr Platz für ein richtiges Bett und hier passe gerade noch ein Kinderbett hin. Da ich noch so klein sei, habe man gedacht, dass ich darin noch gut schlafen könne. Ich ließ es geschehen, was hätte ich tun sollen? Wenn ich mich zusammenrollte, ging es gerade so. Wenn ich ausgestreckt auf dem Rücken lag, stieß ich mit dem Kopf oben an und die Füße hingen durch das Gitter. Dass ich mit den Waisenkindern zusammenkäme, das sei nicht schlimm, wurde gesagt, da ich ja nur nachts zum Schlafen dort sei. Außerdem seien die Hamburger ja alle schon viel älter, hätten einen anderen Tagesablauf und andere Interessen.

Aber als dann die Hamburger Mädchen mit Gebrüll ins Zimmer kamen, war alles anders: Ich spielte gerade im Gitterbett sitzend mit meiner Puppe. Sofort hatte ich meinen Spitznamen weg: »unser Baby«. Sie entrissen mir die Puppe und verdrehten deren Arme und Beine, bis das Gummiband voll gespannt war. Dann ließen sie los und die Gliedmaßen rotierten aufgrund der Spannung von selbst in die Ausgangsposition zurück. Das fanden sie spaßig. Anschließend warfen sie sich die Puppe wie einen Ball zu. Ich sprang immer dazwischen, um sie abzufangen, was mir aber nicht gelang. Und je verzweifelter ich mich zwischen den Feldbetten verhedderte und je stärker mir die Tränen hinunterliefen, desto mehr Spaß machte es den Mädchen. Schließlich kam die größte von ihnen, die an das Oberlicht heranreichte, auf die Idee, es zu öffnen und meine Puppe nach draußen in den Schnee zu werfen.

Das Gejohle der Mädchen und mein Weinen riefen schließlich eine Tante in den Keller. »Meine Puppe …«, fing ich an zu wimmern, kam aber nicht weiter, weil die Tante sofort das offene Kellerfenster bemerkte. »Wer hat das Fenster aufgemacht?« Ein Mädchen petzte: »Das war unser Baby. Die hat dann ihre Puppe rausgeschmissen, und jetzt heult sie, weil sie da nicht mehr herankommt.« Erneut wurde ich beschuldigt für etwas, für das ich nichts konnte.

Die Tante befahl mir, sofort das Fenster zu schließen, was ich auch versuchte, aber selbst mit Hüpfen auf dem Feldbett kam ich bei Weitem nicht an das Fenster heran. Da hätte die Tante eigentlich schlussfolgern können, dass ich weder das Fenster geöffnet noch meine Puppe selbst hinausgeworfen haben konnte. Trotzdem glaubte sie den Mädchen und beschimpfte mich, ich würde dafür verantwortlich sein, wenn wieder Ratten in die Küche kämen.

Ja, die großen Mädchen – sie schrubbten sich mit meiner Zahnbürste die Fußnägel und kratzten die Rillen in ihren Schuhen aus, sie drapierten ein hartgekochtes, kugelrundes, schon grün angelaufenes Eigelb auf meinem Kopfkissen und behaupten gegenüber der Tante, dass ich es selbst aus dem Speisesaal geschmuggelt habe – dabei gab es bei uns gar keine Eier.

Sie gossen den Pinkeleimer über meinem Bett aus, im Chor singend: »Unser Baby hat ins Bett gemacht, ha-ha-ha, ha-ha-ha, was wohl die böse Tante sagt, ha-ha-ha …« Die Tante bescherte mir für den Rest der Kur eine Gummiunterlage und befahl mir, das grün angelaufene Ei zu essen.

Aber auch die Mädchen strafte sie, indem sie ihnen entgegenhielt: »Wenn eure Väter in der Schule besser aufgepasst hätten, hätten sie einen vernünftigen Beruf erlernen können, sodass ihr nicht mit eurer Gartenlaube weggeschwommen wärt.« Abwertung überall.

Eines Nachts sah ich ein schon 14-jähriges Mädchen, emsig bemüht, da sie ins Bett gepullert hatte, einen nassen Fleck in ihrem Bett mit einem Handtuch trocken zu rubbeln.

Diese letzten Wochen, die ich mit den Flutopfermädchen dort im Keller verbrachte, waren unerträglich. Es war kalt, roch ständig nach Küche, Ratten liefen unter den Betten, die ganze Nacht brannte das

Licht, die Mädchen spielten ihre Streiche, die Bronchien pfiffen wie nie zuvor und dank der Gummimatte brannte der Schweiß auf meiner entzündeten Haut, sodass meine Neurodermitis blühte. Mein Gesundheitszustand war erbärmlich, so kam ich dann zu der Kurverlängerung. Darüber war ich so geschockt, dass ich mich an gar nichts mehr erinnere, keine Ahnung, wie diese Zusatzwoche verging. Ich sollte in der Kur gesund und kräftig werden. Ich sollte ein bestimmtes Gewicht bis zur Einschulung erreichen. Mein Zustand war ein anderer. Ich fühlte mich selbst verwahrlost: in sieben Wochen niemals die Haare gewaschen, seit vier Wochen keine saubere Wäsche mehr am Körper, überall juckt es und dann noch die Sorge, nicht eingeschult zu werden, weil ich die Anforderungen nicht erfülle.

So schlecht es mir durch die Streiche der Mädchen ging, um so seltener war ich Strafobjekt der Tanten. Die Opfer waren nun die großen Mädchen. Das konnte ich trotz allem noch wahrnehmen, und sie taten mir immer noch leid. Im Vergleich zu dem, was die Hamburger Flutopferkinder aushalten mussten, schienen mir meine erlittenen Demütigungen sogar als weniger schlimm.

Im Speisesaal hatte ich einen Platz mit gutem Einblick in den Wintergarten und beobachtete beim Essen neugierig, wie es dort zuging. Die Flutopfer bekamen nicht die ekligen Puddingsuppen, sondern Türme von Marmeladenbroten auf den Tisch gestapelt. Einmal nahmen die Kinder einem kleineren Jungen immer wieder das Marmeladenbrot weg, reichten es am Tisch weiter und am Ende der langen Tafel klatschte es mit der Butterseite auf den Fußboden. Der Kleine kam überhaupt nicht zum Essen. Schließlich stand er auf und lief zu seinem Brot, um es aufzuheben. Da er während des Essens »verbotenerweise herumgelaufen« war, wurde er von einer Tante mit zwei Gürteln am Stuhl gefesselt, einen um Beine und Sitzfläche, den anderen um Brust und Lehne.

Die anderen Kinder machten weiter, entrissen ihm das Brot und klatschten es immer wieder auf den Boden. Das Ganze schien keiner zu bemerken. Der Junge stand nun mit seinem Stuhl auf und lief mit dem festgebundenen Stuhl am Hintern umher. Als er sich bücken wollte, verlor er das Gleichgewicht, stürzte und konnte sich nicht allein wieder aufrichten. Er lag weinend am Boden und die anderen Kinder lachten sich scheckig. Da wurde er von der Tante vom Stuhl entfesselt und mit den beiden Gürteln vor aller Augen versohlt und anschießend – ohne einen Bissen gegessen zu haben – aus dem Saal bugsiert.

Beim Zuschauen stieg die Wut in mir auf, weil der Junge doch unschuldig war. Die anderen Kinder hätten Strafe verdient gehabt ... Nach dem Frühstück fand ich ihn auf dem Weg zur Toilette am üblichen »Strafe-steh-Platz« im Treppenhaus am Boden zusammengekauert und bitterlich weinend. Da ich ja schon mit den Flutopferkindern in einem Raum schlief, hatte das Kontaktverbot für mich keine Gültigkeit mehr. Ich konnte nicht anders, ich habe mich zu dem Jungen gebeugt und ihm über den Kopf gestreichelt. Sofort zog mich eine Tante weg und erteilte mir Ausflugsverbot. Ich wurde ins Gitterbett gesteckt und sollte darüber nachdenken, warum ich mich nicht an die Regeln halten könne. Ich baute mir mit den Jacken der anderen Kinder erneut eine Höhle – nur da fühlte ich mich noch sicher.

Warum wurden die Flutopferkinder abgetrennt von uns untergebracht, warum sollten wir nicht mit ihnen reden oder spielen? Ich verstand es nicht. Heute denke ich, es könnte sein, dass man befürchtete, die Eltern der Kurkinder könnten sich beschweren, dass man ihre Kinder mit diesen verstörten Waisen und fast schon Jugendlichen zusammen betreut hat, die man als »asozial« ansah. Außerdem waren es ja nun fast doppelt so viele Kinder – und mehr Personal haben sie sicher nicht eingestellt. Denn die Tanten gaben Schulunterricht für sie im Speisesaal. Wir waren im Weg und Ausflüge fielen aus, wir wurden dem Küchenpersonal und Reinigungsdienst in Obhut gegeben und halfen beim Kartoffelschälen und Reinigen der Sanitärräume.

Ich ertrug die letzten Tage nur noch wie in Trance. Die Erinnerung setzt erst wieder bei der Ankunft im Bremer Hauptbahnhof ein. Meine Mutter ist heute alt, aber sie glaubt mir noch immer nicht, was ich dort erlebt habe, sie wehrt es ab: »Ach du, was du erzählst ...« Ich habe nie wieder Vertrauen zu ihr entwickeln können.

(Sie ist im Frühjahr gestorben.)

Die Grausamkeiten, die man mir antat, haben meine Kindheit zerstört

Margret

Ich wurde verschickt, weil meine Mutter plötzlich erkrankte, nie hätte meine Mutter mich weggegeben. Ich erinnere keinerlei Ankündigung der Verschickung, habe auch keinerlei Erinnerung an die Zugfahrt. Ich weiß weder, wie wir hingekommen sind, noch, was da für Vorbereitungen vorher stattgefunden hatten. Hingekommen bin ich mit sechs Jahren. Ich war schon in der Schule. Als ich zurückkam, wurde ich für ein Jahr zurückgestellt. Der Aufenthalt fand im Oktober statt. Ich war Ostern regulär zur Schule gekommen, und als ich dann zurückkam, haben sie mich um ein Jahr zurückgestellt.

Margret verbrachte im Jahr 1962 im Alter von sechs Jahren sechs Wochen im Kinderkurheim Stauffenhof. Das war eine Asthma-Heilstätte in Bad Reichenhall.

Ich war völlig unwissend, wusste nicht, was das war: »Verschickung«. Meine Eltern haben mit mir nie darüber gesprochen. Ich bin mit meinem vier Jahre älteren Bruder verschickt worden, wir hatten ein sehr enges Verhältnis zueinander, aber wir wurden gleich getrennt. Es war für mich unerträglich, dass er nicht mehr da war. Den hatten sie mitgeschickt, hieß es, damit ich eine Stütze hätte. Aber nun war er weg. Und ich war allein. Das war ganz schlimm für mich. Danach war ich völlig verängstigt. Ich war ja vorher sehr eng an meine Mutter gebunden. Als ich drei Jahre alt war, da wollte meine Mutter mich in den Kindergarten bringen, denn sie hat gearbeitet, damit sie uns »etwas bieten« konnte, und wenn es nur eine Kleinigkeit zu Weihnachten war, aber ich war nicht von ihr zu trennen gewesen, habe dort im Kindergarten gebrüllt wie am Spieß, sie musste mich wieder mitnehmen.

Und nun das! Völlig allein. Nicht mal mehr mein Bruder durfte bei mir sein.

Die erste Erinnerung sind die aneinandergereihten, ganz einfachen Waschbecken, vor denen wir Kinder im Hemdchen standen. Es befanden sich auch Badewannen im Raum, die mir in Gedanken noch heute Furcht einflößen. Wir mussten uns dann alle nackt ausziehen und mit Lappen waschen. Das war mir vor den anderen sehr peinlich, denn das war ich nicht gewohnt. Verängstigt und eingeschüchtert stand ich barfuß auf dem grauen Steinfußboden und ich fror. Im Raum waren stämmige Frauen anwesend, sie trugen eine Schwesterntracht, an die ich mich noch genau erinnere. Graue Kleider mit weißen Schürzen und weißen Hauben auf dem Kopf. Dazu schwarze Strümpfe, klobige schwarze Schuhe und ihre Haare hatten sie streng nach hinten gekämmt und zu einem Knoten gebunden. Plötzlich brach im Waschraum Panik aus, Schwestern kamen auf mich zu und rissen mich weg von den anderen und riefen: »Hilfe, die hat Masern!« Ich bekam ein Hemd angezogen und wurde in einen Raum gebracht – dann verlässt mich meine Erinnerung.

Als ich wieder zu mir kam, befand ich mich isoliert in einem kleinen Raum. Eingerichtet war er mit einem Tisch, zwei Stühlen, einem Waschbecken und einem Bett, an dem braune Fixiergurte befestigt waren. Ich erinnere mich nicht daran, was in diesem Raum weiter passierte, ob die Gurte zum Einsatz kamen oder nicht. Ich weiß aber, dass ich dort in dem Zimmer Haferschleim und zwei Scheiben Brot mit dicker Butter bestrichen bekam. Darüber ekelte es mich. Ich warf das Brot aus dem Fenster. Den Brei entsorgte ich im Waschbecken. Als Folge haben sie mir offenbar dann den Wasserhahn abgeschraubt. Jedenfalls war das Oberteil vom Wasserhahn plötzlich verschwunden.

Ein anderes Mal war mein Bruder plötzlich unter meinem Fenster, er rief wohl meinen Namen und ich habe das Fenster tatsächlich öffnen können. Ich freute mich, aber er rief mir nur zu, dass ich aufhören solle, Brot herauszuwerfen, denn das würde entdeckt werden. Prompt erschien eine Schwester, ich höre noch ihre Stimme, aber da setzt mein Erinnerungsvermögen wieder aus.

Über den Rest des Aufenthalts sind mir nur wenige, aber tiefgreifende Episoden im Gedächtnis geblieben:

Einmal sitzen wir in einem riesengroßen Raum und es ist still, ein Geruch von verbrannter Milch oder Brei liegt in der Luft und ich schmecke so etwas wie Orangenbrei. Ich verspüre ein unbändiges Verlangen und den Wunsch, jetzt eine Cola trinken zu dürfen. Ich denke an zu Hause und das Heimweh tut sehr weh.

Einmal sehe ich, dass Kinder mit einem Eisenklopfer verprügelt werden. Es war ein Teppichklopfer, der komplett aus Eisen war. Unvergesslich blieb das für mich.

Einmal sehe ich Kinder und Schwestern in einem Raum versammelt, und ich verspüre die Angst der Erwachsenen, als sie sagen: »Wenn jetzt die Schiffe weiterfahren, gibt es wieder einen Krieg.« Ich wusste nicht, was Krieg war. Aber dadurch weiß ich bis heute genau, dass ich im Oktober 1962, zur Zeit der Kubakrise in diesem Heim war.

Gemeinsam mit anderen Kindern befinde ich mich in meiner nächsten Erinnerung, im Bett sitzend, in einem Schlafraum. Die Schwestern geben mir ein Päckchen. Ich darf es öffnen und mir ansehen, was sich darin befindet. Ich bin sicher, dass es von meinen Eltern kam, denn es war gefüllt mit Süßigkeiten, die mir bekannt vorkamen. Im nächsten Moment nimmt es mir eine der Schwestern weg und verkündet, dass alles mit den anderen Kindern geteilt werden muss.

Das Nächste, was ich erinnere, ist der Schlafraum. Es ist abends, aber noch hell. Das war, als ich schon wieder unter den anderen schlief, ein normaler Schlafraum, ein Zimmer mit zehn Einzelbetten. Ich sitze da also in meinem Bett und plötzlich fliegt die Tür auf: Zwei Schwestern in der Tür, wieder in den grauen Kitteln mit den weißen Schürzen, stehen da und sagen: »Wer jetzt noch ein Wort redet, der kommt in den Ofen und wird verbrannt.« Alle Kinder erstarren. Dann holen sie einen Sack hervor, einen dicken, schweren Leinensack, ein Wäschesack, ganz stabil. Alles ist still, kein Kind sagt mehr einen Mucks. Plötzlich werde ich beschuldigt. Sie kommen auf mich zu, ich hatte nichts getan, wirklich! Sie zerren mich aus dem Bett, und während ich noch schreie und tobe, stecken sie mich tatsächlich in diesen Sack.

In Todesangst habe ich dann getobt, gebrüllt, geschrien. Das werde ich nie vergessen. Ich habe um mich geschlagen, aber sie banden den Sack über mir zu. Noch nie in meinem Leben habe ich so geschrien. Ich werde das niemals in meinem Leben vergessen, es verfolgt mich heute noch Tag und Nacht. Ich kann mich heute in kein MRT legen. Auch zu enge Kleidung: sofort Panik, geht nicht, zu viel Platzangst. Der Sack war dann schon ganz zerrissen. Trotzdem schleppten sie mich weiter, mit Gewalt die Kellertreppe hinunter. Ich hörte nicht auf zu zappeln und zu schreien.

Durch den zerrissenen Sack konnte ich dann einen großen, schwarzen Ofen sehen. Mir war klar, ich hätte da reingepasst. Sie öffneten die Klappe, ich sehe das lodernde Feuer vor mir. Ich war überzeugt, dass ich da jetzt reingeworfen würde. Von da ab weiß ich nichts mehr. Die Erinnerung setzt aus vor diesem Ofen. Sie würden mich mitsamt dem Sack da reinstecken, so dachte ich. Ab da ist alles schwarz. Ich kann mich an nichts mehr erinnern. Von diesem Moment an ist mein Gedächtnis für lange Zeit ausgelöscht gewesen.

Später war ich irgendwann sicher, dass mal meine Eltern dort gewesen wären und mich besucht hätten, aber das stimmt nicht. Mein Bruder sagt, dass sie nie dort waren.

Meine Erinnerung setzt erst später wieder ein, als ich älter war. Immer wieder habe ich diese Geschichte erzählt, immer wieder und wieder, keiner hat das besonders schlimm gefunden und ich selbst beinahe auch nicht. Ich musste es nur immer wieder erzählen. Zurückgeblieben ist mir ein Gefühl, nie wieder eine Schwäche zeigen zu dürfen, nie wieder ausgeliefert zu sein, nie wieder hilflos. Deshalb habe ich mich immer etwas verhärtet. Gegen mich und andere Menschen. Die Grausamkeiten, die man mir antat, haben meine Kindheit zerstört.

Ich kam aus einem wirtschaftlich schwachen Umfeld, wir waren arm, wir hatten nie viel Geld, ich trug nicht so gute Klamotten. Ich vermied es, aufzufallen. In der Schule war es so, dass ich, obgleich ich mich anstrengte, dem Unterricht nicht gut folgen konnte, war unkonzentriert, unruhig, nervös, kam auch oft zu spät zur Schule. Ich strengte mich sehr an, dem Stoff zu folgen, ich wollte ja nichts verpassen, ich versuchte immer aufmerksam zu sein und passte mich allem an. Doch es gelang nicht.

Den Weg zur Schule musste ich immer allein gehen, das war ganz schön weit. Ich kam ab dem Heimaufenthalt mit den Anforderungen im Ganzen einfach nicht klar, fühlte mich überfordert und einsam. Mein zuvor aufgebautes Urvertrauen war völlig zerstört. Vorher hatte ich sehr eng an meiner Mutter gehangen, war besonders behütet worden, danach war ich nur noch misstrauisch und bin es bis heute. Allen Menschen gegenüber. Das Vertrauen zu meinen Eltern mussten diese mühsam erst wieder aufbauen. Ich war verstört, kaute Fingernägel, hatte Migräne, war oft krank, hatte oft Schmerzen, so kamen 64 Fehltage in der Grundschulzeit zusammen. Ich zog mich zurück und hatte keinen Kontakt zu anderen Kindern, denn ich wollte immer lieber allein sein.

Vor meiner Schulzeit gab es eine sehr nette Nachbarin, die sich viel um mich gekümmert hatte. Aus der Zeit ist mir viel Liebe und Glücksgefühl in Erinnerung. Die Frau hatte einen kleinen Garten, die hat mit mir gekocht, ist mit mir einkaufen gegangen, hat mir versucht Klavierspielen beizubringen. Die Frau war einfach fantastisch. Auch sie hatte ich, weil wir umgezogen waren, verloren. Ich habe sie sehr geliebt. Ihr Verlust war sehr schmerzhaft für mich. So ein Glücksgefühl hatte ich nicht wieder, bis ich selbst Kinder geboren hatte und Mutter wurde. Später habe ich sie noch mal, zusammen mit meiner Tochter, besucht und habe vor Glück geweint.

Trotz aller Anstrengungen reichten meine Fähigkeiten nicht aus, um eine Ausbildung zu absolvieren. Ich wäre so gerne Kindergärtnerin geworden. Meine Mutter ist mit mir sogar zur Vorstellung da hingegangen, aber ich wurde wegen meiner Zeugnisse abgelehnt.

Mit 14 Jahren startete ich dann mein Berufsleben und arbeitete zwei Jahre in einem der ersten großen, modernen Supermärkte als Verkaufshilfe. Dann arbeitete ich vier Jahre in einer Fabrik und am Wochenende, in den Nächten, in einem Pub. Die Arbeit im Pub hat mir großen Spaß gemacht. Gemeinsam mit dem Arbeitskollegen aus dem Pub besuchten wir eines Tages Berlin. Nach dem Besuch entschied ich mich, für immer in Berlin zu bleiben. Meine Heimat war mir zu kleinbürgerlich geworden. In Berlin kam es mir freiheitlicher vor.

Ohne dass ich darüber nachdachte, flog mein Leben an mir vorbei. Immer von krankhaften Ängsten begleitet, die mir unklar aus der Kindheit herzukommen schienen. Ich habe spät geheiratet und zwei

Töchter bekommen. Ich arbeitete als Tagesmutter, um sie nicht weggeben zu müssen. Immer hatte ich die Angst, sie in fremde Hände zu geben. Kuren, Reha-Kliniken, Klassenfahrten, Ferienlager oder Ähnliches lehnte ich stets ab. Ich hatte immer ein komisches Gefühl. Es war mir nicht möglich, die Kinder fremden Menschen zu überlassen. Ich bin sicher, dass die damaligen sechs Wochen tiefe Spuren in mir hinterlassen haben. Ich habe mich mit Leistung betäubt. Ich musste immer arbeiten, alles musste immer perfekt sein, selten war ich zufrieden. Man konnte mir nur schwer etwas recht machen. Ich habe einen Leistungszwang gehabt. Habe ich heute noch.

Ich wäre gern gereist und wir haben auch Reisen gemacht, aber ich wäre gern mit Rucksack losgezogen und hätte am liebsten die ganze Welt bereist. Abenteuerreisen. Ich war sehr freiheitsliebend.

Es war eine Strafe fürs Leben, was mir im Heim angetan wurde. Niemals werde ich in ein Pflegeheim gehen. Das könnte ich nicht ertragen, wenn ich schon den Gruppenraum sehe … ich bin absolut kein Gruppenmensch. Sogar eine Kur wäre für mich unerträglich, ich habe bisher alle Kuren abgelehnt. Ich konnte nie zu einer Kur fahren, nie zu einer Reha-Maßnahme, das wäre für mich unerträglich. Ich sollte mal in eine Rehabilitationsmaßnahme, aber es ging nicht, habe Widerspruch eingelegt.

Nach Ende der Berufstätigkeit, als wir aus gesundheitlichen Gründen unsere Selbstständigkeit nicht mehr fortführen konnten, bin ich nach einem halben Jahr in ein Loch gefallen: Burn-out. Seitdem sind die Erinnerungen an meine Kindheit wieder so stark hochgekommen und ich habe mich um therapeutische Hilfe bemüht. Da habe ich erkannt: Ich habe nie innerliche Ruhe verspürt. Früher bin ich oft allein durch die Wälder gestreift, ich liebe Wälder, die Berge, das Meer, da konnte ich die Ruhe manchmal finden, und auf Friedhöfen. Jetzt haben wir die Enkelkinder, das ist auch etwas sehr Schönes.

Wenn wir »mussten«, haben wir gelitten

Karin

Woran ich mich erinnere, das ist die Zugfahrt von Hamburg in den Harz, nach Bad Sachsa. Es begann sicher damit, dass ich bei einem Kinderarzt war, daran habe ich keine Erinnerung, und er mich für zu dünn befand. Das hat mir dann später meine Mutter erzählt: »Du kamst weg, du musstest weg, weil der Arzt sagte, du seist zu dünn, du könntest so nicht in die Schule.« Ich bin mit sechs Jahren, 1957, in das Heim gekommen. Das war ja noch kurz nach dem Krieg, die Lehrer in der Schule, die schlugen die Kinder. Auch zu Hause wurde geschlagen, doch bei uns wurde nur mein Bruder geschlagen, denn Mädchen wurden nicht geschlagen. Ich kam also relativ gut weg. Es gab andere Strafen, aber ich wurde nicht geschlagen. Ich bin zusammen mit einer Nachbarstochter verschickt worden. Die war drei Jahre älter als ich.

Karin kam 1957 mit sechs Jahren für sechs Wochen ins Kindererholungsheim »Warteberg«, Bad Sachsa. Es handelte sich um ein Diakonissenhaus.

An das Einsamkeitsgefühl in dem Moment, als der Bahnsteig außer Sicht geriet, erinnere ich mich ganz genau, als sei es heute erst gewesen. Irgendwann kamen wir an und sind in einen Bus umgestiegen. Vom Bahnhof in Bad Sachsa geht es bergauf, es gab viele Tannen, das kannte ich gar nicht, es war dunkel, unheimlich, ein großes dunkles Haus. Es war tiefster Winter, hoher Schnee lag. Alles war fremd.

Ich erinnere mich an eine Szene, als eine der Tanten, weil sie ein Kind bestrafen wollte, hinter dem Jungen herlief und dazu über einen Bach springen musste, der zugefroren war. Sie schlitterte auf dem Eis aus und brach dann ein. Der Bach war zwar sehr flach, aber wir Kinder haben uns köstlich amüsiert. Wir haben so gelacht! Endlich mal Schadenfreude haben dürfen. Es sah zu komisch aus, und die Genugtuung darüber, dass einmal ausnahmsweise sie das Pech gehabt hatte und das Nachsehen, das war großartig! Alle Kinder haben das empfunden. Das war der Höhepunkt der sechs Wochen, aber: Hände vor den Mund, damit das Lachen nicht zu sehen war. Wir haben das empfunden wie Weihnachten, Hochzeit, Ostern und Muttertag zusammen. Ich weiß, dass wir uns gar nicht wieder einbekamen.

Nicht erinnern kann ich mich daran, dass wir mal drinnen gespielt hätten. Es scheint nur Schlafräume und den Ess-Saal gegeben zu haben. Ob es irgendeinen Raum gab mit Spielzeug? Keine Ahnung.

Es gab eine Treppe, auf der wir Eisenbahn spielen mussten, um so zur Toilette zu gehen. Die Hände auf die Schultern des Vordermanns, so wurden wir wie eine Schlange hochgeführt. Die Vorderen gingen auf die Toilette, pinkelten oder verrichteten ihr Geschäft, und die hinteren pinkelten sich derweil fast ein. Das passierte morgens, mittags und abends. Den Rest der Zeit war die Tür zu und wir hatten keine Chance, reinzukommen. Wenn wir mussten, haben wir zusammengedrückt, haben gelitten, haben auch in die Hose gemacht – und bekamen dafür dann eine Strafe.

Die Strafe für mich, an die ich mich erinnere, war, nachts vor der Tür der Oberschwester, so nenne ich sie mal, zu stehen. Das war die Frau, vor der wir am meisten Angst hatten. Ich musste, wie die anderen Kinder auch, an der Wand stehen, barfuß auf den kalten Fliesen nur im Nachthemd und ich durfte mich nicht setzen, stundenlang. Diese Strafe gab es zum Beispiel, wenn man nachts ins Bett gemacht hatte.

Damals wurde ich wütend. Ich bin innerlich so unglaublich wütend geworden, denn ich fand das ungerecht, ich habe gekocht innerlich. Das war ein Charakterzug, der mir in jener Zeit antrainiert wurde, ich war einfach unfassbar wütend, dass man so mit uns umging. Was konnten wir denn dafür, dass wir mussten!?

Mein ganzes Leben lang bin ich angegangen gegen Ungerechtigkeit, das habe ich beibehalten. Mein ganzes Leben ist dadurch beeinflusst worden. Ich kann nicht anders, ich werde wütend, wenn es ungerecht zugeht, auch wenn ich dadurch Probleme bekomme, ich kann keine Ungerechtigkeit ertragen. Ich wehre mich. Darum bin ich psychisch gut aus der Geschichte rausgekommen. Das hat mein ganzes Leben beeinflusst.

Als ich zurückkam, glaubten mir meine Eltern das alles nicht und sagten, ich hätte immer schon zu viel Fantasie gehabt, ich solle aufhören, so viel Blödsinn zu erzählen, solle nicht herumspinnen. Da habe ich, wohl unbewusst, den Entschluss gefasst, meine Eltern nie wieder »Mutter« und »Vater« zu nennen, und das habe ich bis zu ihrem Tod durchgehalten. Ich habe das nie mehr wieder gesagt. Das hat ihnen sehr wehgetan, das weiß ich, aber ich konnte nicht anders. Ich hatte kein Vertrauen mehr. Ich habe ihnen auch nichts mehr erzählt von meinen Problemen mit neun, zehn oder elf Jahren. Ich habe sie nie mehr angesprochen, habe die Anrede immer vermieden. Ich habe »du« gesagt oder sie meist gar nicht direkt angesprochen.

Selbst als meine Mutter sehr alt war, habe ich es noch mal versucht, damit sie zur Ruhe kommt, doch es hat nicht mehr geklappt. Ich konnte es nicht mehr. Ich bin das Kind, das am meisten gelogen hat in der Kindheit. Mit elf, zwölf Jahren habe ich das Blaue vom Himmel gelogen. Das ist auch so geblieben, bis ich von zu Hause ausgezogen bin. Ich habe alles heimlich gemacht. Schon früh bin ich mal auf ein Schiff gegangen und nach Kopenhagen gefahren. Ich bin sehr früh schon in irgendeinem Abbruchhaus gewesen. Aber das alles wussten sie nie, ich habe ihnen nie mehr die Wahrheit gesagt, sondern immer irgendwelche Geschichten erfunden. ›Wenn sie mir sowieso nicht glauben, dann ist eben Schluss‹, so habe ich gedacht. Schon mit sechs Jahren. So war meine Entscheidung damals. Daher hat dieser Aufenthalt mein ganzes Leben bestimmt. Ohne ihn hätte ich vielleicht das Vertrauen zu meinen Eltern nicht verloren.

Das Ganze hat auch sonst die Beziehung zu meinen Eltern stark beeinträchtigt. Die normale Form von Zugehörigkeitsgefühl zu einer Familie, die habe ich nicht mehr gehabt. »Mutti« und »Vati«, das hat für mich bedeutet, dass da zwei Menschen sind, denen ich vertrauen kann, ich konnte das nicht mehr sagen. Es ging nicht mehr über meine

Lippen. Darunter habe ich auch selbst gelitten, denn es ist ja nicht so, dass ich es leichtfertig gemacht habe.

Meine Eltern haben darunter gelitten, sie haben nie aufgehört, mir Vorwürfe zu machen, für alles, wie ich bin, was ich tue, für alles Vorwürfe. Für sie sah es so aus, als sei ich ein böses, verstocktes Kind. Meine Mutter hat sich große Mühe gegeben, mich wieder »einzufangen«, aber als sie merkte, dass das nicht klappte, hat sie sich ganz auf meinen Bruder geworfen. Der war dann immer der Beste und ich das schwarze Schaf. So lief es, bis ich endlich ausziehen konnte.

Im Heim gab es große Säle, vielleicht mit zwölf bis 14 Einzelbetten. In unserem Schlafraum lag ich vorne an der Tür. Die Bettdecken wurden wie bei einem Paket um uns herumgewickelt, sodass wir nur unseren Kopf bewegen konnten. Wir haben trotzdem immer versucht, miteinander zu kommunizieren, leise, und ich weiß, dass die Tanten immer wieder durch die Säle kamen, um alles zu überwachen. Wer sich schon etwas befreit hatte, dem wurden die Arme wieder druntergestopft. Wir konnten nicht aussteigen aus dem Bett, es war, wie gefesselt zu sein. Im Flur gleich gegenüber befand sich das Zimmer der Oberin.

Ich erinnere mich daran, dass da, als wir einmal im Speisesaal vor unseren Tellern saßen und das Essen wieder mal nicht herunterbekamen, Wanderer neben uns am Tisch saßen, denn manchmal gab es dort auch andere Gäste, sie saßen am Nachbartisch. Da waren zwei junge Männer, bester Laune, und lachten mit uns kleinen Kindern und schäkerten. Ich kam auf die Idee, weil mir schon wieder so übel war, wie ich das, was ich auf dem Teller hatte, hinüber zu denen bekommen könnte. Ich hatte wirklich den Gedanken, dass sie mir helfen könnten. Ich habe das an einem Tag tatsächlich auch geschafft und ihnen heimlich den Teller rübergeschoben. Sie begriffen es sofort, nahmen den Inhalt auf ihre Teller und gaben mir meinen leer zurück. Das war einer der schönsten Momente während der Essenszeiten damals, einmal wurde ich nicht zum Aufessen gezwungen!

Ja, das Essen bestand aus etwas eklig Breiartigem, stark verkochter Grießbrei mit etwas Kompost darauf, mal waren es draufgeworfene Pfirsiche, mal etwas Undefinierbares in brauner Farbe, immer in Suppenform, es schmeckte … entweder süß oder salzig. Immer mussten wir aufessen, wurden jeden Tag gezwungen, das zu essen. Eher durften wir nicht aufstehen. Ich spüre noch heute, wie eine Hand in meinen Nacken griff, meinen Kopf festhielt und mich zum Essen zwang.

Ich werde diesen Griff in meinem Nacken nie vergessen, wenn sie kamen und mir den Kopf nach hinten bogen, um mir das Essen reinzuschaufeln. Wir kamen nicht eher weg vom Tisch, bis der Teller leer war. Ich habe mich manchmal erbrochen, dann hat die Tante das Erbrochene wieder in den Teller gelöffelt und ich musste das mitessen. Dieser Griff in meinen Nacken, den fühle ich heute noch, ich habe ihn über all die Jahre gefühlt. Niemals durfte jemand an meinen Hals oder meinen Nacken kommen. Ich habe um mich geschlagen, wenn jemand an meinen Hals gefasst hat. Selbst beim Zahnarzt hat man mich betäubt, damit man an meinen Mund, an meinen Hals gekommen ist. Bis heute spüre ich das, den Griff in den Nacken. Ich habe furchtbar gelitten. Viel Angst und Wut ist damit verbunden. Ich habe wirklich jeden Tag bis in den Nachmittag vor dem vollen Teller gesessen. Noch heute rieche ich es, wie der ganze Saal nach Erbrochenem gerochen hat. Ich konnte es nicht essen, ich fühlte mich erniedrigt, es war eine Tortur!

Zum Essen wurde uns ein Glas Wasser gereicht, was uns sofort nach dem Austrinken wieder weggenommen wurde. Man musste es in einem austrinken, dann das Glas zurückgeben. Vielleicht waren da auch Medikamente drin.

Da wir nachts nicht auf die Toilette durften und weil wir ja auch so eng eingewickelt dalagen, haben wir natürlich manchmal ins Bett gemacht – was sollten wir tun? Dann blieben wir in dem nassen Bett liegen, und am nächsten Morgen wurde allen laut verkündet, wer ins Bett gemacht hatte. Dann wurden wir ausgelacht, sollten auch ausgelacht werden und die anderen Kinder haben mit Fingern auf uns gezeigt, obwohl es ihnen vielleicht in der nächsten Nacht genauso passierte. Wir mussten das Bett abziehen, alles selbst auswaschen und wurden abfällig als kleine Babys bezeichnet. Selbst wenn sich Kinder erbrochen hatten, mussten sie die ganze Zeit in ihrem Erbrochenen liegen bleiben, die ganze Nacht über, und sie durften erst am nächsten

Morgen aufstehen. Auch sie wurden dann ausgeschimpft und mussten alles allein saubermachen. Es hat gestunken in diesem Saal, furchtbar …

Ich muss mich wohl in den Wochen in eine Krankheit geflüchtet haben, ich weiß nicht, was ich hatte, aber ich weiß noch, dass ich recht lange in einer Dachkammer von allen anderen getrennt lag. Es war ein ganz kleines Zimmer mit einem Bett, neben dem Bett ein Stuhl, an der Wand ein Waschbecken und mit einem Nachttopf unter dem Bett. Da konnte ich endlich aufs Klo gehen, wann ich wollte, insofern habe ich in diesem Dachzimmer nicht gelitten. Aber ich hatte da nichts, womit ich hätte spielen können, bekam keinen Besuch, nur zu den Mahlzeiten kam jemand, um mir das Essen zu bringen und einmal täglich den Topf auszuleeren. Ansonsten lag ich nur da und starrte gegen die Wand. Oder ich stand auf dem Bett auf Zehenspitzen, um aus einem kleinen Fenster auf die Baumwipfel sehen zu können.

Dort war es, wo ich auf die Idee kam, zuerst mit der Zahnpasta Bilder auf die Wand zu malen, die ich anschließend wieder abgeleckt habe, weil das wie eine Kühlung war, denn ich hatte immer so einen großen Durst. Auf diese Art und Weise habe ich mich beschäftigt: mit dem Bildermalen und Ablecken. Zum Glück ließ man mich in Ruhe, ich wurde immerhin nicht ausgeschimpft. Man stellte mir das Essen hin und sprach dabei nicht einmal mit mir.

Zu den Mahlzeiten bekam ich in dem Zimmer ein Getränk, das ich immer sofort austrinken sollte und das eine milchige Konsistenz hatte, auch darin kann ein Medikament gewesen sein, jedenfalls war ich immer müde und schlapp die Zeit über, total müde. Das Glas nahmen sie immer sofort wieder mit und ich bekam kein anderes Getränk den ganzen Tag lang. Deshalb hatte ich immer einen Mordsdurst!

Von dort bin ich nicht wieder in die Gruppe zurückgekommen, denn es war die letzte Zeit meines Aufenthalts, vielleicht die letzten zwei Wochen.

An Ausflüge kann ich mich gar nicht erinnern, wir waren immer im Garten, haben viel im Schnee gespielt, haben Bälle den Hang runtergerollt, eine Schaukel existierte. Im Haus haben wir nie irgendwelche Spiele gespielt. Jeden Tag mussten wir raus in den Schnee, ob wir wollten oder nicht. Wenn wir nach Hause schreiben sollten, gab es fertige Karten, die wir zu unterschreiben hatten.

Es gab dort ein Mädchen mit einer dunkleren Haut, sehr schwarzen Haaren, vielleicht kam sie aus einer jüdischen Familie, jedenfalls wurde sie sehr schlecht behandelt, isoliert, von allen ausgeschlossen und geärgert. Der ging es noch schlechter als mir. Dieses Mädchen wurde stark ausgegrenzt und wir alle haben mitmachen müssen. Ich wollte das nicht. Ich habe mich meistens auf die Seite derjenigen geschlagen, die ausgegrenzt wurden. Schon zu Hause war ich nachmittags oft zu denen gegangen, die ausgegrenzt wurden, und habe mit ihnen gespielt. Ich war eher jemand, der auf der Seite der Schwächeren stand.

Ich habe auch Brutalitäten mit angehört, Kinderschreie, jeweils kurze Schreie, das war vorwiegend nachts. Die ganze Atmosphäre war angstvoll. Dass dort mal gelacht wurde, mal lockerer mit den Kindern gesprochen oder umgegangen wurde, dass mal irgendwas entspannt ablief, nein, nie, alles war streng vorgeschrieben, reglementiert: Mund halten, Hände auf den Tisch, so sitzen und so liegen und so spielen und so gucken. Es war alles genau geregelt, wie es abzulaufen hatte: essen, schauen, sitzen, alles wurde immerzu mit hartem, strengem Gesichtsausdruck, mit rauem Tonfall angeordnet. Jede Minute des Tages wurde nur befohlen, und dann wurde das streng kontrolliert und wir hatten immer Angst. Eine ständige Atmosphäre der Angst umgab uns dort.

Es gab keine Tante, die nett war, netter als die anderen. Keine hob sich hervor. Ich weiß, dass die Schlimmste von ihnen diejenige war, die »Oberin« genannt wurde. Vor der wurde uns immer gedroht, vor der war unsere Angst am größten. Sonst waren sie alle gleich: in grau angezogen, vielleicht war es eine Tracht.

Verarbeitet habe ich den Aufenthalt durch Reden mit engen Personen, mit meinen Freunden, bei denen habe ich sehr viel Verständnis gespürt.

Ich selbst hätte niemals meine Kinder in eine solche Verschickung gegeben. Meine Jüngste war auf einer dänischen Schule, dort war die Atmosphäre völlig anders als an deutschen Schulen, es gab keine preußische Erziehung und die Atmosphäre war immer freundlich, tröstend, verständnisvoll, lustig. Meine Tochter ist heute Lehrerin für Deutsch und Dänisch und mein Enkel geht auch auf die dänische Schule. Mein älteres Kind ging auf eine deutsche Schule, wodurch wir immer einen Vergleich hatten, es gab ein bezeichnendes Indiz: Meine Tochter hat geweint, wenn sie mal krank war und nicht zur Schule durfte, mein Sohn hat gelitten in der Schule und geweint, wenn er hinmusste, und war froh, wenn er mal nicht zur Schule zu gehen brauchte. Aber er war damals schon zu groß gewesen, als ich hierherzog, sodass er nicht mehr auf die dänische Schule gehen konnte.

Einer der häufigsten Sätze meiner Eltern während meiner Jugendzeit war: »Das schaffst du sowieso nicht!« Ich wollte aufs Gymnasium: »Das schaffst du nicht!«, hieß es. Später hatte ich auf einer Grafikschule die Aufnahmeprüfung bestanden, auch dann hieß es: »Das schaffst du nicht!« Aber ich wollte da hingehen. Dann kam mein Vater und sagte, er habe einen Lehrvertrag für mich in einer Arztpraxis unterschrieben. Ich musste also in die Lehre gehen. So war es immer. Aber ich habe mich oft gewehrt, habe gelogen und bin früh zu Hause ausgezogen, habe mein eigenes Leben gelebt.

Meine Mutter hat sich sehr um mich bemüht, aber das war immer ein Ziehen und Klammern: »Ach, bleib doch zu Hause, warum musst du immer weg? Warum kannst du nicht zu Hause sein wie dein Bruder, mit uns zusammensitzen?« Sie hat immer an mir gezogen. Es war eine klebrige Liebe, aber ich konnte sie nicht annehmen, musste immer fliehen. Ich bin auf Festivals gegangen, heimlich auf Demonstrationen, zum Beispiel gegen den Schah, gegen Springer, ich war in Brokdorf dabei, habe Häuser mit besetzt, wir haben beim »Schwarzen Theater« in Dithmarschen mitgespielt, haben Aktionen gemacht, meine Eltern sind fast durchgedreht. Es gab ständig Diskussionen, ständig Verbote.

Irgendwann war ich schwanger und bekam mein erstes Kind, da bin ich aufs Land gezogen, in eine Wohngemeinschaft, und heute lebe ich in Schleswig und bin sehr, sehr glücklich!

Die haben mich nicht erkannt

Brigitte

Der Arzt sagte meiner Mutter und mir freudestrahlend: Wir haben einen Platz, zur Erholung, für ihre Tochter, da kann sie nun hinfahren. Meine Mutter freute sich und wir alle freuten uns. Ich war damals sechs Jahre alt. 1967. Meine Mutter erhielt eine Einkaufsliste, was sie für mich besorgen sollte – was eine Pflicht war. Die Liste war sehr lang, Schürzen standen zum Beispiel darauf. So habe ich meine ersten Schürzen bekommen, so etwas hatten wir zu Hause nicht, und wir haben uns gefragt, was das mit den Schürzen sollte.

Brigitte war 1967 mit acht Jahren für zwei Monate in der Kinderheilstätte Norderney, im Seehospiz. Heimbetreiber: Diakonissen-Mutterhaus »Kinderheil«, Bad Harzburg; ärztliche Leitung: Prof. Dr. Menger.

Das Ganze war ein freudiges Ereignis, dass ich die Möglichkeit bekam, an die Nordsee zu fahren und da einfach mal so ein wenig Erholung zu bekommen. Wir wohnten im Ruhrgebiet und es ging nach Norderney! Das habe ich als ein großes Abenteuer angesehen. Ich war darauf eingestellt, dass es da ganz toll werden würde.

Meine Mutter brachte mich zum Bus. Die Fahrt hat mir nichts ausgemacht, ich dachte, ich sei groß und stark und würde jetzt ganz tolle Dinge erleben. Als wir ankamen, wurden wir in den Aufenthaltsraum geführt, die Stühle standen alle außen am Rand. Dann wurden uns die Regeln gesagt. Alles war schon recht streng. Wir waren alle noch kleine Kinder, aber das hat mich noch gar nicht irritiert, und ich war ganz ruhig, dachte: ›Dann ist das jetzt hier so, das sind eben die Regeln. Aber diese Regeln gelten sicherlich nicht für alle, für mich gelten sie jedenfalls nicht.‹

Die Frauen nannten sich »Schwestern« und sagten, sie würden bestimmen, wo's langgeht, wir sollten gehorchen, ruhig sein, keine Fragen stellen. »Wir bestimmen alles, was ihr macht.« Ich allerdings war eher so erzogen, dass ich bestimmte, wo's langging, ich durfte vieles für mich entscheiden. Und ansonsten entschieden eben meine Eltern, aber sonst niemand. Also habe ich schon so bei mir gedacht: ›Na, mal gucken, was das jetzt wird, aber okay, hier ist es halt anders als zu Hause.‹

Die Regeln lauteten: Hier wird immer alles aufgegessen, pünktlich ins Bett gegangen, gleich Licht ausgemacht und sofort eingeschlafen. Zum Schluss hieß es, ob noch jemand eine Frage habe. Da habe ich mich gleich gemeldet und gesagt: »Ich kann aber nicht alles essen, ich bin Allergikerin, deshalb bin ich ja hier. Ich darf halt verschiedene Sachen gar nicht essen, dann kriege ich einen Schock.«

Daraufhin antworteten die Schwestern: »Das bestimmen wir, was du isst. Was wir dir auf den Teller legen, das wirst du essen!«

Ich als kleines Kind habe mir daraufhin gedacht: ›Ich weiß genau, das stimmt nicht. Ich bin in der Erholung, alle haben sich gefreut, aber das sind hier die Schwestern, vielleicht ist das ja jetzt auch richtig so, dass ich da alles esse.‹ Ich war ein bisschen eingeschüchtert. Auch die anderen Kinder saßen da und keiner sagte einen Mucks. Ich erklärte noch, ich dürfe das alles wirklich nicht essen, das hätte meine Mutter alles auf einen Zettel geschrieben, aber ich merkte, dass die das nicht interessierte, es war ihnen gleichgültig.

Irgendwann habe ich meine erste Karte an meine Eltern geschrieben, die besitze ich noch heute und auf der steht, dass ich in einem Sechsbettzimmer liege, dass das Haus eine Bruchbude sei, alles ganz fürchterlich stinke, den Fraß keiner runterbekäme, die Wände kaputt und beschmiert seien. Es scheint mir heute wie ein Wunder, dass ich diese Karte habe abschicken können. Ich erinnere mich, dass ich zuerst einen Brief geschrieben hatte, den ich nach vorne zur Chefin bringen musste. Sie hat den gleich zerrissen und mir diktiert, was ich schreiben sollte. Aber das habe ich dann so eng geschrieben, dass ich unten noch Platz hatte, sodass ich noch meine Wahrheiten hinzugeschrieben habe: wie schrecklich es ist, wie es stinkt und in was für einem schrecklichen Zustand dort alles war. Ja, die Karte besitze ich immer noch.

Ich erinnere mich noch daran, wie ich da immer saß vor meinem Teller. Ich musste sitzen bleiben, egal, wie lange, bis ich aufgegessen hatte. Ich saß da morgens teilweise stundenlang, bis das Mittagessen aufgetragen wurde oder das Abendessen kam. Meistens hat mich die Putzfrau erlöst. Die kam vorbei und hat das Zeug in ihren Putzeimer geworfen, hat gesagt: »Komm, tun wir mal so, als hättest du es aufgegessen.«

Es gab noch eine andere Möglichkeit, das Essen loszuwerden. Am Eingang stand eine Topfpflanze, in die habe ich es oft gekippt. Die Pflanze war dann aber irgendwann weg. Oder ich hab's in den Backen gesammelt, um es irgendwann ausspucken zu können. Ich wusste, dass ich das nicht essen durfte, sonst würde ich schwer krank. Es betraf ja wirklich mein Leben, es war lebenswichtig für mich, dass ich mich an meine Diät hielt. Ich durfte dieses Essen nicht essen. Die anderen Kinder waren alle sehr verängstigt und haben alle nur stumm dagesessen, haben mit Mühe versucht, dieses fürchterliche Essen irgendwie runterzuwürgen. Es gab auch nicht viel zu trinken. Lecker war gar nichts, es war alles widerlich. So ein Streichkäse zum Beispiel, ekelhaft.

Abends ging es zum gemeinsamen Zähneputzen, danach aufs Klo, dann ins Bett. Die Hände mussten wir auf die Decke legen. War das Licht aus, durften wir nicht mehr reden. Ich habe aber geflüstert mit so einer ganz Kleinen neben mir, denn die war immer so traurig. Ich habe sie mal leise gefragt: »Weswegen bist du denn hier?«

Sie hat ganz leise zurückgeflüstert: »Ich weiß auch nicht. Ich esse keine Tomaten, vielleicht deshalb.«

Das war so traurig.

Nach dem Lichtausmachen kamen jede Nacht Schwestern ins Zimmer und haben ein paar Kinder verprügelt. Ich wusste nie, warum. ›Was haben die wohl gemacht?‹, habe ich mich immer gefragt. Ich habe es nie herausgefunden. Mir schien das immer ohne jeden Anlass zu passieren, mitten in der Nacht, keiner hat dabei geredet, alles verlief ruhig. Die Schwestern kamen rein, haben die Bettdecken der Kinder hochgezogen und die darunter Liegenden einfach verprügelt. Danach haben sie die Bettdecken wieder rübergezogen und gebrüllt: »Jetzt schläfst du endlich!« Keine Ahnung, für was das war. Ich hatte immer

Angst, dass es auch mich trifft. Wie ein Ungeheuer kamen die herein. Wie ein Rollkommando, zu zweit oder zu dritt. Es war gruselig, alles im Stockdunklen. Die Kinder haben nicht geschrien, die trauten sich nicht mal zu schreien.

Ich dachte als Kind damals, dass die Kinder geschlafen hatten und warum man sie durch die Prügelei aufweckte. Ich habe mich gefragt: ›Warum wecken sie die denn auf, wenn die doch schlafen sollen?‹ Aber ich glaube heute, dass die nicht wirklich schliefen und sich vielleicht etwas bewegt hatten.

Morgens wurde immer nachgesehen, wer ins Bett gemacht hatte. Alle, die ins Bett gemacht hatten, mussten ihr Laken selbstständig von den Betten abziehen und sie zur Duschwanne tragen. Dort mussten sie sie auswaschen. Wir anderen Kinder mussten drumherum stehen. Auch die Schwestern standen dabei und sagten zu uns: »So, jetzt lachen wir die mal ordentlich aus! Die sollen sich ordentlich schämen.« Dabei waren das so kleine Kinder, viel kleiner als ich, Vierjährige. Die mussten unter dem zwangsweisen Gejohle der anderen ihr Laken von dem großen Bett abziehen und dann auswaschen, und wir mussten sie auslachen. Das war schrecklich. Erst nachdem wir sie »anständig« ausgelacht hatten, durften wir selbst uns anziehen. Ich sehe noch einen kleinen Jungen und ein kleines Mädchen vor mir, wie sie mit den Bettlaken über die Flure mussten. Ich war so entsetzt, wie gelähmt, dachte: ›Was ist das, was passiert hier?‹ Es lief jeden Morgen so ab.

Es gab in dem Heim außerdem eine Nicht-reden-dürfen-Strafe, mit der verfügt wurde, dass mit einem konkreten Kind an dem Tag keiner reden durfte. Alle wurden zusammengeholt, und es hieß: »Mit diesem Kind darf heute zur Strafe keiner mehr reden.« Den ganzen Tag lang nicht, nicht mal kurz ansprechen, keiner durfte das, sonst war er selbst dran. Das ist auch mir mal passiert – eine schreckliche Strafe.

Meine Rettung wurde dann, dass meine zwei größeren Geschwister fast zeitgleich auf einem Schulausflug auch auf Norderney waren. Zwei Wochen später war das. Das war für meine Familie und mich schön, denn wir hatten gleich klargemacht, dass die mich dann besuchen kämen. Das war ganz klar. Das hat mich aufrechterhalten die Tage davor. Ich wusste, wenn die kommen, dann ist für mich hier die Sache erledigt, dann gehe ich sofort mit denen mit. Der Tag, an dem sie kommen sollten, kam, und ich wusste, heute würden meine Schwestern kommen und meine Tage im Heim würden gezählt sein.

Man brachte mich in ein Zimmer und die Schwester sagte: »Du setzt dich jetzt hier hin und wartest!« Dann ging sie hinaus und schloss die Tür ab. Vor der Tür standen meine Schwestern, denen sagte sie: »Ihr könnt eure Schwester nicht besuchen, denn die ist nicht da, die macht heute gerade den tollsten Ausflug des ganzen Aufenthalts, da hatte sie keine Lust, wegen euch hierzubleiben.« Ich saß hinter der Tür und hörte jedes Wort mit.

Meine Schwestern fragten, wo der Ausflug denn stattfände, vielleicht könnten sie ja dorthin gehen? »Nein«, sagte die Aufsichtsperson, »das geht nicht, das ist verboten.« So sind meine Schwestern wieder gegangen. In dem Moment war für mich klar: ›Jetzt bin ich verloren.‹ Dann kam die Schwester wieder zu mir herein und sagte: »Na, hast du alles mitgehört?« Das hatte sie gezielt so arrangiert, dass ich das mithören sollte …

Ich wollte hinterherlaufen, aber die Tür war verschlossen. Da war mein Widerstand gebrochen. Ich konnte nicht mehr, fühlte mich ganz allein. Ab da dachte ich: ›Du musst nur gucken, dass du das hier irgendwie überlebst.‹ Von da an habe ich aufgehört zu reden. Wochenlang. Kein Wort. Dann wurde ich auch schwer krank. Das passierte alles in den ersten zwei Wochen. Durch die Krankheit musste ich sogar noch länger bleiben.

Ich war dann sehr lange in einem Einzelzimmer untergebracht, oft ohne Bewusstsein und nachts saß immer eine Schwester an meinem Bett. Es wurde nur noch geflüstert in diesem Raum. Es kamen oft mehrere Ärzte vorbei, sie standen an der Tür, flüsterten, redeten aber nicht mit mir, nur untereinander. Ich blieb allein, ohne Ansprache. Ich erinnere deutlich diese Ärzte: Sie standen in Grüppchen. Ich habe ein paar Brocken verstanden: Wir müssen aufpassen … hat wohl zu viel abgekriegt … überwachen – das klang alles sehr besorgt. Der Wachschwester haben sie immer gesagt: »Lassen sie sie nicht aus den Augen, sie dürfen sie überhaupt nicht aus den Augen lassen. Sie dürfen erst dann in die Pause gehen, wenn Ihre Ablösung kommt.«

Ich hatte eine Tages- und eine Nachtwache. Keine von denen hat sich je an mein Bett gesetzt und mit mir gesprochen, keine. Niemand hat mich angefasst, mir den Kopf oder Puls gefühlt, so jedenfalls meine Erinnerung. Ich habe auch schon als kleines Kind gespürt, dass das eigenartig war, denn das war keine Sorge um mich, sondern sie waren in Sorge um sich. Sie hatten Sorge, dass mit mir etwas passieren könnte, was ihnen schaden würde. Ich muss da viele, viele Tage gar nicht bei Bewusstsein gewesen sein. Es war wie im Nebel. Ab und zu bin ich in den Waschraum getragen worden, wurde abgeduscht, dann wieder zurückgetragen. Ich war immer halb weggetreten, vielleicht sogar in Lebensgefahr.

Die Schwestern waren oft sauer auf mich, denn sie mussten das Bett ständig neu beziehen, da ich stark schwitzte. Ich hatte hohes Fieber oder habe ins Bett gemacht, weil ich nicht aufstehen durfte. Dann waren sie sauer und haben mich angebrüllt, dass ich alles immer verdrecken würde. Ich hatte so Gedanken wie: ›Wenn die sowieso sauer sind, dann mache ich jetzt extra ins Bett‹, und habe ins Bett gemacht. Mein Gefühl war: ›Ihr kriegt mich nicht klein!‹ Es war ein letzter Rest von Würde, das Bett mit Urin und Kot zu verdrecken und mich auf diese Art zu rächen.

Ich erinnere mich allerdings, dass ich besonderes Essen bekam, das ich auch essen konnte. Vielleicht hatten sie dann endlich mal in den Brief gesehen, in dem stand, was ich essen durfte. So ging das zwei Monate. Und ich habe in dieser ganzen Zeit nie wieder geredet. Irgendwann kam ich wieder runter zu den anderen, von denen kannte ich keinen mehr, denn diejenigen, die mit mir angekommen waren, die waren schon alle wieder weg. Ich kam allein zurück, nicht mit einem Sammeltransport. Eine Schwester brachte mich zu einem Bus, zur Fähre und dann wieder zu einem Bus, an dem mich meine Mutter erwartete. Diese Schwester hat mir den ganzen Weg lang immer wieder eingeschärft: »Du erzählst kein einziges Wort von dem, was hier passiert ist! Wenn du das tust, dann passiert deinen Eltern etwas ganz Schlimmes!« Das hat sie immer wieder gesagt. Ich aber habe gedacht: ›Du kannst mir hier gar nichts, ich habe das jetzt hier überlebt und ich bin schon auf der Fähre, bald bin ich zu Hause.‹

Als wir am Bus ankamen, ist meine Mutter sehr erschrocken. Sie hat gesagt: »Wie siehst du denn aus?« Das Erschrecken meiner Mutter war deutlich. Dann sind wir zusammen nach Hause gefahren. An der Bushaltestelle, an der wir ankamen, wartete meine beste Freundin auf mich, zusammen mit ihrer Mutter, aber die haben mich gar nicht wiedererkannt. Ich musste sagen: »Hallo, ich bin's doch?« Die haben mich nicht erkannt und konnten mich gar nicht in den Arm nehmen. So fremd war ich ihnen geworden. Ich muss ganz anders ausgesehen haben. Selbst meine beste Freundin hat mich nicht erkannt. Sie war nicht in der Lage, mich als dieselbe zu sehen. Nichts mit: Man fliegt aufeinander zu, fällt sich in die Arme, nein, nichts, wir standen alle nur da, erstarrt.

Das Schweigegebot habe ich trotzdem eingehalten, so tief war es in mich eingepflanzt worden. Ich habe kein Wort von alldem erzählen können. Zu groß war die Angst. Bis zu dem Tag, Jahre später, als meine Mutter Post bekam und sagte: »Hier, guck mal, du darfst wieder in so eine Kur fahren.« Da bin ich zusammengebrochen und habe alles erzählt. Anschließend saßen wir beide am Tisch und haben geweint. Noch in der letzten Minute während des Erzählens hatte ich Angst, dass meinen Eltern jetzt etwas passieren würde. Aber meine Mutter schluchzte gleich los, als hätte sie sich so etwas schon gedacht gehabt, und sagte, es täte ihr so leid, aber sie habe damals davon nichts gewusst. Dann hat sie versprochen, dass ich nie wieder in so eine Kur fahren müsse. Später habe ich mich oft gefragt, warum ich so lange nichts gesagt habe. So viel Energie hat es gekostet, dieses Schweigegebot zu erfüllen. Es hätten mir aber auch die Worte gefehlt. Welche Worte hätte ich wählen sollen, um das zu erzählen? Vorher hatte ich mich immer gefragt: ›Wieso fragt mich denn keiner?‹ Ich habe immer auf so eine Türöffnerfrage gewartet.

Ich habe es zwar geschafft, dass es mich nicht gebrochen hat, aber es hat doch ungeheure Energien verbraucht, dieses Schweigegebot einzuhalten. Ich wollte mich in der Zeit sogar umbringen, als Kind. Und habe mich später immer gefragt: ›Warum wollte ich mich als kleines Kind umbringen?‹ Ich habe mir immer so gewünscht, davon erzählen zu können. Aber ich fand die Worte nicht. Stattdessen wurde mir immer, wenn ich daran dachte, schlecht und ich wurde ohnmächtig, bin einfach umgefallen – das ist oft passiert, aus heiterem Himmel, immer nachts, sehr oft. Ich wurde untersucht, aber niemand hat eine Ursache gefunden. Ich selbst aber wusste sie sehr genau, die Ursache, ich habe jedes Mal daran gedacht, doch aus dem Heim zu erzählen, wenn die Gedanken in diese Richtung gingen, diese Vorstellung ertrug ich nicht. Ich habe dann gedacht, ich erstick daran. Dann wurde mir schwarz vor Augen und ich fiel um. In solchen Momenten habe ich mehrmals versucht, mit dem Leben aufzuhören. Ich wusste nicht, wie es geht, habe es aber versucht, ohne dass das jemand mitbekommen hätte. Ich wollte nicht mehr leben.

Das hörte alles in dem Moment auf, als ich mit meiner Mutter darüber reden konnte. Danach habe ich das alles niemals mehr erlebt, ab da hatte ich endlich den Mühlstein von mir runter, konnte mich jetzt wieder frei bewegen, konnte frei atmen ... Danach bin ich sogar noch mal ein Stück gewachsen. Nie wieder bin ich in Ohnmacht gefallen, nie mehr habe ich Selbstmordgedanken gehabt.

Meine Mutter hat mir zum Glück sofort alles geglaubt, hat keine Zweifel gehabt, gar nichts, null. Sie hat gleich gesagt, sie hätte nichts geahnt, denn die hatten sie dort aus dem Heim angerufen und gesagt, die Kur würde anschlagen, es ginge mir so sehr gut, dass sie die Kur gern noch verlängern wollten. Da hat sie zugestimmt. Nun war sie natürlich verzweifelt darüber, auch empört. Sie hat versucht, den Arztbericht zu bekommen, sie wollte wissen, was ich da für eine Krankheit gehabt hatte. Dabei stellte sich heraus, dass es keinen Arztbericht gab, vielmehr stand im Kurbericht, es sei alles gut verlaufen.

An diesen Tag, als meine Mutter den Brief bekam und ich dann endlich alles sagen konnte, erinnere ich mich ganz genau. Zuerst, als sie das sagte, dass ich noch mal fahren sollte, war mir klar: Ich fahre dann in den Tod. Mein Leben ist zu Ende, ich fahre in den Tod. Danach habe ich überlegt: ›Was mache ich, was mache ich, was mache ich, wie rette ich mich bloß?‹ Das Einzige, was ich dann herausbrachte, war: »Da fahre ich nie wieder hin, da will ich nie wieder hin«, und fing gleich an zu schluchzen. Ich habe noch überlegt, ob ich mich wirklich trauen soll, das zu sagen, und was dann wohl meinen Eltern ganz Schlimmes passieren könne, und dass ich dann daran schuld sei. Noch drei Jahre später nach dem Aufenthalt habe ich mich das gefragt.

Aber als ich es dann gesagt hatte, hat sich meine Mutter auf die Socken gemacht und nach Unterlagen gefragt, aber die hatten keine Unterlagen mehr. Ich habe das Glück, dass meine Eltern mich zu einem selbstständig denkenden Menschen erzogen haben, das hat mich gerettet, sodass ich am Ende doch die Kraft gefunden habe, das Schweigegebot zu durchbrechen. Andere haben sicher diese Kraft nicht gehabt.

Erst nach diesem Tag habe ich wieder Pläne gemacht, habe überlegt, was will ich: Will ich stricken lernen, Bilder malen, mit meiner Freundin dies und das machen? Das war ein gutes Gefühl. Ich konnte aufatmen. Vorher hieß es über mich immer, ich sei schüchtern, aber ich wusste immer, dass ich nicht schüchtern bin, ich war nur still, unglaublich still. Das war ich in diesem Heim geworden. Vor der Kur war ich ein ganz normales Kind, aber danach, da galt ich immer als schüchtern, jahrelang galt ich als schüchtern. Aber innerlich musste ich immer aufpassen, war immer irgendwie in Angst und musste aufpassen, dass ich nicht aus Versehen das Schweigegebot durchbreche.

Zu meinen Schwestern hatte ich das Vertrauen nach dem Heimaufenthalt allerdings gleich und für immer verloren. Die haben immer gesagt, ich sei ja nicht im Haus, sondern auf einem Ausflug gewesen, aber ich habe geantwortet: »Ich saß hinter der Tür, habe alles gehört.« Es gab da gar keine Ausflüge. Mehr haben wir nie darüber geredet. Ich stand vor ihnen zuerst als Lügnerin da. Das war in unserer Familie jahrelang ein Thema. Aber sie konnten sich natürlich auch gar nicht gegen die Schwester in dem Heim durchsetzen. Sicher mussten sie Schuldgefühle abwehren. Das wurde mir aber erst mit 20 klar. Als Kind habe ich mich von meinen Schwestern im Stich gelassen gefühlt.

Ich glaube heute auch, dass ich Nachwirkungen von den Medikamenten hatte, die ich dort bekommen habe. Jahrelang habe ich von einer Stunde zur anderen hohes Fieber bekommen, drei Tage lang, dann war das Fieber plötzlich weg.

Ich habe auch selbst einige Jahre als Erzieherin gearbeitet, konnte das aber nicht lange machen, habe das nicht ertragen. Mir haben öfter

Eltern erzählt, wie gut sie mit ihren Kindern am Wochenende klarkämen: Wenn sie nicht gehorchten, dass sie sie dann unter die eiskalte Dusche gestellt hätten, das sei eine gute Idee. So haben sie sich mit anderen darüber ausgetauscht. Das konnte ich nicht ertragen, zuletzt habe ich als Taxifahrerin gearbeitet, da war ich unabhängig, das war toll.

Drei Fotos habe ich damals aus dem Heim mitbekommen, die kleben in meinem Album. Einmal habe ich das mit meiner Tochter durchgeblättert und sie sagte auf einmal: »Was sind das denn da für traurige Kinder?« Daraufhin habe ich mir die Fotos allein noch mal angesehen und mich gefragt, ob die wirklich alle so traurig aussehen. Aber klar, sie sehen traurig aus, denn wir waren auch alle traurig, nur dass uns das niemand angemerkt hat von außen, damals.

Ich wollte zum Staat gehen und das melden

Juliane

Irgendwann sagte mein Vater: »Du kommst ins Kinderheim, wo man Kreisspiele macht und mit anderen Kindern spielt, da ist es schön.« Ich war also guter Dinge und dachte mir nichts Böses. Ich war zwar nicht krank, aber ich hatte wegen einer verengten Harnröhre Probleme mit der Blase. Ich »musste« sehr oft. In der Schule musste ich manchmal mitten in der Stunde auf die Toilette, doch die Lehrerin war jähzornig, sie verprügelte oft lernschwache Kinder. Sie ließ mich nicht gehen. Einmal machte ich mir aus Verzweiflung in die Hose und wurde von allen ausgelacht. Bis zum fünften Lebensjahr war ich auch Bettnässerin gewesen. Die Ärztin hatte meinen Eltern gedroht, ich käme ins Kinderkrankenhaus, wenn das nicht besser würde, daraufhin haben sie mich nachts jede halbe Stunde geweckt – so ging das Bettnässen erst mal weg. Ich musste leider oft auf die Toilette. Ich konnte dafür nichts.

Juliane war mit acht Jahren im September 1969 im Kinderparadies Bad Rothenfelde. Die Heimbetreiberin war Henny Wartmann, die Leitung hatte Frau Johanna Weißig, geboren 1913. Der Aufenthalt dauerte sechs Wochen.

Meine Eltern haben mich nie wegen des Bettnässens bestraft. Als Baby war ich mit zehn Monaten für vier Wochen zu meiner Oma gekommen, als es meiner Mutter mal sehr schlecht ging, also aus einer Notlage heraus. Als ich von ihr zurückkam, soll ich anders gewesen sein. Ich habe keine Nahrung mehr annehmen wollen von meiner Mutter, hieß es, hatte auch Schwierigkeiten im Kindergarten, konnte nicht zuhören, war unkonzentriert. Ich kam dann, weil die Kindergärtnerinnen mit mir nicht fertigwurden, zur Erziehungsberatungsstelle. Dort in der Spieltherapie erfuhr ich, dass Erzieherinnen auch liebevoll zu Kindern sein können.

Gerade war ich acht Jahre alt geworden, da sollte ich also in die Kinderkur nach Rothenfelde. Ganz fröhlich fuhr ich Mitte September ab, traf gleich andere Kinder aus meiner Gegend im Zug und wir hatten auch nette Begleiterinnen, mit denen wir lachen. Ich war guter Dinge. Vom Bahnhof in Dissen wurden wir gleich weiterbefördert mit dem Bus ins Kinderparadies Rothenfelde. Als wir ankamen, empfing mich gleich so eine merkwürdig kühle Atmosphäre. Während uns eine Tante Elvira begrüßte, machte ich irgendeinen Witz, aber sie entgegnete sofort: »Ich habe das nicht gerne, wenn Kinder albern sind!« Da war ich schon mal eingeschüchtert.

Abends kamen noch weitere Kinder aus anderen Gegenden an, und zwar aus dem Schwarzwald. Ich erinnere mich an eine Rita, die ebenfalls spät abends ankam, als schon Nachtruhe war. Sie kam ins Bett neben mir, aber ich schlief trotzdem sofort wieder ein. Als ich morgens aufwachte, da hatte sie sich erbrochen und auch ins Bett gemacht. Die wurde entsetzlich fertiggemacht, entsetzlich angeschrien. Die hat so geweint, so geweint hat die. Ich war absolut geschockt.

Mittags haben wir Milchsuppe bekommen, Haferschleim. Wenn meine Mutter die kochte, mochte ich die immer gern, aber dort war es so, dass ich schon beim ersten Löffel ins Würgen kam, aber ich habe dieses Zeug irgendwie runtergekriegt. Dann ging es zum Mittagsschlaf. Wir hatten das Veilchenzimmer, neben uns lag das Mäuschenzimmer für die Vier- bis Fünfjährigen. Jedes Zimmer hatte einen solchen Namen. Es existierten fünf Zimmer mit jeweils acht bis zehn Betten, wie im Krankenhaus. Ein Spielzimmer gab es nicht. Zwar lag irgendwo etwas Spielzeug herum, aber ich erinnere mich nicht, dass wir je irgendwo gespielt hätten.

Es war also Mittagsruhe angesetzt. Frau Weißig drehte ihre Runden und die Kleinen, die lärmten, unterhielten sich. Sie lief herum und sagte zu ihnen immer: »Seid leise! Seid leise! Seid leise!« Und irgendwann: »Wenn ihr jetzt nicht still seid, dann kriegt ihr was auf den Hintern!« Aber die Kleinen waren nicht ruhig, woraufhin Frau Weißig in das Mäuschenzimmer marschierte und begann, die Kleinen zu verhauen. Die Kinder fingen an zu weinen und wir mussten das ganze Geschrei mitanhören – ich habe sogar mitgeweint, habe Angst bekommen und mitgefühlt.

An den ersten Tagen konnte ich noch fühlen, später konnte ich das nicht mehr. Vor Heimweh habe ich geweint. Im Kinderheim habe ich gelernt, leise zu weinen, denn die kleinen Kinder, die »Mäuschen«, die weinten laut, sodass Frau Weißig sagte: »Wenn ihr jetzt nicht still seid, dann kriegt ihr es noch mal« – und hat sie sie noch einmal verhauen.

Nachmittags gingen wir spazieren. Neben mir ging die kleine Claudia aus dem Mäuschenzimmer, und da habe ich sie gefragt, was Frau Weißig denn mit ihnen gemacht habe. »Hat die euch wirklich gehauen?«

»Ja, auf den nackten Hintern«, schluchzte sie gleich.

Ich war entsetzt, denn mein Papa hatte immer gesagt, fremde Erwachsene dürften keine Kinder schlagen. Da habe ich jedenfalls gewusst, dass dort etwas ganz Ungesetzliches mit uns passierte. Ich wollte deshalb zum Staat gehen und das melden, aber ich wusste ja nicht, wo der Staat ist. Ich habe den ganzen Tag geweint, viele Kinder haben geweint. Die Leiterin hielt dann eine Rede und hat gesagt: »Ich weiß, dass ihr alle Heimweh habt, nach Hause wollt, aber ihr wisst ja, ihr kommt erst in sechs Wochen nach Hause, deshalb braucht ihr auch kein Heimweh zu haben.« So hat sie das gesagt, die Frau Weißig, und so ging es weiter.

Der erste Tag, der ist sehr klar in meiner Erinnerung. Ich habe so geweint und Heimweh gehabt. Dann ebbte das langsam ab. Ich habe die Tanten alle als entsetzlich unfreundlich erlebt. Eine Einzige war zwischendurch mal da, die hieß Monika, die hat mich mal gewaschen und war ganz liebevoll, doch die ging nach kurzer Zeit wieder. Danach kam die Tante Waltraut, und Frau Weißig sagte zu den anderen Tanten: »Dieses Mädchen wollen wir hier einstellen«, aber diese Tante Waltraut war ganz eklig.

Tante Agnes war auch ein furchtbares Ekel. Das war jene Tante, die sagte – und das habe ich damals sogar aufgeschrieben: »Wenn ich noch mal was von euch höre, dann kriegt ihr's.« Einmal sagte sie: »Wenn die Veilchen jetzt nicht still sind, dann kriegt ihr's! Aber alle! Aber alle!« Das ganze Zimmer wäre verhauen worden. Bei den Mäuschen haben sie es auch so gemacht, dass sie die ganze Reihe, alle hintereinander verhauen haben, obwohl die Kinder zum Teil still dalagen. An ein Mädchen erinnere ich mich, das hatte besonders starkes Heimweh. Sie hieß Elke und war fünf Jahre alt. Die hat immer geweint, Tag und Nacht. Erst hatte ich Mitleid … und dann … ja … dann … bin ich langsam emotional versteinert. Geweint habe ich danach nur noch selten.

Tante Agnes hat mir immer noch einen und noch einen Teller Milchsuppe aufgefüllt, fünf Teller musste ich insgesamt leeressen, fünf Teller Milchsuppe. Ich habe das gegessen, aber ich habe nichts mehr gefühlt, habe das alles gegessen, nur in mich reingelöffelt. Einmal war die Milchsuppe angebrannt, davon musste ich auch drei Teller essen. Ich kann bis heute keine Milchsuppen sehen. Wenn ich die nur sehe, wird mir schon schlecht. Ich habe gar nichts mehr geschmeckt damals.

In der ersten Zeit war ich mit einer Sybille ganz gut befreundet. Wir sind auch bei den Spaziergängen nebeneinander gegangen. Sie war schon fast elf Jahre. Im Kinderheim hatte ich angefangen, mir ständig in der Nase zu bohren, ständig, zwanghaft, und Nägel zu kauen. Irgendwann sagte ein Mädchen namens Ines: »Schau mal, die bohrt noch in der Nase!« Die Sybille, die ich doch für meine Freundin hielt, fügte hinzu: »Ja, die kann einen auch anekeln!«

Von da ab haben mich die anderen Kinder nicht mehr gemocht und mich irgendwann verpetzt, dass ich immer die wäre, die laut sei. Daraufhin hat mich Tante Agnes oder Tante Waltraut genommen und gesagt: »Wenn du nicht still bist, dann kommst du da oben auf den Dachboden, auf eine Liege.« Da habe ich fürchterlich geweint, habe noch mehr Angst bekommen.

Auch Durst hatten wir ständig. Einmal hat die Tante Agnes mit der Teekanne vor mir gestanden und so getan, als ob sie mir eingießen wolle, dann die Kanne aber wieder zurückgezogen und gesagt: »Nein, du kriegst nichts! Du kriegst nichts.« Begründung? Keine. Irgendwann stand ich ihr im Klo mal im Weg, da hat sie mir eine Ohrfeige runtergeknallt. Aber ich habe nichts mehr gespürt, nichts mehr! Habe abgeschaltet, dicht gemacht.

Ich konnte ja auch nicht nach Hause schreiben. Ich habe es einmal versucht und geschrieben: »Wir dürfen hier mittags nicht auf Toilette gehen.« Ich hatte eine schöne Karte ausgesucht, aber Frau Weißig sagte: »Die darfst du nicht abschicken!« Einmal haben meine Eltern angerufen, da musste ich jeweils ins Zimmer oben zu Frau Weißig gehen und sagen: »Im Kinderheim ist es schön.« Sie saß hinter mir. Nachdem das Telefonat beendet war, habe ich bitterlich geweint. Ich musste immer schreiben, dass es schön ist.

Mit meiner schönen Kinderschrift habe ich selbst auch die Adresse draufgeschrieben: Strelerstraße 88. Aber Tante Alwine sagte: »Was schreibst du denn da? Du kannst noch gar keine Adresse schreiben!« Sie schrieb sie dann selbst, und zwar Schillerstraße. Die Karte kam prompt zurück, aber sie sagte: »Na, du hast mir ja eine falsche Adresse genannt!« Dieselbe Tante Alvine hat mir einmal nachts, als ich über den Flur in den Waschraum schlich, um Wasser aus der Leitung zu trinken, gesagt: »Wenn ich dich hier noch mal erwische, dann kriegst du fünf Tage nichts mehr zu trinken!« Das fand ich für mich lebensbedrohlich und habe Angst bekommen!

Auch die Tante Waltraut war schrecklich, die hat mich immer nur verächtlich mit meinem Nachnamen angesprochen, hat nie meinen Vornamen gesagt, mein Nachname ist ein Jungenname, den hat sie immer gesagt, ganz verächtlich hat sie das gesagt. Absoluter Kinderhass.

Post habe ich damals zwar ins Heim bekommen, aber keine Pakete. Ein Junge bekam mal ein Paket und die Süßigkeiten sollte er an die Kinder verteilen. Manche bekamen ganz viele Süßigkeiten, einige weniger und ich gar keine. Das hat mich sehr verletzt! Die meisten Kinder mochten mich nicht, die Tanten auch nicht. Ich war allerdings einer der Lieblinge von Frau Weißig, wohl weil ich immer brav und still während der Schlafenszeiten in meinem Bett lag. Die Wut, die die Tanten wohl auf Frau Weißig hatten, weil sie sie öfter mal, selbst im Beisein der Kinder, gemaßregelt hatte, die ließen sie an mir aus.

Die großen Kinder hatten die Tante Elwira als Gruppentante, die älteren von ihnen konnten diese Tante gut leiden. Die hat mit denen so richtige kameradschaftliche Gespräche geführt. Da ich aber noch kleiner war, war ich die Dumme. Tante Elwira erzählte einmal den älteren Mädchen, dass sie bald 18 würde. So jung war die noch.

Es gab ein Mädchen mit Namen Sabina, die war sieben Jahre alt und am aufsässigsten. Die war robust, ließ sich nichts gefallen. Sie wurde von Frau Weißig und den anderen Tanten ganz besonders brutal behandelt. Einmal nahm Frau Weißig sie sich im Stehen zwischen die Beine und versohlte ihr kräftig den Hintern, patsch, patsch, patsch … vor uns allen, aber die Sabina hat überhaupt nicht geweint, unglaublich war das.

Dann die Toilettengänge: Zuerst waren sie noch etwas großzügig und es war erlaubt, tagsüber jederzeit auf die Toilette zu gehen, aber dann war ihnen während der Mittags- und Abendsschlafenszeiten die Klospülung zu laut, so durften wir zunächst einmal nicht spülen. Das wurde ihnen irgendwann aber zu unhygienisch, sodass wir dann auch während der Mittagsschlafenszeiten gar nicht mehr gehen durften. Das war sehr qualvoll, dieser Druck auf meiner schwachen Blase. Ich konnte immer gerade so durchhalten. Einmal habe ich es nicht geschafft und bin losgerannt, da wurde ich auch gleich furchtbar angeraunzt.

Einmal war ich einen Tag lang krank und blieb im Bett, sodass die Tante Elvira Fieber maß. Natürlich musste man ihr den Hintern entgegenstrecken – das fand ich auch nicht gerade schön. Mittags kam Tante Waltraut mit einem Teller Milchsuppe und sagte: »Du musst das jetzt essen! Du musst das jetzt essen!« Sie löffelte mir das rein. Dabei passierte es selbst mir, die ich eigentlich nie so schnell erbrach, dass ich mich übergab, worauf es hieß: »Warum hast du denn nicht vorher etwas gesagt?!« Sie ging weg und erzählte das gleich der Tante Elvira und die sagte: »Das wäre mir nicht passiert, die hätte das Erbrochene gleich wieder aufessen müssen!«

Aber es war seltsam, einen, den haben sie verzärtelt, einen kleinen Jungen. Der war ein Mischling, hatte wohl einen afrikanischen Vater, dunkle Haut, schöne Locken, den haben sie verzärtelt: »Ach, du Süßer«, und so. Der war so ungefähr vier Jahre alt. Auf den war ich manchmal eifersüchtig. Aber der kleine Ralf, der sehr hilflos war, hat immer viel aushalten müssen. Er war erst fünf, aber den haben sie immer verhauen.

Im Kinderheim habe ich mich nicht gerächt, mich nie gewehrt. Dort war ich nur wie erstarrt und hatte schließlich auch mit den anderen Kindern kein Mitleid mehr. Dem kleinen Sven habe ich immer ins Gesicht geklatscht und dieser Elke, die ständig weinte, der habe ich gesagt: »Du bist ein lächerliches Baby!« Das war schlimm. Später habe ich das gebeichtet. Ja, ursprünglich hatte ich durchaus Mitleid mit anderen, aber ich hatte Angst und Entsetzen und war wie erstarrt. Ich habe nichts mehr gefühlt.

Ich hatte dort auch einen kleinen Freund, den Jörg, der war auch fünf. Einmal gab es einen Tanzabend. Mit Jörg habe ich immer im Kreis getanzt. Das fanden die anderen Kinder lächerlich und lachten uns aus. Einmal lachten aber der Jörg und ich, aber im schönsten Moment, als wir uns anlachten, da habe ich ihm aus dem Nichts heraus ins Gesicht geschlagen. Das war ganz schlimm. Das war ganz eigenartig.

Aber auch ich musste da einstecken. Einmal haben mich mehrere Zimmergenossinnen zusammen festgehalten und mich verhauen. Ich weiß noch, wie ich gezappelt habe. Sie haben mich auch verpetzt. Ich verrohte innerlich ...

Als ich dann nach Hause kam, haben mich meine Eltern gefragt, wie es war, und ich habe genantwortet: »Na, es ging so«, aber als ich dann Einzelheiten erzählt habe, ist mein Vater zur DAK gegangen und hat denen das berichtet. So wie meine Mutter sich erinnert, hat die DAK keine Reaktion gezeigt.

Ich hatte als Kind immer das Bedürfnis zu malen und Erlebnisse aufzuschreiben, auch Geschichten zu verfassen. Ein paar Wochen nach meinem Heimaufenthalt beschrieb ich ein leeres Büchlein, das meine Oma mir geschenkt hatte, mit meinen Heimerlebnissen und malte Bilder dazu. Und als Elfjährige begann ich eine Bildergeschichte über ein Mädchen namens Julia zu schreiben. Diese Julia wird gegen ihren Willen zur Kinderkur verschickt, steigt in den Zug, begegnet im Kinderheim vielen anderen Kindern, erlebt, wie ein Junge geschlagen wird, und verirrt sich während eines Spaziergangs im Wald. Da endet die Geschichte. Als Erwachsene habe ich weiter an der Geschichte geschrieben: Die Kinder wurden im Wald von Spaziergängern aufgelesen und zur Polizei gebracht. Den Polizisten erzählen die Kinder, dass sie im Kinderheim geschlagen wurden, aber ihnen wird nicht geglaubt, sie werden zurück ins Heim geschickt.

Einem Bekannten meiner Eltern, der tatsächlich ein Polizist war, erzählte ich, einige Wochen nach meinem Aufenthalt von meinem schlimmen Heimerlebnis. Er gab mir zu verstehen, dass er dies alles auch mit mir gemacht hätte: »Ab, oben auf den Dachboden und dann noch eine kalte Brause drüberhalten!«, so sagte er. Ein Vertreter der Staatsgewalt.

Nachdem ich von der Kur zurückkam, hatte ich immer den Zwang, auf die Toilette zu müssen, immer, dauernd, besonders abends. Irgendwann konnte mein Vater das nicht mehr nachvollziehen und hat mir deshalb den Hintern versohlt. Als ich ein paar Wochen nach meiner Kur mal bei meiner Oma schlief, verstand sie auch nicht, warum ich dauernd aufs Klo musste und schimpfte: »Wenn du noch einmal gehst, dann kriegst du was auf den Hintern!« Ihre Begründung war: »Wenn du ewig gehst, dann wird der Pop kalt.« Am Tag darauf – ich hatte eine rege Fäkalfantasie entwickelt – schrieb ich in mein Büchlein:

> »Tante Agnes schmiert ihren Automotor mit Durchfall-Kacke ein, damit ihr Auto besser fahren kann. Und isst das auf ihrem Butterbrot.«

Das hat mir Spaß gemacht, so etwas zu schreiben. Das war wohl meine Art kindlicher Rache …

Die Nachwirkungen meines Aufenthalts waren das Nägelkauen und das Zupfen an den Lippen, Letzteres mache ich auch heute noch. In der Schule habe ich nach dem Heimaufenthalt immer Probleme gehabt. »Mein Gott«, sagte die schon erwähnte Lehrerin, »was hast du dir denn bloß für eine fürchterliche Schrift angewöhnt?« Hin und her gingen die Buchstaben. Meine Aufmerksamkeit im Unterricht war ebenfalls schlechter geworden, oft machte ich falsche Schularbeiten. Auch Mobbing durch Schulkameraden und Nachbarskinder habe ich oft erlebt, war immer das »Toilettenmädchen« oder die »doofe Juliane«. Ich hatte immer viele Probleme, sicher nicht nur durch das Heim.

Aus dem Kinderheim habe ich die Angst vor Neuem zurückbehalten, ich habe zum Beispiel Angst vor Reisen an unbekannte Orte.

Nach einer schweren Schulzeit mit ständigem Außenseiterdasein habe ich aber dennoch das Abitur geschafft und später auch die Aufnahmeprüfung für die Musikhochschule. Ich habe mich ins Cello geflüchtet. Ich bin heute Musiklehrerin, das macht mich glücklich. Meine Eltern haben mir viel ermöglicht, insbesondere meine Mutter hat viele Kohlen aus dem Feuer geholt für mich. Sie hat mir in Bezug auf die Schule geholfen, mit mir Hausaufgaben gemacht, Lehrergespräche geführt, ist gegen Mobbing vorgegangen. Leider schaffte ich es nie, eine Partnerschaft zu leben, deshalb unterzog ich mich in den 1990er Jahren einer tiefenpsychologischen Therapie. Da brachen meine jahrelang verdrängten Gefühle hervor, auch die aus dem Kinderheim. Ich brach innerlich auseinander, hatte Angst vor Kontrollverlust, es entwickelten sich aggressive Zwangsgedanken.

Ich hatte immer den Drang, mir selbst etwas antun zu müssen, zum Beispiel in die Steckdose zu fassen oder etwas besonders Liebgewordenes kaputtzumachen. Die Gedanken machten mir starke Angst, es war schrecklich! Manchmal probierte ich auch aus, wie weit ich einen liebgewordenen Gegenstand biegen oder auf den Boden werfen konnte, dass er gerade noch hielt, aber oft ging er dabei kaputt, worüber ich dann wiederum traurig war. Es betraf immer Gegenstände, die mir besonders am Herzen lagen, offensichtlich wollte ich mir selbst wehtun und mir Schaden zufügen.

Auch wenn ich gerade besonders mit einem Menschen harmonierte, befahl mir mein Zwangsteufel, mein Wohlbefinden zu zerstören, indem ich dem lieben Menschen etwas Schlimmes antat. Hier ist es – Gott sei Dank – nie zu einer entsprechenden Handlung gekommen.

Zum ersten Mal überfielen mich Zwangsgedanken im Alter von neun Jahren – nach einer extremen Mobbingsituation. Der Gedanke, mich selbst zu erwürgen. Das ängstigte mich unglaublich, tagelang. Erst als meine Mutter mich beruhigte und mir sagte, ich hätte wohl Angst vor der Schule, da war der quälende Gedanke plötzlich verschwunden und kam erst im Erwachsenenalter im Rahmen der Therapie wieder hervor. Vor genau zwanzig Jahren machte ich dann eine harte Verhaltenstherapie gegen die Zwänge in einer guten psychosomatischen Klinik, die sehr hilfreich war. Ich setzte dort einen Non-Vertrag gegen Zwangshandlungen auf, der stützte mich. Unterstützend nehme ich seit 14 Jahren Tabletten. Die machen zwar dick, aber helfen mir, ein normales Leben zu führen.

Ich liebe meinen Beruf als Musiklehrerin und kann viel Freude an Schönem empfinden, ohne gleich den Wunsch zu verspüren, die Harmonie wieder zerstören zu müssen. Die vielen schlimmen Erfahrungen, die ich während der Kinderkur, aber auch schon in der frühen Kindheit bis ins Erwachsenenalter hinein gemacht habe, haben mich sensibilisiert in Bezug auf die Gefühle anderer Menschen. Dies kommt mir mit meinen Schülern, Kindern, Jugendlichen und Erwachsenen, sehr zugute. Ungerechtigkeiten hasse ich und wehre mich gegen Leute, die sie verursachen, und lasse meinen Unmut nie mehr an Schwächeren aus wie damals im Kinderheim.

Ich wollte den Staffelsee austrinken

Renée

Das Ganze begann damit, dass ich unsichtbar werden wollte, weil ich mit meinen Eltern nicht klargekommen bin. Ich verstand meine ganze Umgebung nicht und die mich nicht. Wir wohnten in einem kleinen Dorf auf der Alb; ich sah anders aus als die anderen Kinder und anders als die Eltern und überhaupt – sie zeigten alle auf mich. Ich hatte krauses, dunkles Haar. Meine Herkunft war mir damals noch nicht bekannt, ich merkte aber, dass mit mir etwas nicht stimmte.

Renée verbrachte 1968 im Alter von zehn Jahren sechs Wochen in Murnau, im Jugendkurheim Hochried. Träger war die katholische Jugendfürsorge Augsburg, die Heimleiterin hieß Elisabeth Lang.

Ich wurde in diesem Dorf angegangen von allen: von den Kindern, den Erwachsenen. Mein zweiter Vater (ich mag das Wort »Adoptivvater« nicht) hatte mir versucht zu suggerieren, dass ich etwas Besonderes sei. Er wollte gegensteuern, mich beschützen vor den Leuten.

Schon als Kind fühlte ich mich hingezogen zur Musik, das habe ich schon immer in mir gespürt. Meine Eltern verstanden das nicht. Sie hatten einen Dorfladen und nichts mit Musik zu tun. Ich war ganz anders. Als ich zum ersten Mal in der Kirche die Orgelmusik hörte, wollte ich nur noch Musik machen. Überall wollte ich diesen Klang wiederfinden, den es ja nur in der Kirche gab. Da war ich vier Jahre alt. Ich erinnere mich an den Eindruck, als seien damals die Farben der Musik aus den Kreuzweg-Bildern gelaufen. Ich wusste ja nicht, was Musik ist, hatte nie zuvor so etwas gehört. Ich war wie elektrisiert und wollte zur Orgel hinauf. Doch die Mutter drohte mir: »Wenn du nicht anständig bist, kommst du dahin zurück, wo du hergekommen bist.«

Das war schlimm für mich und ich habe Angst bekommen. Ich flehte: »Nicht zurück, nicht zurück, ich bin ganz lieb.«

Vermutlich hatte ich eine Art Erinnerung an die ersten drei Jahre. Die hatte ich nämlich in verschiedenen Kinderheimen verbracht, aber das erfuhr ich erst später. Der Drang zur Musik hörte aber nicht auf, immer wollte ich in die Kirche und die Orgel hören. Heimlich bin ich hingelaufen, damit die Mama nichts merkte. Ich wollte hoch zur Empore, aber da war eine Wendeltreppe. Ich konnte keine Treppen gehen, obwohl ich schon vier war. Aber da, wo ich hergekommen war, in dem Kinderheim, da hatte man mich im Bett mit einem Lederriemen angebunden, bis zum dritten Lebensjahr. Da haben sich die Beine und Füße nicht richtig entwickelt und ich konnte nicht normal laufen. Der Organist hat das irgendwie kapiert und ist zu mir heruntergekommen. Er wollte mich hochtragen, aber ich hatte kein Vertrauen zu ihm, ich traute niemandem damals. Also kroch ich auf allen Vieren die Wendeltreppe hoch, und der Organist lief hinter mir, damit ich nicht abstürzte.

Dann saß ich da auf seinem Schoß und spielte einfach die Kirchenlieder aus dem Gehör nach. Zweistimmig, dann mehrstimmig. Einfach so. Der Organist war völlig baff und ich wollte nicht mehr aufhören. Von dem Tag an bin ich immer dorthin, heimlich, die Mama durfte das ja nicht erfahren. Ich flehte ihn an, ja nichts der Mutter zu sagen. Er fragte »Warum nicht?«

»Ich mag das nicht«, war meine Antwort. Ich konnte ihm ja nicht sagen, dass sie gesagt hatte, dass sie mich wieder dahin zurückbringen wollte, von wo ich gekommen war. Dafür schämte ich mich.

Ich hatte Angst vor dem schwarzen Mann, den die Mutter immer anrief, wenn ich mir die Beine aufgeschlagen hatte oder wenn ich nicht brav genug war. Sie hat mit ihm gesprochen durchs Telefon und ihm gesagt, dass er mich abholen solle. Dann stellte sie mich vor den Laden mit meinem roten Köfferchen und ich hatte fürchterliche Angst. Manchmal holte sie mich erst wieder herein, wenn es schon lange Nacht war. Ich war dann auf der Treppe vor der Ladentür eingeschlafen. Nein, ich wurde nicht so gut von meinen Eltern behandelt, ich glaube, sie mochten mich nicht. Sie haben mich angenommen, damit ich einmal ihren Laden übernehme würde.

Als ich älter war, sind wir zu einer Schneiderin gefahren, und die besaß ein Klavier. Darauf hatte ein Mädchen gespielt und ich war wieder wie elektrisiert. Es war zig Dörfer weiter, insgesamt zwölf Kilometer. Ich bin tatsächlich danach sehr oft den langen Weg unter großen Schmerzen und Angst gegangen, um dort spielen zu können. Ich habe mir sogar das Radfahren mühsam beigebracht, nur aus diesem Grund. Dafür habe ich auch in Kauf genommen, dass man mich danach in den Keller sperrte. Weil ich nicht gesagt hatte, wo ich gewesen war. ›Lieber im Keller als dahin zurück, wo ich hergekommen bin‹, dachte ich immer. Nicht mehr zurück zu den weißen Schwestern, die sich über mich beugten und mich im Gitterbett angebunden hatten. Das alles wollte ich nicht mehr. Deshalb war ich es später in Murnau auch schon gewohnt, in den Schrank gesperrt zu werden. Vielleicht war ich schon abgebrüht.

Die Schneiderin war damals völlig überrascht, als sie mich Klavier spielen hörte. Ich spielte und sie fand das schön. Sie war im Musikverein und hat mich unterstützt. Als sie einen Musiklehrer aus der Kreisstadt kommen ließ für mich, hat Mama das herausgefunden und mich dafür geschlagen. Sie sagte zu mir »Zigeunermetz! Musik machen nur Zigeuner, die können sonst nix.« Wieder sperrte sie mich in den Keller. Aber meine Lehrer in der Schule hielten zu mir, sie haben mir versucht zu helfen und meine Musikbegabung erkannt. Mein Vater hielt auch zu mir. Manchmal holte er mich nachts aus dem Bett, wenn es Mama nicht merkte, und drückte mir den Meteoriten in die Hand, der auf seinem Schreibtisch lag. »Denk dran, du bist vom Himmel gefallen wie der Meteor, der war einmal ein Stern. Du bist etwas ganz Besonderes.«

Dann kam die Zeit, als ich immer dünner wurde. Ich wollte mich auflösen, damit mich keiner mehr sieht. Ich wollte einfach verschwinden. Weil ich immer dünner wurde, ging die Mutter mit mir zur Frau Doktor. Den Hunger habe ich mit Musik kompensiert. Sie war meine liebste Nahrung. Diese Frau Doktor wollte mich dann in eine Kur schicken. Ich fand das aufregend, bis zu dem Zeitpunkt, als sie »Kurheim« sagte. Das Wort »Heim« löste Panik in mir aus. Ich war damals gut neun Jahre alt und in der Schule war ich die Einzige, die ins Kurheim sollte, kein anderes Kind wurde in so ein Kurheim geschickt. Das Wort »Kurheim« war mir peinlich, ich glaubte, dass mich die Eltern loshaben wollten. Sie wollten mich verlassen.

Mit der Post kam die Liste mit den Sachen, die ich mitbringen musste ins Heim. Ich bekam einen Trainingsanzug mit blauweißroten Streifen an der Seite. Genau wie die französische Flagge, die wir in der Schule gerade durchgenommen hatten. Freiheit, Gleichheit, Brüderlichkeit. Das hat mir gefallen. Ich freute mich, wegzukommen aus dem Dorf, in dem man mich ständig gehänselt hatte wegen dem anderen Aussehen, weil ich »angenommen« und weil ich so schlecht auf den Beinen war. Das mit dem Angenommensein habe ich erfahren, nachdem mir die Kinder die Nase gebrochen und mich im Schnee vergraben hatten, weil ich, wie sie sagten, nicht das echte Kind meiner Eltern sei. Ich hatte bis dahin gedacht, dass alle Kinder von irgendwo anders herkommen. Als mich ein alter Mann damals fand und blutend nach Hause brachte, hat ihn meine Mutter zum Dank aus dem Laden gejagt und beschimpft. Ich war einfach nichts wert.

Dann kam der Tag, als mir mein Vater den karierten Koffer in den Zug stellte, mit dem ich nach Murnau fuhr. Ich war ganz allein auf dem Weg. Beim Umsteigen hat mir jemand geholfen. In meinem Koffer war auch meine Eule Wittie. In meine Kleidungsstücke hatte Mama noch in der Nacht weiße Streifen mit meinem Namen eingenäht. Der Zug hielt direkt vor dem Heim. Da waren dann plötzlich mehrere Kinder, die mit mir aus dem Zug hüpften. Wir liefen durchs Gras und durch eine kleine Baumallee, die direkt an einem Eisentor endete. Das ging auf und da war ein Platz, links und rechts stand jeweils ein Torhaus. Da waren noch mehr Kinder, ich habe mich gefreut: »So viele Kinder, schön!« Endlich war ich nicht mehr so allein. Viele haben sich gefreut, die Älteren zumindest. Die Jüngeren waren eher traurig.

Wir wurden in zwei Gruppen aufgeteilt, die einen sollten ins linke, die anderen ins rechte Torhaus gehen. Das ging nach irgendwelchen Prinzipien, ich weiß nicht, nach welchen. Doch vorher wurden uns die Koffer abgenommen und es wurde ernst. Eine Frau hat alle Bücher aus den Koffern genommen und auf einen Haufen geworfen, danach kamen die Kuscheltiere dran – alle aus den Koffern wurden auf den nächsten Haufen geschmissen. Da schaute traurig meine Eule Wittie zwischen den Bären und Puppen heraus. Ich dachte: ›Was machen die da?‹, die meisten Kinder haben geweint.

Anschließend wurden wir durchgezählt, ich hatte die Nummer 47, das vergesse ich nie. Man musste nach vorn treten und es wurde geschaut, ob die Haare abgeschnitten werden mussten oder nicht. Bei mir hatte das schon meine Mutter erledigt, unter großen Tränen, es hatte dabei geziept und ich kam mir komisch vor mit geschorenem Kopf. Auf der Liste hatte gestanden, dass die Haare geschnitten sein mussten. Viele Kinder wurden geschoren, ihre Haare kamen auf den dritten Haufen. Viele verschiedenfarbige Haare und Zöpfe. Dann kam der Doktor im weißen Kittel. Der verdrehte uns den Hals und fuhr mit seinem Stock über meinen Rücken. Seinen Namen habe ich inzwischen herausgefunden. Er sprach kein Wort mit uns.

Dann liefen wir zwei und zwei hintereinander ins rechte Torhaus. Im oberen Stock waren zwei Schlafräume, in meinem waren sieben, im Nebenraum neun Betten. Es gab keine Schränke, wir hatten keine Ahnung, wohin unsere Sachen gekommen waren. Was wir anzuziehen hatten, wurde uns morgens von den Fräuleins aufs Bett gelegt. Die Bettdecken mussten wir nach genauen Regeln falten. Da standen dann die Fräuleins mit glattgezogenen Gesichtern, sie sahen nicht menschlich aus, ich nannte sie für mich »Bürzelfrauen«. Ihre Röcke waren grau, ihre Gesichter waren streng, ihre Haare zurückgebunden zu einem »Bürzel«. Sie haben mir Angst gemacht. Morgens mussten wir alle auf dem Hof antreten, die Nummer aufsagen, erst dann begann das Tagwerk. Im linken Torhaus war unser Unterrichtsraum und wir durften Schulaufgaben machen. Das hat mir Freude bereitet, besonders der Musikunterricht. Wir durften Choräle und Kirchenlieder singen. Fräulein Kühn, die Jugendleiterin, hat uns unterrichtet.

Wir aus unserer Gruppe hatten keinen Kontakt zu anderen Kindern und zu anderen Gruppen vom Heim. Wenn wir spazieren gingen oder irgendwo rumliefen, waren wir stumm wie die Fische. Es herrschte ein vollständiges Redeverbot, wir bohrten uns gegenseitig die Fingernägel in die Handflächen und tauschten so wenigstens ein bisschen Gefühle aus.

Ich habe dann immer darauf gewartet, endlich etwas zu trinken zu bekommen. ›Endlich, jetzt muss es doch etwas geben‹, dachte ich. Aber es gab nichts, wir bekamen nichts zu trinken, morgens einen süßen Kaba, der hatte eine Haut oben drauf, aber es war das Einzige, was wir bekamen. Und dann wieder mittags zum Essen ein einziges Glas süßes, rotes Zeug. Man hat uns auch immer wieder versprochen, dass wir im Staffelsee baden dürften. Ich sagte einmal: »Dann trinke ich den ganzen See aus.« Das hat ausgereicht, mich zum ersten Mal in den Schrank zu sperren.

Wenn wir zum Staffelsee hinunterliefen, endete der Weg immer am Stacheldraht, der um zwei rot-weiße Holzpflöcke gewickelt war. Dahinter glitzerte der See und ich hatte Durst. Aus Verzweiflung habe ich Blumenvasen ausgetrunken und aus dem Klo das Spülwasser. Beinahe jeden Mittag nach dem Essen. Dafür wurde ich schwer bestraft und in den Schrank gesperrt. Ich habe mich da immer gefragt, wie die es herausgefunden hatten, dass ich aus der Kloschüssel getrunken hatte. Ich suchte alle Löcher, selbst die kleinsten Löchlein an den Wänden ab und fand nichts, wo die von außen hätten durchsehen können. Die anderen hatten sicher auch Durst, aber ich konnte sie nicht fragen. Jeder wurde anders bestraft, wir konnten nicht darüber reden, alle behielten ihre »Straftaten« für sich, jede von uns glaubte wohl, dass sie das einzige schlechte Mädchen im ganzen Kurheim war.

Und wenn man versucht hatte, zu flüstern, bekam man mit der Peitsche eins übergezogen. Ja wirklich, mit der Peitsche. Das Fräulein Kühn hatte immer eine Peitsche. Auch auf dem Platz standen sie mit Peitschen, das glaubt kein Mensch, aber sie hatten wirklich solche Knallpeitschen. Und ich stand dann beinahe jeden Mittag im Schrank wegen unerlaubten Trinkens.

Nachts habe ich mir unter meiner Bettdecke Musik vorgestellt und neue Melodien erfunden. Es war mir, als hörte ich sie. Das war meine Rettung. Es gab kein einziges Instrument dort, auf dem ich hätte spielen dürfen.

Das Waschen war auch etwas Schlimmes. Unten im rechten Torhaus war ein großer Waschraum mit weißen, zum Teil abgebrochenen Kacheln an den Wänden. An den beiden langen Zinktrögen mussten wir uns auf Kommando waschen. Sie waren abgetrennt durch eine halbhohe Zwischenwand. Es gab einen zentralen Wasserhahn, der vom Fräulein auf- und abgedreht wurde. Es kam nur ein Strahl voll eiskalten Wassers. Wer als Letzter am unteren Ende des Trogs stand, der hatte nie sauberes Wasser. Ich wurde erwischt, als ich einen Schluck von dem seifigen Schmutzwasser genommen hatte, und bekam dafür wieder Schrankarrest. Dadrin stellte ich mir manchmal vor, unter mir fließe ein Bächlein mit klarem Wasser. Ich sah es, roch es, erträumte es mir, so frisch, so gut.

Am Abend beim Zähneputzen spuckten wir alle das Zeug in die Tröge und mussten uns mit demselben Wasser die Körper waschen. Wir waren durchgefroren und sahen aus wie rosarote Schweinchen und haben uns voreinander geschämt. Es gab drei Duschen, die von der Decke hingen wie Gießkannentüllen, doch ich erinnere mich nicht, dass ich je geduscht hätte. Bevor wir den Waschraum betraten, mussten wir uns nackt im Vorraum ausziehen. Wir glitschten dann mit nackten Füßen über die eiskalten Fliesen. Wir hatten auch da die ganze Zeit Durst und versuchten überall zu trinken. Doch die Fräuleins bewachten uns, sie haben alles gesehen. Eines Tages habe ich begonnen, aus Regenpfützen zu trinken, bis ein Fräulein meinen Kopf einmal eintunkte. »Sauf, du Schweinchen.« Das hat sie gesagt. Mein Gesicht war voller Schlamm, aber ich habe nicht geweint.

Eines Tages fand ich eine Haarnadel auf dem Weg, die hob ich auf und versteckte sie, wer weiß, vielleicht konnte ich sie noch mal gebrauchen, so dachte ich. Sie war mein einziger Besitz dort, ich habe sie gut gehütet. Mit dieser Nadel habe ich in den Schrank, während ich eingesperrt war, eine schmale Spalte ins Holz geritzt. Das dauerte mehrere Strafen lang, aber am Ende konnte ich durch diesen schmalen Lichtschlitz nach draußen schauen und Schatten sehen. Manchmal stellte ich mir vor, es wäre ein wunderschönes gemaltes Bild.

Dann gibt es noch eine Episode mit den Briefen. Eines der Fräulein hieß Fräulein Schnauffer, sie war 23 Jahre alt, dunkelhaarig, eine Hübsche, sie war aus dem Schwäbischen. Es war die Einzige, die Schwäbisch gesprochen hat. In meinem ersten Brief an die Eltern schrieb ich über das widerwärtige Knarfelfleisch, dass ich schier verdurste und dass alle Kinder so komisch sprechen: »spreschen« statt mit »ch« immer »sch«. Mehr hatte ich nicht geschrieben. Nur noch, dass alles schön sei. Fräulein Schnauffer hat den Brief gelesen und war wütend. »So, jetzt geht's zu Fräulein Lang in die Villa, die wird dir das schon austreiben!«

Fräulein Lang war ja die Heimleiterin. Dort musste ich meinen Brief vorlesen. Meine Stimme zitterte ein bisschen, weil ich nicht wusste, was ich falsch gemacht hatte. Auf einmal schrie sie los: »Du weißt schon, dass das nicht geht! Du bist eine Verräterin!« Sie wurde immer wütender: »Das ist Hochverrat!« Sie sagte tatsächlich »Hochverrat«. Ich wusste gar nicht, was das ist. »So, jetzt zerreißen wir den Brief und ich diktiere dir, wie man einen Brief an die Eltern schreibt!«, sagte sie dann. Ich hatte auf meinen Brief auch den Staffelsee gemalt mit den rot-weißen Holzpflöcken und dem Stacheldraht. Sie hat den Brief mittendurch zerrissen. Mitten durch den Stacheldraht. Da dachte ich: ›Wenn doch das Leben aus Papier wäre, dann könnten wir da raus.‹ Danach habe ich nie wieder Papier erhalten.

Sie hat mir also den Brief diktiert und ich habe geschrieben. Die Frau hatte ein schwarzes Kostüm an, eine weiße Bluse und eine Brosche am Hals mit blauem Edelstein. Sie hatte einen Stock, dunkles gewelltes Haar und sah immer gleich aus. Sie war ein bisschen kleiner als ich und hat mir die Strafe verordnet: eine Woche Böden wischen, auch die Waschräume, das ganze Haus. Im Schrank musste ich trotzdem beinahe jeden Nachmittag stehen, nur weil ich Durst hatte und nichts trinken sollte – unbegreiflich. Immer wieder wurde ich zu ihr zitiert, sodass sie mich traktieren konnte. Einmal sagte sie: »Sei froh, dass du hier lebend rauskommst!« Das hat sie gesagt. Einen ähnlichen Satz kannte ich von zu Hause: »Sei froh, dass du lebst!« In dem Heim, aus dem sie mich geholt hatten, wäre ich wahrscheinlich gestorben. Ja, ich wurde nicht zum Tode verurteilt, ich kam wieder raus aus dieser Villa, aber manchmal fragte ich mich damals, ob es nicht besser wäre, tot zu sein.

Jeden Morgen gab es Sport, einen Waldlauf. Ich war unglaublich unsportlich, vor jedem Ast hatte ich Angst und vor jeder Wurzel, über die man stolpern konnte. Ich war ja immer noch nicht so sicher auf den

Beinen. Ich wollte keinen Waldlauf machen und fragte mich, warum man mich dazu zwinge.

Sonntagmorgens gab es Schuhappell. Er fand auf dem Platz vor den Torhäusern statt. Wir mussten auch die Schuhe von den Fräuleins putzen. Ein Mann stand da und beobachtete uns und in der Mitte stand das Fräulein Kühn, die Jugendleiterin. Es war eigentlich Blödsinn, die Schuhe zu putzen, denn wir hatten sie gar nie getragen. Wir liefen immer in den Turnschuhen aus blauem Stoff und Gummisohle rum.

Einmal habe ich ein Päckchen von zu Hause erhalten. Es war schon halb leer, als man es mir überreichte. Der Brief war offen, den hatten sie auch schon gelesen. Im Päckchen war aber ein Kleid, so schön, wie ich es mir schon immer gewünscht hatte. Sie nahmen es mir weg. Da habe ich die Fräuleins gefragt, wann ich es anziehen oder wenigstens anprobieren darf. Sie gaben mir keine Antwort. Erst auf der Heimreise durfte ich es dann anziehen.

Das Prinzip war: Strafe, Strafe, Strafe. Sie wollten uns den Willen brechen.

Manchmal haben wir auf dem Weg zum Staffelsee Bucheckern gesammelt in großen Säcken für die armen Kinder und für die Förster, wie es hieß. Unten am See, auf der anderen Seite des Stacheldrahts, waren oft Urlauber. Sie haben uns gesehen. Später habe ich mich gefragt, warum wir nicht um Hilfe gerufen haben. Warum nicht?! Was haben die Leute gedacht, als sie uns sahen? Wer wir waren? Wahrscheinlich war es ihnen egal. Aber es war doch immerhin schon 1968.

Das ehemals jüdische Anwesen war 1954 von der katholischen Jugendfürsorge Augsburg gekauft worden, als Heimleiterin wurde Elisabeth Lang eingesetzt. Als ich 1980 einmal dort zusammen mit meinem Vater wieder einen Besuch machte, kamen mir seltsame Parallelen zu einem KZ in den Kopf. Ich ließ mir damals Karteikarten aus dem Stadtarchiv zeigen, um etwas über die Geschichte des Jugendkurheims Hochried zu erfahren. Die Gleise vor dem Eisentor, durch das man auf einen Appellplatz gelangte, links und rechts gesäumt von einem Torhaus. Dann die Nummern, die Peitschen, die Strafen …

Mein Vater hatte zu Hause einen Artikel über Kinder- und Säuglingsheime gelesen – ich glaube, es war im *Spiegel* – und wollte sich das Kurheim mit mir zusammen ansehen. Wir liefen durchs Gelände und begegneten an genau dieser Stelle, an der damals die Pfosten mit dem Stacheldraht in die Erde gerammt waren, der Heimleiterin Fräulein Lang. Da stand sie, dieselbe Frau Lang aus den Albträumen meiner Kindheit. Ich sprach sie an, äußerlich war sie eine alte, aber aufrecht gehende Frau. Sie hatte immer noch ein schwarzes Kostüm an. »Können Sie sich erinnern an die Zeit, als Sie Heimleiterin waren?«, fragte ich sie mit zittriger Stimme, ich war sehr aufgeregt.

Sie murmelte nicht gerade freundlich: »An was soll ich mich erinnern?«

»Ich kann mich an Sie erinnern!«, rief ich zurück. Mein Vater packte sie am Kragen und fragte, ob sie schon Heimleiterin vor 1945 gewesen war und ob das hier in diesem Heim gewesen sei.

Da stockte ihr der Atem, erschrocken sah sie uns an, bevor sie schrie: »Ach, hören Sie doch auf!« Sie schlug mit ihrem Stock nach uns und marschierte davon.

Eine kleine schöne Erinnerung hatte ich doch an die Zeit: Es waren die Bäume und das Rauschen. Daraus habe ich Musik gemacht, jeder Ast hatte seine eigene Melodie und zusammen waren die Äste, die Blätter wie ein mehrstimmiger Choral. Und im Zug während der Heimfahrt habe ich dann damals alles aufgeschrieben auf Klorollen, das mit den Bäumen und das mit den Fräuleins, dem Schrank und dem unstillbaren Durst, damit ich es nie, nie vergesse.

Wehr dich doch, wehr dich doch!

Holger

Begonnen hat alles damit, dass mir gesagt wurde, ich solle aufgepäppelt werden, weil ich mit acht Jahren sehr klein und dünn war, ein »Kriegskind« eben, wurde gesagt. Das war im Mai und Juni 1958. Es ging ins Erholungsheim »Möwennest« in Hörnum auf Sylt. Eine oder zwei Wochen später kam dann auch meine Schwester nach, aber wir haben uns nie gesehen, denn sie war in einem vollkommen anderen Haus untergebracht. Aber sie hätte mir auch gar nicht helfen können bei meinen Problemen, da sie dieselben hatte. Auch sie wurde in dunkle Räume gesperrt.

Ich besitze ein Foto von mir und meiner Schwester, ein Gruppenfoto mit 80 Kindern, auf dem auch der Heimleiter Dieter zu sehen ist. Meine Schwester hat dort aber immerhin Freundschaften geschlossen mit zwei Mädchen, die bis heute gehalten haben.

Holger kam 1958 im Alter von acht Jahren ins Jugend- und Kindererholungsheim »Möwennest« in Hörnum auf Sylt. Es handelte sich um eine Institution des sozialen Gemeinschaftswerkes der Bergischen Industrie, die Belegung nahmen die Arbeitgeberverbände aus dem Rheinland und Westfalen vor.

Im Zug kam ich über den Hindenburgdamm nach Sylt, was von Düsseldorf aus etliche Stunden Fahrt waren. Den Damm fand ich faszinierend, links und rechts Wasser, das hat mir gefallen. Ich hatte, als ich ankam, ein Schild um den Hals. Da kam der Heimleiter, um mich abzuholen. In einem grünen Ford fuhren wir zum Heim. Vorne am Auto war eine Weltkugel auf der Motorhaube. Die fand ich beeindruckend. Ich durfte auf dem Beifahrersitz sitzen und fand das ganz, ganz toll.

Dann kamen wir im Heim an. Es bestand aus drei Teilen: rechts und links ein rundes Gebäude, eins für Mädchen, eins für Jungen, und dazu ein Mittelteil, rechteckig. Herr Dieter brachte mich in das Gebäude für die Jungen. Eingeteilt wurden wir nach Alter und die Gruppen erhielten Namen: Dachse, Füchse, Eichhörnchen. Ich kam zu den Eichhörnchen, das waren die Jüngsten in dem Heim, weil ich so klein und schmächtig war. Ich bekam einen kleinen Spindkorb zugewiesen, nicht abschließbar – das war alles aufregend für mich.

Anschließend ging es bald schon zum Abendessen. Nun kam die Heimleiterin dazu, die uns das Essen brachte. Da waren auch noch andere, die waren alle nett und freundlich, sodass ich bis dahin alles gut fand. Ich habe mich also hingesetzt und bekam etwas vorgesetzt, irgendeinen Brei und etwas zu trinken, einen braunen Muckefuck. Das kannte ich von zu Hause nicht. Ich habe den also probiert und nicht runterbekommen. Der Geschmack war mir fremd und es schmeckte mir nicht. Zu einer der Frau, die den gebracht hatte, habe ich die Tasse zurückgebracht und gefragt, ob ich etwas anderes bekommen könnte, Wasser oder Tee. Und dann ging es los. Sie sagte: »Moment, ich hole mal den Heimleiter.« Das weiß ich noch genau, weil aus der puren Freude, die ich bis dahin hatte, ein Schock wurde.

Der Heimleiter kam, stellte sich vor mich hin, hat den Muckefuck angeschaut und mich gefragt, ob ich den wirklich nicht möge. Ich gesagt: »Nein, ich kann den nicht trinken.« Im nächsten Moment wurde ich am Arm gepackt, aus dem Saal gezerrt, in den noch leeren Schlafraum gebracht und schwups bekam ich eine saftige Ohrfeige.

Das war ich nicht gewohnt. Ich war völlig geschockt, dass ich körperliche Prügel bekam wegen einer Tasse Kaffee. Ich blieb an dem Abend ohne Essen und Trinken. Als die Essenszeit vorbei war, kamen dann die anderen zurück und sollten sich fertig machen zur Nacht. Wieder kam der Heimleiter, riss mich am Haar und zerrte mich aus der Gruppe. Ich habe wohl gefragt: »Wo soll ich denn hin?« Daraufhin habe ich wieder eine Ohrfeige bekommen. An den Haaren gepackt, zog er mich zu einer Besenkammer und stieß mich hinein. Ich bin regelrecht geflogen, mitten zwischen die Eimer und Putzmittel. Dadrinnen war es stockdunkel, nachdem er gegangen war und die Kammer von außen abgeschlossen hatte.

Ich habe laut protestiert und den Lichtschalter gesucht, aber keinen gefunden. Über Stunden war ich dadrin. Mitten in der Nacht wurde ich plötzlich rausgezogen, wieder an den Haaren. Er hat mich in den Schlafsaal und zu meinem Bett gebracht, ich solle jetzt schlafen. Was in den nächsten Tagen alles passiert ist, wie es mit den Verprügelungen weiterging und wie insgesamt alles immer schlimmer wurde – das verschwimmt in meiner Erinnerung.

Allerdings erinnere ich mich genau, dass das, was wir zu essen bekamen, zumindest mir nie geschmeckt hat, mir wurde von allem schlecht. Ich habe auch kaum getrunken, da es immer diesen Muckefuck gab. Ich war von zu Hause ganz anderes Essen gewöhnt. Meine Mutter hat jeden Tag gut gekocht, es gab viel Gemüse, wir waren oft auf dem Hof meiner Großmutter, dort gab es frisches Gemüse, gutes Fleisch – ich war einfach ein völlig anderes Essen gewöhnt. Im Heim aber bekamen wir nur Ekliges: undefinierbaren Brei, Wurst mit Fett und Knorpel, altes pappiges Brot, ich rieche jetzt noch die Gerüche im Essensaal.

Nach einigen Tagen, an denen ich immer wieder verprügelt worden war, gab es einen Streit im Duschraum und irgendwie bin auch ich da reingeraten. Das war eigentlich ein Streit zwischen einem jüngeren und einem älteren Jungen. Irgendwann ging ein noch Älterer dazwischen und ich bekam plötzlich die Schläge ab, richtige Faustschläge, ich knallte gegen die Fliesen, es hagelte weitere Faustschläge und im Wasser der Dusche sah ich mein Blut fließen. Durch den Lärm kam erneut der Heimleiter, sah mich auf dem Boden liegen, stellte die Duschen ab, riss mich vom Boden hoch und verprügelte mich auch noch mal – ich wusste nicht, wie mir geschah. Er schrie mich an: »Wehr dich doch, wehr dich doch!«

Aber ich antwortete immer nur: »Die haben mich verprügelt, die haben mich verprügelt. Ich blute doch, mir tut alles weh!«

Doch er machte weiter und schrie immer wieder: »Wehr dich doch, wehr dich doch!« Er schlug mich und schlug mich, immer wieder, immer ins Gesicht. Dann warf er mich blutend und nass und nackt, wie ich war, in die Besenkammer. Da lag ich dann, im Dunkeln, blutend …

Das hat mich fertiggemacht. Noch heute kann ich mich nicht in dunklen Räumen aufhalten. Niemals mehr konnte ich es in irgendwelchen Verschlägen oder Kammern im Dunklen aushalten.

So etwas passierte ein paarmal in den Duschen mit diesen Älteren: Prügeleien, bis das Blut floss. In meinem ganzen Leben konnte ich nicht in geflieste Duschräume gehen. Ich habe mein ganzes Leben lang noch nie zusammen mit anderen geduscht, noch nie, mein ganzes Leben lang nicht. Ich war Fußballer, Bundesliga, ich bin immer nach dem Spiel, verschwitzt, wie ich war, nach Hause gegangen und habe dort geduscht.

Abgesehen davon, dass die Älteren nachts die Räume durchschlichen, auf der Suche nach Kleineren, die sie ärgern und prügeln konnten, bekam ich noch von diesem einen Älteren bei einer der Duschraumprügeleien einen Tritt in die Hoden. Das war unglaublich schmerzhaft. Das tat die ganze Nacht und den ganzen folgenden Tag weh. Ich habe das der Heimleiterin gemeldet, da ich nicht einmal richtig gehen konnte, aber der Heimleiter, der über die Älteren ganz genau Bescheid wusste, hat mich wieder gegriffen und mich trotzdem noch einmal verprügelt und wieder in die Besenkammer gesperrt. Ich weiß nicht, wie oft ich in dieser Besenkammer gewesen bin. Wenn man bedenkt, dass ich ein kleiner, schmächtiger, niedlicher Junge mit blonden Locken war ... Als ich da rauskam, habe ich mir geschworen, dass ich in so eine Situation nie mehr kommen will. Und von da an habe ich meinen Körper trainiert und gestählt, habe sämtliche Sportarten gemacht, habe trainiert, wurde Profifußballer, habe trainiert und trainiert und trainiert.

Seit diesem Tag im Heim hatte ich Schmerzen, ein Ziehen, einen Druck bei jedem Schritt. Zu Hause musste ich monatelang vom Arzt behandelt und untersucht werden, weil sie dachten, ich wäre unfruchtbar geworden. Ich kann mich erinnern, dass ich deshalb unglaublich oft behandelt wurde. Das hat sich erst Monate später langsam wieder gelegt. Da muss irgendwas geplatzt sein.

Obendrein hatte ich durch die Prügel vom Heimleiter am Kopf, im Gesicht, am ganzen Körper auch Verletzungen. Dazu nächtelang in der Besenkammer, manchmal wurde ich nicht einmal wieder da rausgeholt bis zum Morgen.

Die Jungen, die immer nachts durch die Schlafräume schlichen und allen möglichen Blödsinn anstellten, haben mich außerdem zum Bettnässer gemacht, indem sie mir, während ich schlief, ein Glas Wasser ins Bett stellten. Während des Schlafs habe ich es natürlich verschüttet und am nächsten Tag kamen die Frauen dann, haben das nasse Bett gesehen und sofort wurde wieder der Heimleiter gerufen. Dann gab es erneut Prügel, nichts zu essen, nichts zu trinken und immer dieselben Worte: »Wehr dich doch, wehr dich doch«, immer dieselben Worte. Hinterher war ich dann wirklich zum Bettnässer geworden. Das Schlimme an dem Ganzen ist, dass ich es bis heute noch bin. Meine Albträume von dunklen Räumen verfolgen mich jede Nacht und ich muss bis heute mit einer Windel ins Bett.

Meine Eltern schickten mir mal Süßigkeiten, die ich in meinen Spind gelegt habe. Irgendwann wollte ich etwas davon essen, aber alles war weg. Da habe ich meinen ganzen Mut zusammengenommen und bin zur Heimleitung gegangen: »Man hat mir die Süßigkeiten aus meinem Spind gestohlen«, habe ich gesagt.

Da hieß es: »Dann musst du besser darauf aufpassen!«

Auch diesmal wurde ich wieder vom Heimleiter verprügelt, bekam Ohrfeigen, wurde an den Haaren gezerrt, Besenkammer, das ganze Programm. Oft wurde ich auch ausgeschlossen von allem, sehr oft, zum Beispiel wenn ich zu wenig getrunken oder zu wenig gegessen hatte.

Als ich wieder nach Hause kam, war ich völlig verändert. Ich war vorher ein fröhliches Kind gewesen, hatte einen Freundeskreis, ging in den Kindergarten, war im Spielkreis, aber ich kam zurück voller Angst. Ich habe mich zurückgezogen von meinen Spielkameraden, wurde ein absoluter Einzelgänger, mein ganzes Leben lang habe ich keinen Freund mehr gehabt. Ich hatte keinen Freundeskreis, keinen einzigen Freund, ich war zum absoluten Einzelgänger geworden.

Seit 47 Jahren bin ich nun verheiratet, habe aber keine Kinder, keine Freunde. Es gelang mir nie mehr, einen Freundeskreis aufzubauen. Wir waren zwar manchmal auf Partys, aber ein Freundeskreis ist daraus nie entstanden. Ich konnte keinem etwas anvertrauen, ich habe alles allein gemacht, immer unstet, habe etwas angefangen, es wieder aufgegeben.

Ich habe Häuser gebaut, habe Supermärkte gehabt, eine ganze Kette, ich war Bauunternehmer und sehr erfolgreich, habe aber alles immer wieder aufgehört. Ich habe einen Bauernhof gekauft, Eigentumswohnungen daraus gemacht, Firmen gegründet, aber bald wieder aufgegeben. Ich war auch Rennfahrer, Nürburgring und so, denn ich musste immer dauernd irgendwas machen, mir etwas beweisen. Eine unglaubliche Umtriebigkeit. Diese Verbissenheit, die ich hatte, hat dazu geführt, dass ich sehr erfolgreich war. Ich habe 27 Autos besessen. Diese Verbissenheit an mir, ein 16-Stunden-, 18-Stunden-Tag, dann noch zwei Fleischereien nebenher, ich hatte sogar mal eine Band, war Schlagzeuger, mit Otto Waalkes zusammen, und lebte in einer Künstlerkommune. Diese Verbissenheit, die hat mich selbst gestört, die war mir zu viel, deshalb musste ich mit allem immer wieder aufhören, weil ich mir sagte: ›Was machst du da eigentlich?‹

Nach Aussage meiner Schwester hatte ich diese Eigenschaften gar nicht, bevor ich in das Heim gefahren bin. Ich war vorher ein Kind, das ganz normal und ruhig spielen konnte, ich wurde erst nachher so: ständig unter Strom und immer angetrieben. Ich war vorher immer ein gesundes, fröhliches Kind gewesen, arglos und voller innerer Freude.

Meine Ehe war zum Glück immer etwas sehr Stabiles. Die hat gehalten. Seit 40 Jahren bin ich Bergsteiger, sehr intensiv, und habe das immer zusammen mit meiner Frau gemacht. Das war schön, das war stabil. Meine Frau tut mir leid, denn die hat wegen mir auch keinen Freundeskreis pflegen können. Aber dann habe ich mit fast allem aufgehört. Seit 20 Jahren bin ich kein Unternehmer mehr, bin Privatier, habe mich zurückgezogen. Ich bin jetzt nur noch Bergführer, ab und zu, dann noch bei der Polizei: zivile Bodenstreife, Ehrenamt.

Als ich damals nach Hause kam, war ich dünner als zuvor, halb verhungert kam ich zurück, keiner erkannte mich wieder. Meine Eltern haben mir aber zugehört bzw. uns beiden, denn meiner Schwester war ebenfalls passiert, dass sie in dunkle Kammern gesperrt worden war. Sie hat das auch erzählt. Dabei war sie sechs Jahre älter als ich. Unsere Eltern waren bestürzt. Unternommen haben sie allerdings nichts. Das haben sie nicht geschafft damals.

Ich hatte immer Magenschmerzen, nachdem ich zurück war. Und irgendwann kam ich in eine Klinik, dort wurde dann festgestellt: chronische Bauchspeicheldrüsenentzündung. Damit bin ich mein Leben lang in Behandlung gewesen, viele Krankenhausaufenthalte und Operationen folgten. Heute verfüge ich nur noch über einen Mittelteil meines ursprünglichen Pankreas. Ich bekam immer wieder schwerere Schübe von Entzündungen, war mehrfach dem Tode nah. Schließlich folgte eine schwere Operation. So eine schwere Krankheit habe ich mir als Folge dieser Verschickung eingehandelt. Mit dem damit verbundenen Risiko muss ich leben, dass ich womöglich noch an Pankreaskrebs erkranke. Dieser Aufenthalt damals hat mir mein ganzes Leben kaputtgemacht und versaut.

Ein namenloses Grauen

Katrin

Ich bin die Älteste von drei Geschwistern und war die Einzige, die in eine Kur verschickt wurde. Obwohl ich bis heute ein inniges Verhältnis zu meinen Brüdern habe, ist doch ein Abgrund zwischen uns zu fühlen, weil ich noch so viel Schlimmeres als sie erlebt habe in der Erziehung. Auch in der Schule. Erst die »Achtundsechziger« haben gefordert, dass sich das alles ändern und sich die Pädagogik weiterentwickeln müsse.

Ich habe noch eine Patentante, die 89 ist, und die habe ich vor einiger Zeit mal gefragt, ob sie sich erinnern könne, dass ich da mal verschickt war. Sie fiel aus allen Wolken, wusste nichts davon, und zwar weder von der Verschickung noch davon, dass ich chronische Bronchitis gehabt haben soll.

Katrin verbrachte 1969 acht Wochen in der Kinderheilstätte Datzelleben in Bayerisch Gmain. Heimleiter war der Kinderarzt Dr. Erwin Keyser. Sie wurde während des Aufenthalts sechs Jahre alt.

Die erste Erinnerung, die ich überhaupt an meine Kindheit habe, ist die an meine Einschulungsuntersuchung. Die muss ein halbes Jahr vor Schulanfang gewesen sein. Ich sehe das Gebäude der Schule noch vor mir. Der Schuldirektor hielt mir bei der Untersuchung ein düsteres Bild hin, auf dem ich ein Märchen erkennen und mit eigenen Worten wiedergeben sollte. Ich habe gesagt: »Das hat mir meine Mami noch nicht erzählt.« Das war eine fürchterliche Situation. Ich sah meinen Vater, wie er die Hände vor das Gesicht schlug. Ich hatte Angst vor diesem Mann. Ich war schüchtern. Er hat meine Schulreife aufgrund dieser Szene dann als gefährdet bewertet. Idiotisch! So kam die Idee auf, mich in eine Kur zu schicken.

Durch einen Kinderarzt bin ich dann in die Kur gekommen. Das war Dr. Erwin Keyser, der hatte in Berlin seine Praxis und zu dem ist meine Mutter mit uns drei Kindern gegangen, er war sehr nett. Den mochte ich sehr und der mochte auch uns, der war unglaublich kinderlieb und hat mir immer die Ängste genommen. Zu ihm sind wir gegangen, nachdem ich in der Einschulungsuntersuchung so einen Eindruck gemacht hatte. Er sagte dann, ich könne in der Heilstätte richtig gut aufgepäppelt werden. Meine Mutter war zudem schwanger, sodass mein Wegkommen auch eine Entlastung für sie war.

Dr. Keyser besaß dieses Haus Datzellehen in Bayerisch Gmain. Dahin ist er immer gependelt. Das Heim bestand aus zwei Häusern und in dem kleineren davon hatte er im oberen Stock seine Praxis. Dahin kamen nicht nur die Heimkinder, sondern auch die ortsansässigen Kinder zur Behandlung. Eine Frau dort im Ort, die hat mir später auch versichert, dass dieser Arzt wirklich ein sehr netter Arzt gewesen ist. Er war in diesem schrecklichen Heim mein einziger Lichtblick.

Mich hat das Ganze damals völlig aus der Bahn geworfen, und es war für mich manchmal wie ein Wunder, wenn er dort auftauchte.

Kürzlich ist mir ein Brief in die Hände gefallen, der von meiner Großmutter ist, die damals mit in unserem Haus gelebt hat. Diesen Brief hat meine Großmutter an meine Tante geschrieben und darin gibt sie ein Telefonat meiner Mutter mit der Heimleitung wieder, während der Zeit, als ich dort war.

Meine Mutter hat offenbar regelmäßig dort angerufen, um zu fragen, wie es mir ginge. Sie schreibt in dem Brief, es sei ein Lichtblick, dass sie »so gute und reizende Nachrichten« von Katrinchen hätten. Sie schreibt:

> »Ja, unser Katrinchen! Sylvelin (so hieß meine Mutter) hat solche Sehnsucht, daß sie zweimal in der Woche mit der Heimleitung telefoniert, und da wird ihr immer gesagt, viele Mütter würden glücklich und stolz, so eine Tochter zu haben, sie sei charakterlich so fabelhaft und so zuverlässig, ein bißchen langsam sei sie und ängstlich und zurückhaltend, den anderen Kindern gegenüber aber schlösse sie sich nie aus. Und wenn die Kinder sie ärgerten, bliebe sie immer freundlich und höflich zu ihnen

und höbe ihr Näschen ein bisschen in die Höhe, was geradezu überlegen wirke, man weiß natürlich nicht, wie es sie innerlich berührt, sie sei sehr intelligent, und daß sie noch nicht schulreif sein soll, sei geradezu zum Lachen, sagt Frau Kienzel, Heimleiterin, die ja nun wirklich Erfahrung mit Kindern hat und außerdem ja nun Medizin studiert hat. Katrin hat auch noch nicht nach ihrer Mutti geweint, das hatte sie ihrer Mutti versprochen. Mammi, ich weine nicht.«

Als ich das gelesen haben, dachte ich: Seid ihr alle bescheuert gewesen?! Weiter schreibt sie:

»Aber Annettchen, ihre Puppe, muss immer dabei sein, damit überwindet sie wohl das Heimweh. Neulich hat sie mitten in der Nacht Frau Kienzel gerufen: ›Tante Kienzel, mein Annettchen hat zu hohes Fieber, du musst mal messen.‹ Tante Kienzel tat das und auf Katrins Frage, wie hoch es sei, antwortete sie: 4711. ›Dann muß sie einen Umschlag haben!‹, soll Katrinchen ihr dann gesagt haben, und Frau Kienzel, die überlastet ist und dringend Nachtruhe braucht, machte der Puppe einen Umschlag, ist das nicht rührend? Als Frau Kienzel mal sagte, dann und dann kommen Mami und Papi, dann kannst du beim Essen zwischen ihnen sitzen, antwortete Katrinchen: Nein, Tante Kienzel, da sitze ich auf Mammis Schoß.«

Diesen Brief hat mir meine Tante geschickt. Als ich das gelesen hatte, bin ich zusammengebrochen, habe nur noch geweint. Solche Arschlöcher!

Ich selbst kann mich nur daran erinnern, dass ich völlig überfordert und ganz, ganz traurig war. Wie kann man denn so ein kleines Mädchen allein … so weit weg …? Bis ins hohe Alter haben sie geglaubt, sie hätten mir mit dem Aufenthalt etwas Gutes getan.

Wie es wirklich war? Ich weiß nur, dass mich meine Mutter persönlich hingebracht hat. Vielleicht hat uns Herr Keyser im Auto mitgenommen. Wir kamen also dort an und gleich nach der Ankunft gab es einen abrupten Abschied. Meine Mutter ging zum Auto zurück und stieg ein. Ich stand am Tor des Heimes und schaute ihr nach. Ich war todtraurig, furchtbar traurig. Ich dachte, ich sehe sie nie wieder. Ich dachte: ›Was kommt jetzt? Was passiert jetzt?‹ Ich hatte Angst. Ich habe mich so allein und verlassen gefühlt.

Aber dann habe ich mir gesagt: ›Das hier musst du jetzt durchstehen, nur nicht fallen lassen.‹ Ich habe mich zusammengerissen, so war es. Habe mich künstlich stark gemacht. Der Abschied spielte sich draußen ab, direkt noch am Auto, danach ist alles wie gelöscht. Nur das Gefühl ist geblieben: Trauer. Furchtbarer Trennungsschmerz.

Es war kein großes Haus, nur zwanzig, dreißig Betten, mehr gab es nicht. Mir schien es aber damals wahnsinnig groß und es schienen mir sehr viele Kinder dort zu sein. Mein Bett stand in einer Ecke des Schlafraums, in einer Nische, es war ein einzelnes Bett. In dem Zimmer gab es auch ein Doppelstockbett, und darin saß oben ein Mädchen, das ziemlich sauer war. Die war so wütend, die hat ihr Kissen geboxt, rumgebrüllt, rumgeschrien. Ich war so perplex über dieses Mädchen und diesen Wutanfall. Das hat mir Angst gemacht. Die hat auf ihr Kissen eingeboxt; es hat nicht viel gefehlt, dann wären die Federn rausgeflogen.

Ich kann mich an eine fürchterlich verklumpte Suppe erinnern, die es jeden Morgen gab. Die war grau, geschmacklos, widerlich. Harte Knödel schwammen darin, die ich essen musste, aber ich habe sie jeden Tag erbrochen. Die Suppe war so eklig, die habe ich jeden Morgen ausgekotzt. Das weiß ich genau, jeden Morgen gekotzt. Ich habe dazu, als ich schreiben konnte, später in einem Tagebuch eine Geschichte geschrieben mit dem Titel »Katrin im Waisenheim«. In der Geschichte waren unsere Eltern gestorben und wir waren im Waisenheim mit alten Tanten. Dort hatte ich eine imaginäre Freundin und wir haben vom »Ausreißen« geträumt. Mit der zusammen sind wir dann nachts einfach von dort weggegangen, und es stellte sich heraus, dass unsere Mütter gar nicht gestorben waren, denn sie liefen uns draußen gleich entgegen. Die Geschichte endete in glücklichen Umarmungen mit den Eltern.

In Wirklichkeit war es weniger glücklich. Ich kann mich erinnern, dass einmal beim Essen zwei Jungen bestraft wurden. Wir saßen an Gruppentischen. Mir gegenüber saßen zwei Jungen, die Quatsch machten, indem sie ihre Zungen rausstreckten und sich mit den Zungenspitzen berührten. Das sah eine der Tanten und lief zu ihnen, dann machte sie etwas Entsetzliches: Sie fasste die Köpfe der beiden Jungen an den Haaren und knallte sie laut zusammen. Ich war fassungslos, wie vom Donner gerührt. Dann kam sie zu mir, riss mich ebenfalls an den Haaren, obwohl ich überhaupt nichts gemacht hatte. Das fand ich natürlich total ungerecht. Ich wusste gar nicht, wofür es war, wahrscheinlich weil ich zu den Jungen hingeguckt hatte.

Außerdem erinnere ich noch eine Szene, da hatte ein Junge irgendetwas Verbotenes gemacht, und jeder, der so etwas gemacht hatte, musste zur Strafe noch etwas mehr essen. Der wurde nach vorne gerufen, wo ein Topf stand, in dem sich die Suppe befand. Er musste mit seinem Teller nach vorne gehen, und dann bekam er noch einen Schlag Suppe, obwohl er schon nicht mehr konnte. Er musste sich einzeln an einen Tisch setzen und so lange dort bleiben, bis er gegessen hat – wir konnten in der Zwischenzeit gehen. Das hat mich so schockiert, das war ich von zu Hause nicht gewohnt. Ich fand es so ungerecht, ich fand es furchtbar.

Am Abend gab es manchmal Brot mit Quark und frischem Schnittlauch. Das war sehr, sehr lecker und fast wie ein Glücksgefühl. Ich schlug den anderen Kindern vor, dass wir den Tanten das sagen könnten, dass das so lecker schmecke, und ich das machen würde. Aber eine der anderen am Tisch kam mir zuvor und konnte der Tante so die Freude machen, die ich vorgeschlagen hatte.

Einmal haben wir einen Schneeausflug gemacht, auch das war ein ungeheurer Trost für mich: die schöne Luft, der weiße Berg und es nahm auch eine sehr nette Tante an diesem Ausflug teil. Die war freundlich und wir spielten und rodelten dort. Manchmal wurde uns auch von einem sehr jungen Mann etwas vorgelesen. Dabei herrschte eine geradezu friedvolle Atmosphäre. Die Fenster waren offen, die Sonne schien hinein – das war sehr schön. Ich habe diesen einen Ausflug und diese Momente des Vorlesens geliebt.

Das Bad befand sich im Keller. Es hatte zwei Oberlichtfenster und eine Riesenbadewanne. Wir mussten zu viert oder fünft in diese Badewanne, die voll Wasser war. Zuvor mussten wir nackt anstehen. Erst trugen wir noch was drüber, ein Hemdchen, dann standen wir nackt und mussten in einer Schlange warten. Schon das fand ich grauenvoll, denn ich habe mich so geschämt. Dann musste ich auch noch aufs Klo ganz dringend. Ich war schon fast an der Reihe und stand ganz unsicher herum, habe mich aber nicht getraut zu sagen, ich müsse noch mal aufs Klo, weil ich dachte, die seien dann bestimmt böse mit mir. Ich habe also nichts gesagt, stieg in die Wanne und ... im warmen Wasser ist dann passiert, was passieren musste: Ich pinkelte ins Wasser. Ich habe noch gesehen, wie es alles gelb wurde, und danach Schluss, keine Erinnerung mehr, alles wie gelöscht.

Es muss jedenfalls etwas ganz Schlimmes passiert sein, denn danach hatte ich immer wieder dieselben Albträume. Wir machen an dem Tag einen Ausflug in die Berge und auf eine Burg. Alle waren unbeschwert, nur ich nicht. Irgendwo führte ein steiniger Stollen runter in eine dunkle Tiefe. Dort unten lauerte das namenlose Grauen. Anders kann ich es nicht beschreiben. Ein namenloses Grauen lauert dort, eine existenzielle Gefahr, sodass ich wusste, nicht dorthin zu dürfen. Ich bin im Traum anschließend trotzdem da hinuntergegangen und am Ende dieses Stollens lag ein Raum, der verschlossen war. Ich wusste, dass hinter dieser Mauer namenloses Entsetzen auf mich lauerte. Ich rannte wie eine Blöde den Stollen wieder hinaus, weil irgendwelche Furien hinter mir her waren – dann war der Traum zu Ende. Diesen Traum habe ich immer und immer wieder geträumt.

Vor paar Jahren hatte ich den Traum nach einer langen Zeit wieder einmal. Daraufhin habe ich mir gesagt, ich möchte doch wissen, was hinter dieser Tür in diesem Raum ist. Das ist mir dann auch tatsächlich gelungen: Ich habe diesen Traum dann wirklich so geträumt, dass ich bis vor die Tür kam. Wieder herrschte dieses Grauen in mir. Aber mit einem Mal: Schnitt und ich stehe *in* diesem Raum. Der Raum sieht nicht direkt aus wie ein Bad, sondern immer noch wie diese Burg, ein in den Fels gehauenes Verließ, aber nun mit zwei Oberlichtfenstern, genau wie in dem Bad in dem Heim. Ich stehe da mit dem Rücken zu der Wand mit den Oberlichtfenstern und kann nicht weg. Meinen Blick habe ich angstvoll auf die Tür gerichtet. Dort stehen zwei weiß gekleidete, gesichtslose Frauen. Wie in einem Science-Fiction-Film.

Die Frauen haben statt der Köpfe nur zwei Ovale, ohne Gesichter. Dann ist der Traum zu Ende. Seitdem habe ich den Traum nie wieder gehabt.

Wenn ich wirklich ganz tief in die Erinnerung reingehe, dann weiß ich eines ganz genau, nämlich, was *nicht* passiert ist. Bestimmt kam keine der Frauen an und sagte: »Oh, das tut mir aber leid, was dir da passiert ist. Dann kommt mal alle kurz wieder raus, ich frottiere euch schnell ab. Danach lassen wir das Wasser raus und gleich wieder neu rein und dann dürft ihr weiter in sauberem Wasser baden.« Genau das ist bestimmt nicht passiert. Ich tippe auf das Gegenteil und stelle es mir so vor: »Wer hat diese Sauerei gemacht?! Widerlich! Raus mit euch und da hinten an die Wand! Da bleibt ihr so lange stehen, bis sich diejenige von euch meldet, die diese Sauerei gemacht hat.« Und dann steigen wir alle kalt, zitternd und nass aus dem Badewasser und die drei anderen schreien sofort und zeigen auf mich: »Die da war es, wir waren es nicht.« Und ich stehe da und schweige und bin ertappt und in die fürchterlichste Verlegenheit gebracht. Aber da das den Tanten sicher nicht gereicht hat, kommt es in meiner Vorstellung noch schlimmer, denn woher sonst diese fürchterliche Angst über mein ganzes weiteres Leben und die Bilder meiner Albträume? Sie sagen nun: »So, du warst das, schämst du dich nicht?« Nun stellt sich eine von denen vor mir auf, lässt die anderen beiseitetreten und schimpft auf mich los: »Du wirst hier jetzt so lange stehen bleiben, bis auch der Letzte gebadet hat, du wirst dich hier nicht anziehen und nicht wegrühren. Und wenn wir weg sind, wirst du die Badewanne scheuern, die du verdreckt hat.« Und mit einem »Hier!« wirft sie mir einen Lappen hin. »Du bleibst heute den ganzen Tag hier, für solche Kleinkinder, die in Badewannen pinkeln, haben wir da oben keinen Platz!« Nach diesen Worten badet sie alle zu Ende und ich bleibe stehen wie eine Salzsäule. Sie gehen dann tatsächlich mit den Kindern nach oben, und kurz bevor alle hochgehen, drehen sich beide Betreuerinnen noch einmal zu mir um, stellen sich an der Tür auf, ihre Gesichter verschwimmen mir vor den Augen, und sagen zusammen im Chor: »Schäm dich, dass du das Badewasser verdreckt hat! Den heutigen Ausflug auf die Burg, den machst du nicht mit!«

Danach knallt die Tür zu und ich bin allein. Ich stehe da und nach einer Weile beginne ich, mit dem Lappen die Badewanne auszuwischen. Das mache ich nur noch mechanisch, denn in Wahrheit habe ich das Bewusstsein meiner selbst verloren. Scham und Angst beherrschen mich. Erst nach langer Zeit wage ich dann, mich abzutrocknen, anzuziehen und auf eine Bank zu setzen. Ich probiere die Tür gar nicht aus, denn ich bin davon überzeugt, dass ich eingeschlossen bin.

Den Ausflug auf die Burg, auf den ich mich so gefreut hatte, darf ich nun nicht mitmachen. Ich versinke in Wachträumen, glaube mich auf der Burg in einem tiefen Verließ – dann schlafe ich ein und werde erst am Abend aus diesem Waschraum befreit. Das ist noch die günstigste Lösung für mich, denn es kann genauso gut sein, dass sie mich vergessen haben und ich die ganze Nacht da drinbleiben musste und sie das Licht gelöscht haben. Kann sein, sie haben mich an den Haaren aus der Wanne gerissen, mich mit dem Kopf unter Wasser gedrückt, mich mit einem Gummischlauch kalt abgespritzt und mich geschlagen. Das kann alles sein. Es kann jedoch auch sein, dass ich ihnen einmal entwischt und nach oben gerannt bin, dass sie mich wieder eingefangen und wieder nach unten gezerrt haben, denn all das, all das ist in zahllosen anderen Fällen vorgekommen, aber eines war es bestimmt nicht, ein freundliches Trösten über mein Missgeschick.

Da ich es so stark verdrängt habe und da es eine so starke Angst- und Panikstörung bei mir ausgelöst hat, tippe ich auf einen noch schlimmeren Verlauf dieser Szene. Glasklar war das Gefühl des Ertrinkens. Vielleicht ist am wahrscheinlichsten, dass sie mich in das vollgepinkelte Badewasser reingedrückt und unter Wasser gehalten haben. Auch heute, bei meinen Panikstörungen, habe ich immer das Gefühl des Ertrinkens.

Danach soll ich die Masern gehabt haben, lag auf der Isolierstation und Dr. Keyser kam mich besuchen. Er nahm meine Hand, aber ich blieb stumm. Ich wollte sagen: ›Nimm mich mit‹, aber ich konnte nicht. Mein Mund war wie zugenäht. Ich dachte nur: ›Wenn der wüsste, wenn der nur wüsste‹, aber reden konnte ich nicht. Das ist meine erste Erinnerung nach diesem Trauma.

In der Erinnerung ist mir der Aufenthalt bis heute als ein einziger Horror zurückgeblieben, ein schwarzes Loch in meiner Kindheit.

Meine Eltern haben den Aufenthalt immer gelobt. Ich hingegen habe immer wieder zu meinen Eltern gesagt: »Meine Bronchitis mag ja durch diesen Aufenthalt weggegangen sein, aber meine Seele hat unendlichen Schaden genommen.« Sie haben das nie begriffen und nie einsehen wollen, bis zu ihrem Tod nicht. Das hat bei mir zu einem tiefen Riss geführt, obwohl sie doch liebevolle Eltern waren.

Ich bin nachher in der Schule immer eine Einzelgängerin gewesen und wurde oft gehänselt: »Brillenschlange!« Ich habe auch nicht die richtigen Klamotten getragen. Schon am ersten Schultag sehe ich mich schaukelnd an einer Wand stehen und mit Schrecken auf die anderen Kinder blicken, von denen ich das Hänseln schon erwartete und voller Schrecken befürchtete. Noch heute leide ich unter Gefühlen von Nebelschwaden im Kopf und Angstzuständen. Die Nebelschwaden sind so Gefühle, als könne ich meine Gedanken nicht richtig halten. Angst vor Kindern und Lehrern.

Wir haben danach als Kinder manchmal zu dritt in der Badewanne gesessen, das hat mir nichts ausgemacht. Je älter ich wurde, badete ich aber immer weniger gern. Seit ich erwachsen bin, gar nicht mehr. Ich habe in der Wanne das Gefühl, ich sei in einem Gefängnis, käme nicht mehr heraus. Bei Badewannen denke ich immer: ›Bloß schnell wieder raus.‹ Später habe ich in Abständen sehr oft Phobien gehabt. Das geht bis heute. Oft verbunden mit Schlaflosigkeit, Panik und Angst. Meine Angst hatte den Charakter von etwas Irrealem: das Gefühl, das etwas auf mich einwirkt, wie Strahlung, dass etwas auf mich zukommt, ein Unglück, etwas, was mich krank macht und was an meinem Kopf passiert: Ich fühle dann das Haarereißen aus dem Ess-Saal direkt wieder an meiner Kopfhaut. Aber die Angstobjekte wechseln, treten meist nachts auf. Erst im Rahmen der Traumatherapie, die ich seit einem Jahr mache, gelingt es mir, mit meinen Ängsten etwas besser zurechtzukommen.

Der Abschied aus dem Heim war seltsam. Wir saßen alle in einem Raum, die Fenster standen offen und ich blicke nach draußen. Da sehe ich plötzlich meine Mutter draußen auf dem Weg auf das Haus zukommen. Da hat mich nichts mehr gehalten, ich bin nur noch in ihre Arme gerannt, habe geschrien: »Mami, Mami …«

Sie sind mit uns umgegangen wie mit einer widerspenstigen Herde

Heidi

Meine Mutter hatte einen kleinen Lebensmittelladen und lief immer zwischen unserer Wohnung und dem Laden hin und her. Wir durften da auch helfen. Es war eine schöne Zeit. Dann starb unsere Großmutter und meiner Mutter wurde alles zu viel. Sie war dann ganz dünn geworden.

Heidi war mit zwölf Jahren 1965 für sechs Wochen auf Borkum im Haus Concordia. Die Verschickung wurde von der AOK vermittelt. Heimleiterin war Cläre Melbert.

Es gab eine Voruntersuchung vor der Verschickung und es wurden Namensschildchen in die Kleidung eingenäht. Meine Mutter hatte mich vorher gefragt, ob ich zur Erholung fahren wolle. Ich durfte auswählen, ob Berge oder Meer, und da habe ich gedacht: ›Juchu, das Meer, das habe ich noch nie gesehen!‹ Von Hessen aus gab es ja nun keinen schnellen Kontakt zum Meer, und ich wusste von einem Nachbarskind, das in St. Peter-Ording gewesen war und es dort schön gefunden hatte. Ich war schon zwölf Jahre alt und fühlte mich groß genug und dem gewachsen. Ja, ich freute mich darauf. Zusammen mit einem Nachbarsjungen fuhr ich dorthin, unsere Mütter hatten sich das für uns schön vorgestellt. Der Junge war acht Jahre alt und ich sollte ein bisschen auf ihn aufpassen. An die Zugfahrt habe ich keine Erinnerung.

Als Erstes sehe ich einen Schlafsaal, einen Ess-Saal und Umkleideräume vor mir. Alles etwas unscharf. Von Freude blieb aber nichts mehr übrig. Abends saßen wir in einer Runde zusammen. Es gab Bänke und Spinde, in denen wir jeden Abend die Sachen in einem Beutel verstauen mussten. Am nächsten Morgen bekamen wir den Beutel wieder rausgelegt. In diesen Umkleideräumen wurde uns abends manchmal vorgelesen, obwohl wir schon zwischen zehn und zwölf waren, manche 13 und älter.

In unserer Gruppe, aber auch im ganzen Heim waren wir mit Nummern ausgestattet. Ich war die Nummer 22. Die wurden nach der Größe vergeben und nach mir kamen noch Nummern bis 28.

Die Gruppen waren in Jungen und Mädchen getrennt, sodass der Nachbarsjunge und ich nicht zusammen waren. Auch im Speisesaal saßen die Gruppen getrennt, ich habe also zu dem Nachbarsjungen keinen Kontakt mehr bekommen, ihn kaum noch gesehen. Die haben dort nicht erlaubt, dass wir mit denen aus der anderen Gruppe sprachen, und er hat ganz woanders gesessen. Zu essen gab es Linsen, Erbsen, so ein langweiliges Zeug. Der Topf stand in der Tischmitte. Sehr oft gab es auch Milchreis, immer wieder Milchreis mit Dosenfrüchten. Das war ja ganz nett und nicht so schlimm vielleicht, aber so oft? Dreimal in der Woche? Ein freudloses Essen. Dazu kam der Zwang, aufessen zu müssen. Immer mussten welche sitzen bleiben, bis sie aufgegessen hatten.

Nachts war das Auf-die-Toilette-Gehen verboten. Es wäre aber auch gar nicht möglich gewesen, denn man hätte über mehrere Treppen nach unten gehen müssen und wäre erwischt worden. Ich wusste nicht, in was ich da geraten war. ›Was ist das hier?‹, habe ich gedacht. Es kam mir vor wie ein Gefängnis, es erinnerte mich an ein KZ. Ich wusste schon etwas darüber. Meine Freude war jedenfalls verschwunden.

Drinnen und draußen gingen wir immer in Formationen, immer zu zweit, immer in Marschkolonne. Ich musste immer ein Mädchen an die Hand nehmen mit Warzen, die ich nicht anfassen mochte. Reden durften wir nicht miteinander.

Aufschlussreich war auch, dass uns die Uhren weggenommen wurden, gleich zu Beginn, uns allen. Es gab Säcke, in die wir die privaten Dinge legen mussten, auch die Uhren. Im Ess-Saal hing ebenfalls nirgends eine Uhr. Es war irgendwie unheimlich. Wieso nahm man uns die Uhren weg? Wir wurden wir Gefangene behandelt. Wir wussten jedenfalls nie, wie spät es war. Die haben uns endlos an den Nachmittagen im Bett gelassen, wir konnten ja nicht nachprüfen, wie lange es gewesen war. Ich hatte das Gefühl, dass diese Menschen uns nach dem

Mittagschlaf, der endlos dauerte, manchmal gar nicht mehr haben aufstehen lassen. Bis zum Abend. Den Eindruck habe ich. Wir konnten uns nicht mehr richtig orientieren ohne Uhren.

Spiegel gab es dort auch nicht, nirgends. Überall hatten sie die Spiegel abgenommen, das war ganz seltsam. Fremde Kleidung bekamen wir auch, allerdings noch nicht gleich am Anfang, erst etwas später, als der erste Satz unserer Kleidung von zu Hause schmutzig war. Da hätten wir eigentlich die nächsten Kleidungsstücke aus unseren Koffern bekommen müssen, aber das war ihnen wohl zu umständlich, jedenfalls wurde gesagt, dass wir nun Heimkleidung anziehen sollten. Das waren irgendwelche gebrauchten Sachen. Die waren zwar nicht für alle gleich, also keine Anstaltskleidung, aber im Grunde doch, denn wir konnten nicht mehr auswählen und es waren nun mal nicht unsere eigenen Sachen. Wir haben uns unwohl gefühlt, in Sachen herumlaufen zu müssen, die wir nicht kannten und mochten, die nicht unsere eigenen waren. Diese Sachen haben wir dann die restliche Zeit getragen.

Ich hatte mir vor der Abfahrt auch eine frische neue Frisur schneiden lassen, die wollte ich ansehen – warum gab es keine Spiegel? Ich konnte nie sehen, wie meine Frisur aussah, und auch nicht sehen, wie ich sonst aussah. Gingen wir spazieren und habe ich mich dann mal in einem Fenster angesehen, dann haben die mich gleich ausgeschimpft: Ich solle nicht in fremde Fensterscheiben gucken, hieß es.

Was haben wir da eigentlich gemacht? Sind wir über die Insel gelaufen? Ich weiß es nicht. Bücher haben wir dort jedenfalls nicht bekommen und an Spiele kann ich mich auch nicht erinnern. Wir haben nicht einmal lesen dürfen.

Wir haben uns oft gefragt, wie früh die uns eigentlich ins Bett schickten. Es gelang uns nicht, das herauszufinden. Aber es war meist noch knallhell, keine von uns konnte schlafen. Wenn wir dann im Bett lagen, durften wir nicht mehr miteinander reden, mussten mit dem Gesicht zur Wand liegen. Wenn wir das nicht machten, wurden wir bestraft. Die Strafe war meistens: noch länger im Bett zu bleiben. Und Bett – das war für mich eine Strafe hoch drei. Schon zu Hause war ich ungern ins Bett gegangen, hier wurde es zur Tortur. Langeweile, Augen zu und Gesicht zur Wand. Die Zeit schien endlos.

Die Bewachung war streng. Wir haben uns deshalb eine Zeichensprache ausgedacht, aber wir mussten dabei unglaublich aufpassen, dass nicht eine der Wächterinnen plötzlich hereinkam und uns erwischte. Wir haben uns ein Alphabet in Zeichensprache ausgedacht und vorsichtig miteinander Kontakt aufgenommen. Sobald wir dann diese Fräuleins hörten, haben wir uns schnell zurück zur Wand gedreht und so getan, als ob wir schliefen.

Gedroht wurde uns damit, dass wir, wenn wir uns nicht benehmen würden, auf Kosten der Eltern zurückgeschickt würden und unsere Eltern dann den ganzen Aufenthalt und die Anreise nachträglich zurückzahlen müssten. Das war ja eine weite Reise gewesen, die sicher teuer war, sodass wir das natürlich nicht wollten. Also haben wir uns gefügt.

In der letzten Woche haben wir uns einmal etwas getraut, was wir »Streich« genannt haben: Wir sind zu dritt nachts aus dem Haus geschlichen und haben uns unten im Garten versammelt. Da haben wir uns gefreut wie die Schneekönige, sind dann aber doch wieder hoch, weil wir ja letztlich dort gar nichts machen konnten – und es war auch noch kalt.

Eine Freundin hatte ich dort nicht. Vielleicht habe ich mit meinem unmittelbaren Nummernumfeld kommuniziert, vor allem mit den Älteren. Die Namen wusste ich zwar schon, aber von den Fräuleins wurden wir mit Nummern angesprochen. Vielleicht stand die auf der Kleidung, ich weiß es nicht mehr.

Draußen trugen wir immer breite Stirnbänder. Wir mussten sie tragen, damit die Fräuleins erkennen konnten, wenn ein Kind weglief. Gleichzeitig war es als Ohrenschutz gedacht, gegen den Wind. Und immer gingen wir paarweise.

Paarweise gingen wir auch aufs Klo. Wir konnten nicht aufs Klo gehen, wenn wir wollten und mussten, sondern wir sind fünfmal am Tag zum Klo geführt worden. Dann standen wir in langen Reihen, immer zu zweit, vor den vier Klos. Als Erste durften die Nummern 1 bis 4, die anderen mussten vor der Tür warten. Danach die Nummern 5 bis 8. Man musste also immer sein Geschäft machen, während die anderen warteten. Die anderen standen Schlange vor den Türen. Alles war zu hören. Das war sehr schambehaftet. Anschließend mussten wir sagen, ob wir »groß« gemacht hatten. Die wollten das wissen und haben darüber Buch geführt. Und wenn man »groß« gemacht hatte, durfte man nicht selbst spülen, denn damit man nicht lügen konnte, ist das Fräulein reingegangen, hat nachgeschaut und erst dann gespült. Abends hat man die Tabelle gesehen, wer »groß« gemacht hatte. Das war also allen bekannt, wurde abgefragt, und wenn jemand dreimal nicht groß gemacht hatte, dann musste derjenige zur Verdauungsanregung Meerwasser trinken, ich glaube ein ganzes Glas voll. Ich war die Einzige, die das nie musste.

Zur Strafe liegen oder früher ins Bett müssen oder statt Abendessen schon vorher ins Bett, das ist ganz oft vorgekommen. Außerdem mussten wir am Abend, als wir uns ausgezogen hatten, die Unterhosen alle umdrehen und in die Mitte legen, sozusagen vorführen. Wir mussten tatsächlich vorführen, wie die Unterhose von innen aussah. Das war oberpeinlich. Wenn es bei welchen nicht so sauber aussah, wurden die als schmutzige Schweine beschimpft.

Und das allerschlimmste war, dass eine dabei war, die dort ihre Regel zum allerersten Mal bekam. Auch die hat natürlich ihre Unterhose da hinlegen müssen und dann haben die Fräulein das Mädchen beschimpft als Dreckschwein, als schmutzig, als das Letzte – es war grauenvoll. Das Mädchen hat mir so leidgetan, sie wurde so beschämt. Das war schon pervers! Wir fanden es so eigenartig, so merkwürdig, so peinlich für das arme Mädchen.

Nichts von alldem konnten wir nach Hause schreiben. Es wurde uns alles verboten. Wenn wir Briefe nach Hause schrieben, wurden die streng zensiert. Etwas Schlechtes zu schreiben war unmöglich. Aber da nichts Schönes passierte, saßen wir da und waren ganz ratlos, weil uns nichts anderes einfiel, als dass es da beschissen war. Als wir so nur dasaßen und an unseren Bleistiften kauten, haben uns die Fräuleins dann diktiert: »Die Fräuleins sind nett, das Essen schmeckt, alles ist schön ...«

Meine Eltern haben mir aber nachher geglaubt, als ich erzählte, dass wir die Karten diktiert bekommen hatten und wie schlimm es in Wirklichkeit gewesen war. Sie haben sich aber nicht beschwert. Später wurde bei uns zu Hause immer gesagt, zu meinem jüngeren Bruder zum Beispiel, wenn er aufmüpfig war: »Wenn du nicht aufhörst, dann kommst du nach Borkum!«

Ich war da hingefahren, weil ich so scharf aufs Baden im Meer gewesen war, aber wir waren nur zweimal am Strand in den ganzen sechs Wochen. Auch ins Wasser sind wir paarweise gegangen. Dort mussten wir einen Kreis bilden und durften nicht etwa schwimmen, nein, wir mussten aus den Paaren einen Kreis bilden und dann im Wasser stehen. Saudumm. Dann wieder raus. Ringelreihen spielen mit zwölf Jahren!

Der kleine Nachbarsjunge bekam dort die Windpocken. Da haben sie ihn beschuldigt, er habe das eingeschleppt, und ihn beschimpft. Später hat er zu seiner Mutti gesagt: »Da möchte ich nie wieder hin. Selbst die Polizei kann mich da nicht hinbringen.« Dem Nachbarsjungen ist auch passiert, dass sein Geburtstagspäckchen unter allen aufgeteilt wurde, was ihn furchtbar unglücklich gemacht hat. Bei uns war es so, dass wir aus den Päckchen unserer Eltern alle 14 Tage einmal etwas herausnehmen durften. Beim ersten Mal freuten wir uns sehr. Dann wurde gesagt, wir sollten uns einiges davon auf einen Teller tun und das Päckchen wieder zumachen. Natürlich nahmen wir uns sehr viel davon. Wir dachten, wir könnten den Teller aufbewahren oder mit an unsere Betten nehmen, aber das gab's nicht, denn nun haben die Fräulein gesagt, wir müssten jetzt alles auf einmal aufessen. Wir verloren alle Freude daran. Feixend sahen die Fräulein zu, wie wir uns die Backen vollstopften mit dem Süßzeug, bis uns schlecht wurde.

So wurden wir sogar noch mit den Liebesgaben unserer Eltern gequält. Diese Fräuleins mochten keine Kinder, denn sie sind mit uns umgegangen wie mit einer widerspenstigen Herde. Es ging darum, uns einzunorden, damit wir gehorchten, und es war nichts Liebevolles in ihrem Ton, sie versuchten gar nicht, uns mal eine Freude zu machen. Es war nur immer ein Abfertigen.

So als ob wir keine Menschen wären

Ursula

Heute bin ich als Fotografin und Filmemacherin tätig und ich arbeite in meinem Atelier in einer größeren Stadt als Kunsttherapeutin. Eigentlich wollte ich Lehrerin werden und studierte einstmals, als etwas Entscheidendes passierte: Ich hatte während meines Studiums der Kunst und Pädagogik schon Lehraufträge an mehreren Gymnasien. Dort unterrichtete ich eine fünfte Klasse, war engagiert und auch beliebt unter den Schülerinnen und Schülern. Das war 1973, ich war 22 Jahre alt, es war die Zeit der Berufsverbote. An der Schule wurde zu der Zeit ein Lehrer aus politischen Gründen suspendiert. Seine Klasse war empört. Sie wollten Plakate für diesen Lehrer machen. Ich als Vertretungslehrerin sagte: »Ja klar, das könnt ihr machen.« Ein Schüler traf zufällig den Direktor auf dem Flur und erzählte dem freudestrahlend: »Wir machen jetzt Plakate für unseren Lehrer!«

Ursula wurde zweimal verschickt, zuerst im Alter von vier Jahren für sechs Wochen ins Kinderheim Cuxhaven-Duhnen, das vom Druiden-Orden betrieben wurde; das zweite Mal im Alter von sechs Jahren für vier Wochen ins Kinderheim »Haus am Meer« in St. Peter-Ording. Heimbetreiberin dort war die Kinderärztin Dr. Marga Hanwig.

Na, da war die Hölle los! Der Direktor kam in die Klasse gestürmt (wie ich später erfuhr, war der Direktor ein früherer SS-Offizier), zerrte mich ins Lehrerzimmer und schlug mir ins Gesicht, einmal rechts, einmal links, zwei deftige Ohrfeigen. Dabei schrie er: »Das wird einiges nach sich ziehen, darauf können Sie sich gefasst machen. Was haben Sie gemacht?!« Ich erschrak so sehr, dass mir die Tränen kamen. Der stellvertretende Direktor war ebenfalls im Raum, sodass ich mich doppelt gedemütigt fühlte. Nie hätte ich geglaubt, dass man mich als Erwachsene noch schlagen würde. Ich hatte lediglich das Bedürfnis der Schüler aufgegriffen, die ihrem Lehrer zur Seite stehen wollten. Tatsächlich wollte mich dieser Direktor dann noch dazu kriegen, dass ich an seiner Schreibmaschine etwas Schlechtes über den Kollegen schreibe. Ich lehnte natürlich ab. Ich wurde dann ein paar Tage später zu einem Gespräch in die Rechtsabteilung vorgeladen. Empört erzählte ich von der Ohrfeige und dass man mich erpressen wollte, schlechte Nachrichten über den Lehrer, der suspendiert worden war, zu schreiben, aber da wurde ich als hysterische Frau abgetan. Der Rechtsanwalt der GEW war mir also keine Hilfe.

Wegen dieser Sache bekam ich noch viele Probleme. Trotz allem machte ich das Erste Staatsexamen, bekam aber keinen Referendariatsplatz. Damit war der Weg in den normalen Schuldienst zu der Zeit für mich unmöglich. In mir blieb ein Misstrauen gegen pädagogische Autoritäten, die ihre Macht ausspielen. Aufgrund dieses Erlebnisses als Erwachsene, von einer pädagogischen Autoritätsperson geohrfeigt zu werden, begann ich mich an meine zwei Verschickungen in ein Kinderheim als Vier- und Sechsjährige zu erinnern.

Es gibt zu meinen Verschickungen eine biografisch-medizinische Vorgeschichte, von der ich viel später erfuhr. Die hat mir im Nachhinein meine Probleme und Schmerzen bei der Nahrungsaufnahme vom Kindesalter her erklären können. Mit 28 Jahren wurde ich am Unterleib operiert, um die Ursache der damaligen, nicht mehr aushaltbaren Schmerzen zu beheben. Dabei wurde die Dermoidzyste, die an meinem Eierstock festsaß, entdeckt, es wurde gesagt, ein fehlgebildeter und nicht weiterentwickelter Zwilling. Daher kam es, dass ich schon als Kleinkind oft kränklich war. Mir war nach dem Essen oft übel und ich hatte Bauchweh und konnte die Nahrung nicht gut verwerten und war deshalb zu dünn. Auch wurde mir auf langen Reisen immer schlecht. Eines Tages meinten meine Eltern, dass sie mich nicht auf eine lange Reise, die sie mit meinen beiden Schwestern machen wollten, mitnehmen könnten. Stattdessen sollte ich mich in einer Heilstätte erholen, in der ich auch medizinisch behandelt werden könne. Das schien ihnen eine gute Alternative zu sein.

Ich erinnere mich genau daran, wie meine Mutter, sie war Schneiderin, in alle meine Sachen ein rot-weißes Band mit meinem Namen einnähte und bügelte.

Meine Eltern haben mich dann, bald darauf, nach Cuxhaven-Duhnen gefahren. Später haben sie immer über die Verabschickung gesagt: »Du wolltest dann plötzlich gar nichts mehr von uns wissen, du hast dich dort gleich von uns weggedreht.«

Ich kann mich an vieles im Heim erinnern. Es sind viele einzelne Bilder- und Szenenfolgen in mir gespeichert, die unverbunden sind. Das Schlimmste war, dass mir Essen richtiggehend reingestopft wurde. Das war schon sehr extrem. Ich sehe mich dort allein sitzen und etwas essen, was ich nicht mochte. Aber ich musste es aufessen, und was ich ausgespuckt hatte, musste ich abermals essen. Ich konnte das Essen nicht bei mir behalten. Ekel und Grauen erfüllen mich noch heute, wenn ich daran zurückdenke, an diesen Zwang, Schleimsuppe essen zu müssen.

Es gab dort geregelte Toilettenzeiten. Immer nach dem Essen mussten wir zur Toilette gehen. Beim diesem geregelten Toilettengang war es so, dass ich einfach nicht »konnte«. Ich saß stundenlang auf dem Topf und konnte nicht. Es gab Schimpfe. Ich fühlte mich schuldig, und später ging alles ins Bett. Das war das Allerschlimmste. Dann haben sie mich am Arm aus dem Bett gezerrt und in den Waschraum gestoßen. Gebrüll, Tür zu. Ich war allein. Wenn es in den nächsten Nächten wieder passierte, stand ich heimlich auf und versuchte mein Laken trockenzureiben.

Ich kenne das furchtbare Gefühl, in die Hose gemacht zu haben, die Peinlichkeit dabei, die Angst, dass ich geschlagen werde. An all das erinnere ich mich ganz genau. Es sind starke Gefühlserinnerungen, wie Filmausschnitte.

Ein Erlebnis hatte mit Spinat zu tun. Spinat mochte ich damals überhaupt nicht. Man hat sich damals aber eingeredet, dass Spinat gut für Kinder sei, angeblich enthalte es sehr viel Eisen. Es wurde vielen Kindern reingezwungen. Ich habe damals diesen Spinat einfach in die Hand genommen und gehofft, der ziehe vielleicht in die Haut ein, oder vielleicht habe ich auch gedacht, ich könnte ihn aus der Hand unter den Tisch gleiten lassen, in der Hoffnung, der Spinat verschwände dann von meinem Teller. Na, da gab es jedenfalls ein riesiges Theater. Ich wurde geschlagen, bekam Prügel, wurde eingesperrt. Es war ganz furchtbar.

Im zweiten Heim musste ich, weil ich körperlich noch sehr klein war, mit sechseinhalb Jahren in einem Gitterbett schlafen. Ich kam nicht in das sogenannte »Fischzimmer« für Ältere, sondern in das »Schweinchenzimmer«, obwohl eine Freundin, die jünger war als ich, schon in das Fischzimmer kam und in einem normalen Bett schlafen durfte. Diese Erinnerung lastet bis heute tief in mir. Auch im ersten Heim lag ich die ganze Zeit in einem Gitterbett. Das war sehr hoch und viel zu kurz für mich. Ich war die Einzige, die in so einem Bett liegen musste.

Im Gegensatz zu den anderen Kindern, die ab und zu Pakete erhielten, bekam ich nie etwas geschickt. Man sollte keine Pakete schicken, hatte in dem Merkblatt gestanden, woran sich meine Eltern hielten. Aber andere Eltern hielten sich nicht daran und so bekam ich als fast Einzige nie ein Paket.

Ich erinnere mich daran, dass ich häufig Durst hatte, denn es gab nur zu bestimmten Zeiten etwas zu trinken. Es musste alles nach Plan gehen, nach deren Plan. Einmal hat eine Erzieherin vor meiner Nase eine Apfelsine gegessen und triumphierend zu mir gesagt: »Du kriegst sie nicht!«

Zurückbehalten habe ich eine Aversion gegen den Geruch in solchen Heimen, eine Mischung aus angebrannter Milch und Schuhen. Wenn ich so einen Geruch wieder in die Nase kriege, betrete ich diese Herberge lieber nicht.

Ich erinnere mich besonders an eine Sportstunde: Wir mussten durch umgedrehte Bänke, sehr enge Lücken krabbeln, ein Wettspiel. Ich hatte da grade solches Bauchweh und kam daher nicht schnell genug durch, was für mich ganz schrecklich war. Die »Tanten« reagierten, indem sie mich von dort wegzogen. Sie reagierten immer so, dass sie uns von etwas wegzogen, mit aller Gewalt, mit Geschimpfe, mit Gebrüll. Immer dieses Wegziehen, am Arm oder an den Haaren, an den Schultern oder Händen. Sie zogen uns weg, wie man einen

Wischlappen wegzieht oder eine Puppe irgendwo herauszieht. So, als ob wir keine Menschen wären, die Schmerz empfinden könnten. Ich hatte ständig Angst davor.

Unternommen haben wir dort nicht viel. Manchmal gingen wir an den Strand. Das war zwar schön, aber ich sehe uns nur in Kreisformation und in Zweierreihen, immer in Formation, immer fest marschierend, nie frei, nie spielend. Jeden Morgen zur Begrüßung mussten wir auch einen Knicks machen. Und wir sollten immer artig sein, grässlich!

Am Abend drückte ich mir manchmal meinen mitgebrachten Teddybär gegen die Brust. Ich setzte dabei eine liebevoll-freundliche Miene auf. Ich habe nicht geschlafen, sondern wollte lieb aussehen, wenn die Tanten reinkommen. Ich dachte, dann lieben sie mich. Weil sie mich doch sonst immer so schlecht behandelten. Weil ich doch nicht auf den Topf konnte. Ich wollte gern immer lieb sein. Ich streichelte heimlich den Teddy, so wie ich gestreichelt werden wollte. Ich bemühte mich, lieb auszusehen. Aber das half alles nichts, die Tanten zerrten mich morgens schimpfend aus dem Bett, weil ich schon wieder alles nass gemacht hatte. Ältere Kinder warfen mir ihre dreckigen Strümpfe ins Gesicht und johlten. Ich fühlte mich beschämt und war unendlich traurig.

Die Tanten haben nur in Befehlen gesprochen. Immer angespannt, immer genervt, immer so, als würden sie uns hassen. Nie ein einziges liebes Wort. Ich vermisste so sehr: Liebe.

Ich erinnere mich dann noch daran, dass wir in dem zweiten Heim, in St. Peter-Ording, Tabletten bekamen. Meine jüngere Freundin konnte sie nicht schlucken, was für sie ganz schlimm war. Diese Freundin hatte ich zu Hause kennengelernt, sie wohnte in derselben Straße wie wir. Beim zweiten Mal ist sie mitgekommen, was mich damals beruhigte. Aber wir wurden nach der Ankunft sofort getrennt. Dabei war sie noch ängstlicher als ich und konnte die Tabletten nicht schlucken. Sie klagte immer. Das hat mir so leidgetan. Nur im Ess-Saal haben wir uns getroffen, konnten allerdings nur miteinander flüstern.

Es gab auch medizinische Untersuchungen. Da standen wir in Unterhemden irgendwo und es gab kalte medizinische Geräte, mit denen sie uns die Brust abhorchten. Ich und viele Kinder sind da krank geworden. Es hieß, wir hätten die »Meereskrankheit«, das war wohl eine Erfindung. Ich musste sogar auf die Krankenstation, auf der ich ganz allein war.

Schon als ich aus dem ersten Heim nach Hause kam, war ich ganz verstört. Es hieß, ich sei »verträumt«. Ich war unkonzentriert, beinahe lernschwach. Ich nahm alles nur noch wie im Nebel wahr. Ich malte dann immer und sang. Das waren die einzigen beiden Sachen, die ich später in der Schule gern machte. Mein Vater sagte: »Aus der wird sowieso nichts mehr.« In der Schule hatte ich später immer Angst vor Autoritätspersonen.

Mit acht Jahren hatte ich einmal den Impuls, ein Kind dazu zu zwingen, Baggermatsch zu essen. Es war ein deutlich spürbarer Impuls, der mir fremd vorkam. Ich fand das ganz seltsam, es war mir peinlich. Ich wusste, dass das nicht richtig ist, aber es war ein Drang in mir, das zu tun. Ich sah das Kind, ich sah den Baggermatsch und ich wollte das Kind dazu zwingen, den zu essen. Ich stellte mir vor, wie es das nicht essen will und ich es zwinge, es ihm reinwürge. Eine andere Instanz meldete sich in mir und sagte: Das darfst du nicht! Ich habe das dann nicht getan.

Das macht man nicht mal mit Sträflingen

Volker

Ich wohnte und wohne immer noch in der Kleinstadt B. und bin von hier aus zweimal verschickt worden. Das erste Mal 1971 mit sechs Jahren. Da kam ich in Scheidegg im Allgäu, Bayern, ins Haus Hubertus. Wir haben dort gebastelt, und sind viel gewandert, waren viel draußen, aber abends bin ich trotzdem auf einem nassen, vollgeweinten Kissen eingeschlafen. Trotz all des Bastelns und der Wanderungen ist ein dumpfes Gefühl von Schrecken und Angst zurückgeblieben. Das zweite Mal war es 1973, da war ich acht Jahre alt.

Volker verbrachte als Sechsjähriger 1971 sechs Wochen im Haus Hubertus in Scheidegg (Allgäu) und 1973 weitere sechs Wochen im Kinderheim Hochwald-Kindersanatorium in Bruchweiler bei Idar-Oberstein; Heimbetreiber war die LVA Speyer.

Nie habe ich mit jemandem über meine Erfahrungen während der beiden Verschickungen gesprochen, und wenn, dann hat es keiner ernst genommen. Ich trage diese Erlebnisse mein Leben lang mit mir herum.

Ich kam zwar mit einem schweren Leberschaden aus der zweiten Kur zurück und meine Mutter hat dann auch dafür gesorgt, dass ich entsprechende Diäten einhielt, aber sie hat das einfach als gottgewollt hingenommen. Nur einmal hat sie gesagt: »Mensch, du bist ja kränker zurückgekommen, als du hingefahren bist.« Ich schrie innerlich und dachte bei mir: ›Was habt ihr da nur mit mir gemacht und warum?‹

Bei der ersten Verschickung stand ich kurz vor der Einschulung. Es war um Weihnachten herum, man sieht mich auf Fotos in Winterkleidung dastehen, ich erinnere mich an Weihnachtsbasteleien. Ich erinnere nur sehr wenig, aber was ich genau weiß, ist, dass ich, als ich nach Hause zurückkam und am Bahnhof stand, meine Mutter nicht mehr wiedererkannt habe. Ich habe mich mit Händen und Füßen gegen sie gewehrt und gedacht: ›Was will diese fremde Frau von mir?‹ Ich wollte nicht zu dieser Fremden. Ich konnte diese Frau einfach nicht als meine Mutter akzeptieren. Es kam ein Schaffner und brachte mich in die Bahnhofsmission und sie mussten mich erst mal beruhigen. Ich saß bei einer Mitarbeiterin der Bahnhofsmission auf dem Schoß und sah meine Mutter von Weitem da sitzen, ich wollte nicht zu dieser Frau. Sie war geschockt. Ihr war das ungeheuer peinlich, wie sie später erzählte, aber es dauerte sehr lange, bis ich bereit war, mit ihr zu gehen.

Unbegreiflich ist mir, warum sich meine Mutter noch mal auf eine zweite Verschickung eingelassen hat, denn nach der Erfahrung, dass ich sie nicht erkannt hatte, als ich das erste Mal wiederkam ... wie konnte sie das tun? Ich hatte das alles jahrzehntelang verdrängt, es irgendwo im Hinterkopf abgelegt, aber nach einer Fernsehsendung von *Report* ist alles wieder hochgekommen.

Die zweite Verschickung ging nach Bruchweiler bei Idar-Oberstein. Es war wieder unsere Hausärztin, die das empfohlen hatte. Meine Mutter hat sich dem gefügt, für sie waren Ärzte Götter in Weiß.

Diesmal gab es Vorbereitungen, an die ich mich erinnern kann, zum Beispiel daran, wie meine Mutter Stoffschildchen mit meinen Namen in die Kleider nähte. Ich sehe mich als Nächstes in einem Bus sitzen. Mein Sitznachbar schlief ein und lag plötzlich mit dem Kopf auf meinem Schoß.

Ich habe mir von dieser zweiten Kur, weil die so schlimm war, einen Namen gemerkt. Ich wusste, ich muss mich später einmal mit jemandem austauschen über diese Kur, und vor allen Dingen musste ich einen finden, der die Dinge bezeugen konnte, damit die Personen eines Tages einmal zur Rechenschaft gezogen werden könnten. So habe ich mir heimlich für mich jemanden rausgesucht. Den hatte ich wegen seines exotischen Namens ausgewählt, damit ich mir den gut merken konnte und nie vergessen würde. Ich dachte mir, dieser besondere Name, den hätte ich später gute Chancen wiederzufinden; einen »Peter Maier« suchen zu müssen wäre wesentlich schwieriger gewesen. Der Junge hieß Lothar van der Wal. Ich fand den Namen klasse, auch vom

Klang her. Ich hatte den Namen an seinem Koffer gesehen. Wir hatten nur sehr wenig Kontakt miteinander, wir konnten nichts verabreden, denn uns war jeder freundschaftliche Kontakt verboten. Also habe ich einfach nur nach Namen entschieden und mir vorgenommen, mir den zu merken. Das habe ich auch getan, bis zum heutigen Tag. Aber wiedergefunden habe ich den Menschen nie.

Ich sehe in diesem zweiten Kurheim Schlafräume vor mir, die klein waren, nur drei oder vier Betten. Davor lag ein langer Flur, von dem die Zimmer abgingen. Alle Zimmer hatten große Fenster zum Innenflur hin, damit man uns jederzeit kontrollieren konnte. Wenn man noch in einem Buch las und heimlich noch Licht hatte, konnten die Nachtschwestern das sehen und wir wurden sofort rausgeholt. Viele Stunden mussten wir dann barfuß auf dem Flur stehen, zur Strafe. Im Dunkeln. Wie kann man das mit Kindern machen? Das macht man nicht mal mit Sträflingen! Und was hatten wir getan: gelesen!

Ich habe aber trotzdem gelesen, die ganze Nacht. Heimlich. Ich habe dort ein einziges Buch gelesen, immer dasselbe Buch, über die Freundschaft eines kleinen Jungen mit einem Hund. Er wohnt am Meer und entdeckt eine Höhle. Er löst durch irgendetwas einen Steinschlag aus, dadurch fällt ein schwerer Stein auf das Bein des Jungen und er kann nicht mehr weg. Sein Hund hilft ihm dann. Dieses Buch habe ich verschlungen. Jede Nacht. Jede Nacht habe ich es gelesen, heimlich, unter der Bettdecke. Das war meine Rettung. Noch Jahre später war dieses Buch für mich ein großer und besonderer Schatz. Ich habe nie wieder reingeschaut, aber ich bewahre es bis heute an einem besonderen Platz auf. Das Buch heißt *Bernie, sein bester Freund.*

Wir hatten jeden Tag eine Art Singstunde. dazu kamen wir in einen Raum mit einer schweren Eisentür, ohne Fenster, wie ein großer Tresor. An den Wänden standen Bänke, im Raum herrschte ein Nebel, wahrscheinlich zur Inhalation. Darin haben wir dann kräftig gesungen aus der *Mundorgel*, einem kleinen Liederbuch. Das hat Spaß gemacht, dieses Singen.

Eine weitere Erinnerung betrifft den Speisesaal. In dem hatte jeder von uns auf einem kleinen Unterteller seine Tabletten liegen. Bei mir lagen jeden Tag 13 Tabletten und Kapseln, in allen Farben, ich fand die vielen Farben schön; die Kapseln hatten noch teilweise farblich abgesetzte Ringe. Ich wunderte mich, denn ich war vorher gar nicht krank gewesen. Ich war zwar dünn und hatte manchmal auch Bronchitis, aber so viele Tabletten? Der ganze kleine Kreis im Unterteller war bedeckt mit den Tabletten und Kapseln. Ich musste sie sortieren, wenn ich sie zählen wollte. Als ich das sah, da dachte ich: ›Mann, so krank bin ich, dass ich so viele Tabletten brauche?‹ Alle drei Tage gab es zudem eine Spritze. Die bekam ich in den Po, es war eine Monsterspritze. Da kam dann die Schwester alle drei Tage an, in der Hand so eine riesig große Spritze und rammte die mir in den Po.

Was ich noch als sehr krass in Erinnerung habe, passierte einmal im Essensraum. Es gab eine Essensausgabe an der Seite, da holte man sich sein Essen und setze ich dann an seinen Tisch und aß. Eines Tages gab es eine Wurst, die aussah wie von einem Hund geschissen, ungelogen. Das sah richtig aus wie die längliche Version eines Hundehaufens. Ich wusste sofort, dass ich die nicht würde essen können – und das sagte ich auch. »Ich kann das nicht essen«, sagte ich zu der Frau.

Sie antwortete: »Gut, dann bleibst du sitzen, bis du sie gegessen hast!«

Dann saß ich dort den ganzen Nachmittag, den ganzen Abend, die ganze Nacht. Die Nacht über habe ich aus dem Fenster geschaut, die Sterne beobachtet. Von dem Stuhl habe ich mich vor lauter Angst nicht weggerührt. Den Teller habe ich nur angestarrt. Angst habe ich gehabt vor der Dunkelheit in dem großen Saal. Es war kalt. Ich wusste nicht, was da passiert, es war sehr gruselig.

Morgens, als die Sonne aufgegangen und es kurz vorm Frühstück war, wurde mir gesagt, dass ich jetzt aufstehen dürfe, mich frischmachen solle und fertigmachen fürs Frühstück. Mit wackligen Knien bin ich in mein Zimmer gegangen, habe mich umgezogen und bin dann mit den anderen zum Frühstück gegangen.

Ebenfalls schlimm war etwas, was eigentlich schön sein sollte und das an den Samstagen passierte. Es gab einen Fernsehraum, in dem nachmittags Serien wie *Daktari* liefen. Der Raum hatte wie in einem Theater eine kleine Empore, auf der der Fernseher stand. Darauf freuten wir uns alle. Uns wurde gesagt, dass wir nur dann fernsehen dürften, wenn wir brav seien. Das galt für die gesamte Woche – es wurde während der Woche auch immer wieder von den Betreuerinnen thematisiert. So kamen wir in den Raum, im Raum hing eine große Uhr, die könnte ich heute noch genau beschreiben. Wir saßen mucksmäuschenstill auf den Holzstühlen und warteten und beobachten die Uhr. Wir waren meist eine Dreiviertelstunde vorher schon da und wurden ständig ermahnt, still zu sein. Die Tanten standen in den Ecken des Raumes und belauerten uns, wir durften uns weder räuspern noch mit dem Stuhl rücken. Kurz bevor es anfing, wurde noch einmal laut und drohend gesagt: »Aber nur, wenn alles ruhig ist!« Wir waren mucksmäuschenstill, wirklich. Und dann kam es: Als die Frau schon den Arm bewegte, um auf den Schalter zu drücken, sagte ein kleiner Junge freudig: »Oh, jetzt geht's gleich los!« Tja, und das reichte aus, dass die Schwester den Arm wieder senkte und sagte: »Okay, jetzt ist fertig, ihr könnt keine Ruhe halten, heute gibt es kein Fernsehen, es ist nicht ruhig genug, alle wieder raus!« Das war so gemein. Unerträglich. Wir mussten dann obendrein noch aufpassen, dass wir auch wirklich »brav« rausgingen, denn es stand auf dem Spiel, dass der nächste Samstag genauso »kassiert« würde. Das war wirklich das Allerletzte. Die Sendungen waren für uns ein Stück Freiheit, Abschalten von den ganzen traurigen Dingen, dass das dann so krass weggenommen zu bekommen war wie ein Genickschlag.

Eine nächste Erinnerung habe ich noch an die Aktionen, nachdem Kinder Päckchen von ihren Eltern erhalten hatten. Dann öffneten die Tanten selbstherrlich diese Päckchen, lasen die Briefe laut vor und verteilten anschließend in ihrer Selbstherrlichkeit den Inhalt an alle Kinder, wobei sie sich vermutlich noch als gerecht empfanden. Die Dinge aus den Päckchen haben sie dann quer durch den Raum geworfen und dabei zugesehen, wie wir uns alle darum prügelten.

Ich war ein schmächtiges Kerlchen und es waren kräftigere Jungen unter uns, sodass ich immer das Wenigste abbekommen habe. Besonders wehgetan hat mir das alles, als es das Päckchen meiner eigenen Eltern war, von dem ich aus demselben Grund kaum etwas abbekam. Es hätte mir überhaupt nichts ausgemacht, zu teilen, das hätte ich gerne gemacht, aber ich hätte das Päckchen meiner Eltern gerne selber aufgemacht, mir in Ruhe alles angesehen und dann jedem der Kinder etwas davon abgegeben. Ich hätte es einfach gerne selbst entschieden. Hätte gerne selbst angesehen, was meine Eltern wie verpackt haben, denn das war so eine Art Signal von zu Hause. Aber stattdessen kommt eine wildfremde Person daher, zerfleddert das schöne Paket deiner Eltern vor deiner Nase und du kannst nur hilflos zusehen.

Die Tanten waren so streng, haben immer ihre Macht ausgespielt, waren eiskalt. Niemals gab es freundliche Worte, immer herrschte ein harter Tonfall, ein absolut strenges Regiment. Ich kann mich an kein Lachen erinnern, an kein echtes Gespräch.

Von den Mädchen waren wir völlig getrennt, in zwei verschiedenen Flügeln des Hauses, und hatten keinen Kontakt zueinander. Dabei waren wir doch neugierig und wollten unbedingt zu ihnen hin.

Tagsüber waren wir immer viel draußen. Das war schön. Wir hatten dort einen Spielplatz, ein Indianerdorf, mit Pferden aus Holz. Das war schön. Auf den Spielplatz durfte man aber nicht oft, nur ab und zu, nur dann, wenn wir »brav« gewesen waren und wenn die Schwestern geneigt waren. Das war immer mit Anspannung verbunden.

In der Nähe befand sich die Felsenkirche in Idar-Oberstein. Das Haus selbst war ein Neubau aus den 1970er Jahren. Es gab sogar ein Schwimmbad, in dem wir ab und zu waren. Einmal haben wir auch ein Fest gefeiert. Eines der Kinder, es war eben dieser Lothar, hatte Geburtstag und wir waren gerade im schönsten Feiern, sogar Luftschlangen hatten wir und waren verkleidet, aber es gab dort eben nichts Schönes, was uns nicht nach einer Weile gründlich verdorben wurde, denn plötzlich kamen die Tanten und schimpften, wir wären zu laut und sofort sollte Schluss sein. Alle sollten wir mit den Fingern auf jene zeigen, die angeblich die Hauptübeltäter, also zu laut gewesen sein sollten. Und ehe ich mich versah, deuteten sie auch schon auf mich und zwei andere – das war eine furchtbare Situation. Wir sollten dann sofort gehen. Die Feier war komplett vergiftet, die Stimmung war kaputt und ich fühlte mich zu Unrecht beschuldigt. Ich musste dann in mein Zimmer und die Freude war mir komplett verdorben. Ich weiß noch, dass ich dachte: ›Warum machen die uns überhaupt erst eine Freude, wenn sie uns die doch gleich wieder nehmen?‹

Die Schwestern waren ohne Gefühl, ohne menschliche Regung. Am schlimmsten waren die Nachtschwestern, die haben es nur darauf angelegt, uns bei irgendetwas zu erwischen, und wenn es das Banalste war. Es war so, dass sie nicht etwa nur rumliefen und froh waren, wenn sie nichts zu tun hatten, nein, die haben uns regelrecht aufgelauert. Haben sie irgendwo unter der Bettdecke ein verstecktes Licht gesehen, dann sofort: raus! Man musste stehen, Hausschuhe hatte man auszuziehen, barfuß sollten wir stehen, auf dem kalten Flurboden, Stunden mussten wir da Strafe stehen. Es gab lediglich eine Notbeleuchtung auf dem langen Flur. Da mussten wir dann also stehen. Über Stunden. Es gab keinen Stuhl.

Irgendwann hat man eine Taschenlampe gesehen, da kam die Schwester zurück. Wenn man Glück hatte, hat sie dann gesagt, man könne jetzt ins Bett gehen; hatte man Pech, blickte sie einen nur strafend an und ging ohne eine Silbe an einem vorbei. Wir konnten uns, wenn die Nachtschwester wieder weg war, an die Wand anlehnen, das war alles. Wenn sie wieder vorbeikam, ist man wieder von der Wand weg und strammgestanden. Wir haben gezittert vor Kälte in diesem Flur. Das passierte mir fast jede Nacht. Auch das Lesen selbst war eine einzige Anspannung. Es war brandgefährlich. Man musste höllisch aufpassen, dass kein Lichtstrahl nach draußen drang.

Eines Tages kam es irgendwann zu einer Untersuchung. Dabei hat sich herausgestellt, dass ich einen schweren Leberschaden hatte. Der Arzt hat auf die Werte geguckt, dann wieder auf mich, hat ein ganz böses, ernstes Gesicht gezogen, noch mal auf die Werte geguckt, und ab dem Zeitpunkt hatte ich dann auf einmal keine Tabletten mehr mittags auf meinem Teller, stattdessen musste ich eine Diät essen, bei der ich keine Schokolade essen durfte, keinen Nachtisch mehr bekam und auf alles Fettige verzichten musste.

Als ich wieder zu Hause war, bekam ich noch ein Jahr lang diese strenge Diät: keine Sahne, kein Fett, keine Schokolade, oft weißen Käse. Es muss etwas zurückgeblieben sein, denn als ich im letzten Jahr wegen hohem Fieber mal nach langer Zeit zu einem Arzt gegangen war und der einige Blutwerte nachprüfte, fragte er mich, ob ich mal Alkoholiker gewesen sei. Die Leberwerte wären nicht normal.

Aus diesem Heim besitze ich ... gar nichts, keinerlei Beweise. Nur diesen einen Namen, den ich mir gemerkt habe: Lothar van der Wal. Heute denke ich, ich müsste diesen Mann endlich finden, der wäre der einzige Zeuge. Ich habe nicht einmal Fotos dieses Aufenthalts.

Unsere Hausärztin, die uns verschickt hat, war sehr nett, aber sie hat uns Geschwister alle verschickt. Wir waren vier Geschwister: eine Schwester 1954 geboren; ein Bruder 1957; ich 1965 geboren und mein kleiner Bruder 1967 – er als einziger wurde nicht verschickt; vielleicht hatten meine Eltern da begriffen, aber ich weiß es nicht. Die Ärztin glaubte sicher, dass es etwas Gutes für uns sei. Sie kam mir so lieb wie eine Mutter vor, und deshalb fügte ich mich dem auch. Unsere Eltern waren viel beschäftigt, immer überarbeitet, immer bemüht, sich etwas aufzubauen, nach »oben« zu kommen. Mein Vater hat sehr viel gearbeitet; war abends müde: Meine Mutter kümmerte sich nach Kräften um uns, kochte jeden Tag frisch, betreute uns bei den Hausaufgaben und gab uns auch sonst gute Ratschläge – gerade auch im Teenageralter.

Manchmal haben wir zusammen mit meinem Vater bei meiner Oma, die eine Straße weiter wohnte, *Mensch ärgere Dich nicht*, *Flohhups* oder das *Pfennig-Spiel* mit dem Drehwürfel gespielt, aber es fehlte der Körperkontakt: Mein Vater hat mich das erste Mal an sich gedrückt, da war ich 40.

Meine Kindheit war geprägt von Kissinger und den damaligen kriegerischen Auseinandersetzungen zwischen Israel und seinen Nachbarstaaten. Da ließ sich mein Vater dazu hinreißen, wenn diese Kriegsbilder in den Nachrichten erschienen, die Juden dafür verantwortlich zu machen. Ich würde ihn auf keinen Fall als Nazi bezeichnen. Für ihn war Hitler auch der größte Verbrecher, der je gelebt hat. Hitler hat ihm die Kindheit genommen und seine Zukunft zerstört, das hat er gesagt. Mein Vater hatte ein Gymnasium im besetzten Frankreich besucht, in das mein Großvater als Polizist mit Familie abkommandiert worden war. Nach dem Krieg fehlte das Geld, er musste für seine Mutter sorgen, Vater und großer Bruder waren in Kriegsgefangenschaft. So war an ein Abitur nicht mehr zu denken, stattdessen begann mein Vater eine Schreinerlehre, schaute, dass er mit seiner Mutter über die

Runden kam, und arbeitete sein ganzes Leben in diesem Beruf, den er liebte.

Meine Mutter war eher unpolitisch. Sie fand die Zeit im »Bund deutscher Mädel« immer noch klasse und verwehrte sich gegen jede Behauptung, dass diese Organisation zur ideologischen Früherziehung gegründet und missbraucht worden war. Ansonsten habe ich von ihr nie etwas zu politischen Ereignissen gehört; auf Fragen antwortete sie einfach nicht oder begann ein anderes Thema.

Mein Vater hat nur wenig vom Krieg erzählt, aber wenn er etwas erzählte, dann war das was ganz Entsetzliches, beispielsweise wie er vor einem Versteck auf dem Rückzug vom Osten Nachtwache stehen musste und direkt neben ihm ein erschossener Russe lag. Wieder zu Hause standen nach einer Offensive der Amerikaner am Ortseingang zerschossene Panzer. Zusammen mit einem Freund kletterte er in den Panzer, in dem noch die tote Besatzung war, um die Optik aus dem Fernrohr herauszubauen.

Ich kann heute nur schwer Beziehungen aufbauen, bin sehr misstrauisch und lasse niemanden nah an mich ran, habe aber auch Geduld mit Menschen. Wie jedoch wäre ich geworden ohne diese schlimmen Erfahrungen in diesen beiden Heimen? Ob ich den Leberschaden hätte, der zurückblieb, ohne die Tablettengaben zu bekommen? Und gegen was oder für was habe ich diese vielen Tabletten überhaupt bekommen?

Meine späte Wiederkehr

Hans-Jürgen

Die Erinnerungen an meine Verschickungsheime sind für mich schwarze Löcher in meiner Kindheit. Inmitten einer weitgehend guten und chronologisch nachvollziehbaren Erinnerung an die Erlebnisse meiner sonstigen Kindheit sind die Erinnerungen an die Erholungsheimaufenthalte wie aus meinem Leben ausgeschnitten. Ich kann nur nach den Unterlagen im Nachlass meiner Eltern rekonstruieren: Zuerst war ich in Hamburg-Harburg in einem Verschickungsheim. Da war ich fünf Jahren alt. Dann war ich in Wyk auf Föhr im Hamburger Kinderheim. Dort habe ich meinen neunten Geburtstag gefeiert. Gleich ein Jahr später war ich noch in Lüneburg, Linden-Au, auch das war ein »Hamburger Kinderheim«.

Alle drei Heime hatte ich zwischenzeitlich fast völlig vergessen, habe nie an sie gedacht, mein ganzes Leben lang nicht, nicht mal, als ich in demselben Heim als Erzieher beschäftigt war. Nicht einmal da ist mir das alles wieder eingefallen. Ich bin erst durch einen Filmbeitrag von *Report Mainz* darauf gestoßen, dass auch ich betroffen war – und dann ist es in mir wieder hochgekommen. Das ist allerdings nur wie in einem Aufdämmern passiert, und es sind nur kleine Szenen, die ich erinnere, aus jedem der Heime habe ich eine intensive Szene, die sich mir besonders eingeprägt hat.

Hans-Jürgen wurde insgesamt dreimal verschickt: mit fünf, acht und zehn Jahren, zuerst ins Harburger Kinderheim 1949, dann ins Hamburger Kinderheim in Wyk auf Föhr, 1952, sowie schließlich 1954 ins Hamburger Kinderheim in Lüneburg. Betreiber beider Heime war die Rudolf-Ballin-Stiftung, die noch heute die Häuser »Wyk« und »Timmendorfer Strand« führt.

Beim ersten Aufenthalt war ich mit meiner sieben Jahre älteren Schwester dort. Das Drama bestand darin, dass man uns von Anfang an trennte: Sie war in der älteren Mädchengruppe, ich in der Gruppe der kleinen Jungen – zu Hause lebten wir in einem gemeinsamen Zimmer. Ich durfte sie im Heim fast nie sehen, das empfand ich als sehr schmerzhaft.

Ich erinnere mich an eine Szene, die Erinnerung daran ist sehr intensiv und immer noch schmerzhaft: Es gab einen Tag mit einer Vorführung: Da tanzten uns die großen Mädchen etwas vor. Sie kamen immer zu Gruppen von zwei und zwei herein und tanzten. Sie sangen ein Lied, das mir im Kopf geblieben ist. Das Lied kann ich heute noch vorsingen, obwohl ich es später nie irgendwo fand. Es geht so: *Es war'n zwei alte Wanderer,/Bumsfidera, fiderallala./Sie stritten eins zum andern/Bumsfidera, fidera./Sie hatten nichts als Schulden/Bumsfidera, fiderallala./Nicht einen einz'gen Gulden,/Bumsfidera, fidera./Mädel von der einen Hand,/komm an die andre./So woll'n wir wandern,/so woll'n wir wandern/So setz ich mir den Hut aufs Ohr/und mache mich ans Wandern.*

Während sie vorne das Lied sangen und dazu tanzten, bin ich hinten zur Salzsäule erstarrt, denn ich sah, wie sich meine Schwester lustig bewegte, lachte und sang. Sie bewegte sich sogar an meiner Nase vorbei, aber sie durfte nicht zu mir und auch ich durfte keinen Kontakt zu ihr aufnehmen. Und ehe ich darüber nachdenken konnte, war sie auch schon wieder weg. Das war so schmerzhaft für mich, ich habe die ganze Zeit innerlich bitter »geweint«, aber äußerlich war ich erstarrt, gelähmt, blockiert … keine Möglichkeit, sie überhaupt anzusprechen. Danach weiß ich nichts mehr.

Sie hat mir später erzählt, dass man sie in dem Heim gezwungen hat, meine schmutzigen Unterhosen zu waschen, denn ich habe dort wieder in die Hose gekackt, als fünfjähriger Junge. Sie hat erzählt, dass sie das als Mutterersatz gern gemacht habe, denn auch sie war traurig, dass sie mich nicht mehr sehen konnte.

Mit acht Jahren kam ich nach Wyk, dort habe ich sogar meinen Geburtstag feiern müssen. Daraus sind mir zwei Szenen in Erinnerung geblieben: am Strand beim Muschelsammeln und im großen Schlafsaal.

Im Schlafsaal habe ich nachts verzweifelt versucht, mein Betttuch zu trocknen. Das ist die Szene, die ich glasklar erinnere. Ich war erneut zum Bettnässer geworden, aus seelischem Druck vielleicht, und ich wusste, dass man da am nächsten Tag blamiert wird. So dachte ich dann, ich sei ganz schlau, und setzte mich ans Kopfende, um so lange mit dem Betttuch zu wedeln, bis das Laken trocken ist. Das war eine ziemlich verzweifelte und einsame Aktion. In der Nacht, als alle schliefen, musste ich arme Sau am Kopfende sitzen und das Laken immer auf und ab wedeln. Es hat ganz lange gedauert, bis es endlich trocken war. Trotzdem haben die am nächsten Tag natürlich den gelben Fleck gesehen, womit ich überhaupt nicht gerechnet hatte. Dann kam der Anschiss vor der Gruppe und der Befehl, das Betttuch abzuziehen und in die Waschküche im Keller zu bringen. Beim Tragen des Tuchs durchs ganze Haus, wobei es alle gesehen haben, hieß es: »Iiiih, guck mal, der hat noch ins Bett gemacht!« Große Scham – danach Abriss der Erinnerung.

In Lüneburg passierte ein Essensdrama. Dort gab es nämlich Grützwurst. Dazu werden wahrscheinlich Fleischreste durch einen Wolf gedreht, sodass harte kleine Knorpel drinblieben. Die Wurst wurde aufgeschnitten und dann sah es aus wie nach einem Bauchschuss: Alles quillt grau heraus, es stinkt, eklig anzugucken, eklig zu riechen. Dann hieß es: »Du musst das essen.« Ich habe sie mit Müh und Not runtergewürgt, nur kam sie leider wieder hoch, der Körper wehrte sich dagegen. Es folgte die Tortur danach, die erinnere ich sehr gut: Nach meinem Gefühl musste ich stundenlang in dem riesigen Ess-Saal vor meinem stinkenden Teller sitzen und war gezwungen, das Erbrochene irgendwie wieder reinzukriegen. Ausgekotztes wiederessen müssen! Allein schon, wenn man mal Erbrochenes aufwischen muss, ekelt es einen, der Geruch … wie sollte ich das essen können? Im Hintergrund stand eine der Tanten zu meiner Bewachung. Die hat mich regelmäßig angeraunzt: »Jetzt mach mal!«, wenn ich mich nach einem Fluchtweg umgeschaut habe.

In allen drei Heimen war die Stimmung sehr angsterfüllt. Man wagte nicht, den Mund aufzumachen oder auch nur den Kopf zu heben, weil das alles in einem militärischen Ton vor sich ging, in Zwei- oder

Dreiwortsätzen: Hinsetzen, Aufessen, Maul halten, ausziehen, anziehen, duschen – Befehle wie auf dem Kasernenhof. Das ist alles, was ich erinnere.

In meinem Elternhaus herrschte eine Atmosphäre des Verschweigens. Als ich dahinterkam, dass meine Eltern mich in fast allem belogen hatten, habe ich sie nicht mehr achten können. Erst durch die Briefe meines Vaters habe ich die Wahrheit über ihn und seine Rolle im Faschismus und im Krieg erfahren. Mir gegenüber wurde die Taktik der Vertuschung gefahren. Es gab zum Beispiel über den Krieg immer nur ausweichende Antworten. Erst nach und nach kam ich hinter immer mehr Lügen. Mein Vater war mit 17 in den Frontkämpferbund gegangen, für eine Kriegsteilnahme im Ersten Weltkrieg war er noch zu jung gewesen. Die SA hat ihn dann als »alten Kämpfer« übernommen und so wurde er ein begeisterter Nazi und hat in brauner Uniform geheiratet. Das alles ist immer verschwiegen oder mit Lügen beantwortet worden.

Mein Vater, der mich oft prügelte, starb, als ich acht Jahre alt war. Man hat mich nicht mit zur Beerdigung genommen. Daher träumte ich lange Zeit, er sei noch am Leben, was mir nicht gutgetan hat. Danach hatte ich aber viel mehr Freiheiten. Morgens ging ich aus dem Haus und erst abends kam ich zurück. Wir haben in Wandsbek mit 20 Kindern in einem großen abgeschlossenen Hof gespielt. Oder auch außerhalb mit meinem Freund, in den Ruinen. Wir sind auf Bäume geklettert, später mit dem Fahrrad herumgefahren. Meine Mutter ließ mir diese Freiheiten. Zu Hause und in der Familie gab sie sich katholisch und spielte eine vorgegebene Rolle. Sie tat, was »man« tun muss, nie etwas anderes. Dadurch war sie nicht »echt« und deshalb habe ich ihr nie etwas von meinen Heimerfahrungen erzählt. Ich lebte schon ab früher Kindheit mein eigenes Leben.

Der Tod meines Vaters hat mir Freiheiten ermöglicht. Das war meine Chance, mich in eine eigene Richtung zu entwickeln. Meine Unternehmungslust damals war groß. Einmal bin ich von einem Schulfest von Nienstedten zu Fuß nach Hause gegangen. Das war eine lange Tagestour. Dafür gab es eine Tracht Prügel, aber das habe ich als Preis der Freiheit verbucht. Mit 13 bin ich dem »Wandervogel« beigetreten. Fahrten in den Harz und in die Eifel folgten. Ab 15 habe ich eine christliche Gruppe besucht, da haben wir dreistündige Fahrradfahrten unternommen und oft in einem Schafstall übernachtet. Ich habe viel Zeit in Gruppen verbracht. Das war schön und war begleitet von einem guten Freiheitsgefühl.

Die Schule hingegen war mir verhasst. Ich hatte eine sadistische Lehrerin, die hatte speziell mich auf dem Kieker. Sie hat mir immer gesagt, wie faul ich sei. Bald konnte ich sie nicht mehr ertragen und begann das Schulschwänzen. Höchstleistung: 72 Fehltage in einem Schuljahr, zu viel versäumt. Leider hatte ich diese Lehrerin acht Jahre lang. So war ich am Ende meiner Schullaufbahn zum Schulversager gestempelt und kaputt.

Danach habe ich dann zuerst erfolgreich eine Erzieherausbildung absolviert, dann die Begabtensonderprüfung gemacht und ab 1967 in Lüneburg begonnen, Lehramt zu studieren. Es hat mich sehr aufgebaut, dass wir als Gruppe in der Begabtenprüfung einen höheren Notendurchschnitt erreicht hatten als die Normalabiturienten. So ist mein Selbstbewusstsein teilweise wieder hergestellt worden und ich wollte es als Lehrer dann besser machen.

Wir lernten als Studenten viele gute Dinge: dass mündige Schüler ein hohes Gut seien zum Beispiel. Doch in der Praxis sah es ganz anders aus. Wenn wir uns dem Ziel der Mündigkeit widmeten, dann eckten wir an. Die schulische Praxis war 40 Jahre zurück. Wir mussten selbst kuschen und die Schüler durften sich meistens gar nichts erlauben. Schon meine Aktivitäten als Student führten dazu, dass ich in Lüneburg einen Eintrag in meine Schulakte bekam: Nicht einstellen! Bald darauf, nachdem ich mit den Schülern zusammen einen kritischen Artikel, der ihnen für die Schülerzeitung verboten worden war, vor der Schule als Flugblatt verteilt hatte, flog ich raus.

Damals habe ich ein Buch geschrieben in der Reihe »Roter Pauker« über Konflikte mit Lehrern, 20.000-mal hat sich das verkauft. Seit zwei Jahrhunderten schon gibt es Reglementierungen, sodass Lehrer schärfer und härter behandelt wurden als alle anderen Berufsgruppen, weil man von Amts wegen immer das Ziel verfolgte, Duckmäuser anstatt mündige Bürger zu erziehen. Später habe ich mich als Sozialpädagoge selbstständig gemacht und mich konzentriert auf die besondere Förderung von »schwierigen« Jugendlichen.

Während meines Studiums kam ich durch Zufall in die Situation, dass ich mich in den Semesterferien in genau jenem Kindererholungsheim um einen Job bewarb, in dem ich vormals als Zehnjähriger selbst gewesen war. Bizarr. Ein Ferienjob, dachte ich, und brachte es in keinerlei Zusammenhang! Meine Erinnerung daran war nicht existent. Mein Unbewusstsein hat mir da vielleicht einen Streich gespielt, es führte mich an diese Stätte meines Leidens zurück, in meine schwarzen Löcher. Ich bemerkte es nicht einmal. Aber nun war ich allerdings stark und groß geworden und konnte etwas tun. Wenigstens für die anderen Kinder. Und das habe ich dann auch gemacht. Mit weitreichenden Folgen.

Es handelte sich um das Kindererholungsheim »Linden-Au« in Lüneburg. Die Kinder kamen für sechs Wochen dorthin. Ich wurde befristet für vier Monate eingestellt, flog aber nach sechs Wochen wieder raus, da ich mich dort für bessere Bedingungen für die Kinder und die Erzieherinnen eingesetzt hatte. Das kam so: Von Anfang an bemerkte ich einen äußerst autoritären, launenhaften Führungsstil. In dem 120-Betten-Haus herrschte eine junge Heimleiterin, Frau K., die Unfassbares zu den Kindern von sich gab wie: »Ich hacke euch alle in die Suppe! Ich drehe euch durch den Fleischwolf. Morgen haben wir kein Fleisch, da brauche ich noch einen Jungen. Ich hole gleich einen großen Sack und steck dich rein.« Bei Verletzung: »Am besten wir schneiden dir gleich die ganze Hand ab.«

Und die Frau *tat* auch Unfassbares: Sie zerrte morgens wütend Kinder in Kleidung zur Strafe unter die eiskalte Dusche. Das nannte sie »Hydrotherapie«. Die Schreie der Kinder gellten durchs ganze Haus. Ich dachte, wohin bin ich denn hier geraten? Es war unerträglich. Kinder wurden vom Tisch weg oder aus dem Bett gezerrt und in voller Montur unter die eiskalte Dusche gestellt. Zur Beruhigung, wie die Leiterin meinte. Die Kinder weinten und schrien: »Ich will auch lieb sein!« Es war nicht zum Aushalten. Immerzu weinten in diesem Hause Kinder, immerzu hörte man irgendwoher das flehentliche Rufen: »Ich will wieder lieb sein, ich will wieder lieb sein.« Oder man hörte die Leiterin schreien: »Wirst du wieder lieb sein, wirst du wohl!« Die Schreie der Kinder haben mich bis ins Mark getroffen. Die Frau herrschte wie ein Diktator. Unerträglich.

Sie drohte auch öfter damit, den Kindern zur Strafe Beruhigungsspritzen zu verpassen. Dazu gab es einen Heimarzt, der verschrieb Unmengen von Beruhigungsmitteln, bis Valium 10. Das gibt man Erwachsenen nach schweren Operationen, aber doch nicht Kindern zur Disziplinierung. Diese Spritzen mussten die Kinderschwestern dann zahllosen Kindern jeden Abend geben. Mit diesem Arzt drohte die Heimleiterin den Kindern, besonders abends, dann sagte sie: »Wer jetzt nicht ruhig ist, bekommt eine Spritze!« Und selbst wenn der Arzt nicht im Haus war, nahm sie den »Delinquenten« am Arm, zerrte ihn in den Flur und rief: »Herr Doktor, der Junge braucht 'ne Spritze!« Das verfehlte anfangs nie seine Wirkung. Auch in der Kleinkindabteilung, wohin die Zwei- bis Sechsjährigen zum Erholen und Genesen geschickt worden waren, wurde jedes Kind durchschnittlich einmal am Tag an den Kopf oder an andere Körperteile geschlagen. Sie rechtfertigte das Schlagen der Kinder und sagte mir schon am ersten Tag: »Wundern Sie sich nicht, wir schlagen hier die Kinder, das geht nicht anders.« Einmal ist einer der Jungen, Andreas, von solch einer Spritze 48 Stunden lang nicht wieder aufgewacht.

Die Kinder wurden zudem in den Keller gesperrt und vom Hausmeister verprügelt. Als ich das sah, regte ich an, sich dagegen zu wehren. Daraus entwickelte sich eine Protestaktion, in deren Verlauf es zu mehreren Presseartikeln kam, unter anderem im *Stern* – und mir wurde fristlos gekündigt. Aber auch die Heimleiterin war dann für immer weg und die gesamten Zustände besserten sich wesentlich. 30 Eltern haben ihre Kinder gleich nach den ersten Artikeln abgeholt.

Du bist ja noch ein solches Baby

Anja

Unter dem »Verschicktwerden« konnte ich mir beim ersten Mal nichts vorstellen. Meine Mutter erzählte, der Arzt habe gesagt, ich müsse mich von meinem Keuchhusten erholen – bei frischer Luft und gutem Essen. Ich wollte nicht weg. Ich sollte in diesem Frühjahr in die Schule kommen, darauf freute ich mich, da wollte ich hin, aber Verschicktwerden, in ein Heim? Bald darauf sah ich meine Oma meinen Namen in meine Kleidungsstücke nähen. Sie nahm sie von einer weißen, schmalen aufgewickelten Stoffrolle. Die Buchstaben waren rot eingestickt. Ich besitze diese Rolle heute noch und fand sie jüngst in einem Nähkorb, den ich mir von der Wohnungsauflösung meiner 94-jährigen Großtante als Erinnerungsstück mitgenommen hatte. Mir hat das damals Angst gemacht. Was sollte mit meinen Sachen passieren, dass man sie kennzeichnen musste?

Anja war im November 1960 im Hamburger Kinderheim in Wyk auf Föhr und im Sommer 1963 im Teutoburger Wald, im DRK-Kinderheim Johannaberg in Berlebeck.

Später sehe ich mich in einem Zug sitzen. Um meinen Hals baumelt eine Karte. Darauf steht mein Name. Ich sehe auf die Karte, sehe sie auch bei den anderen. Ich nehme die Karte, kann meinen Namen schon lesen, die Buchstaben, die zwei gleich kurzen Worte. Darunter ein Bild. Die Karte bin ich, ich halte die Pappkarte fest in der Hand.

Irgendwann trieb man uns in Zweierreihen einen Weg von einem Hafen hinauf in eine Straße und dann weiter in das Heim. Es war so groß wie ein Schloss und hatte dunkle hohe Decken. Dann kamen Tanten dazu. Sie waren groß, sie trugen weiße Kittel. Ihre Gesichter hatten große Münder. Ihre Augen waren dunkel. Sie blickten böse.

Abends lag ich in einem hellen Schlafsaal. Ich sehe schmale Eisenbetten, nur kleine Gänge dazwischen, die Betten stehen eng. Ich blicke die Wände entlang: In langen Kolonnen stehen unsere schmalen Betten in endlosen Reihen. Der Raum endet nicht. Ich sehe nicht, wo die Tür ist. Es kommen Tanten. Sie gehen von Bett zu Bett. Die Betten sind weiß bezogen und haben dunkelgraue Wolldecken darüber. Sie kratzen. Unter diesen Decken liegen wir. Einige weinen. Sie haben die grauen Decken ganz hochgezogen, bis über ihr Gesicht. Aber: Wir dürfen nicht weinen.

Die Tanten kommen von einem Ende des Saales näher. Sie sind groß und schlank, sie sind schnell, sie schlängeln sich geschickt durch die Gänge. Sie bewegen sich hastig, flink, geschäftig. Sie halten bei jedem Kind an. Sie nehmen die Hände der Kinder hoch, prüfen etwas, legen sie dann wieder hin oder stecken sie blitzschnell in etwas Weißes – ich verstehe das nicht. Es geht blitzschnell, nur eine kurze, schnelle Bewegung: Sie bücken sich, nehmen die Hände der Kinder und packen sie in weiße Handschuhe, doch die haben keine Finger, denn mit diesen Handschuhen binden sie sie unter dem Bett fest, an beiden Seiten, unten am Gestänge. Dort binden sie die Hände der Kinder fest, sodass sie nicht mehr aufstehen können.

Ich bekomme Angst. Sie fesseln die Kinder! Himmel, wenn die Tanten auch zu mir kommen! Ich schließe die Augen, lege meine Hände rechts und links neben mich hin, halte den Atem an, stelle mich tot. Denke: Jetzt bin ich verloren. Mein Daumen, er ist dünner, ausgelaugt vom Nuckeln, ich benutze ihn noch. Ich bin schon fünf, aber ich benutze ihn noch. Ich soll das nicht, ich weiß, aber ohne ihn kann ich nicht einschlafen. Ich schließe die Augen, vielleicht sehen sie mich nicht. Vielleicht denken sie, ich schlafe schon, vielleicht entdecken sie nichts.

Nach einer Weile merke ich, dass ich Glück gehabt habe, denn die Tanten sind vorbeigegangen. Im Saal herrscht Totenstille. Ich traue mich nicht, die Augen aufzumachen, ich bewege mich keinen Millimeter.

Meine Hände liegen trotzdem wie gefesselt. ›Glück gehabt‹, denke ich immer wieder. Die Nacht kommt, ich rühre mich nicht mehr. Ich lausche lange in die Stille. Halte meine Augen geschlossen. Morgens wundere ich mich, dass ich ohne Daumennuckeln eingeschlafen bin. Ich habe nie wieder in meinem Leben am Daumen genuckelt.

Tagsüber werden wir über riesige Flure geführt, durch hohe, breite Treppenhäuser. Wir werden nackt geführt, in langen Reihen, Mädchen auf der einen Treppe und Jungen auf der anderen. Wir können uns gegenseitig sehen, wir schämen uns vor den Jungen. Es geht Stockwerke hoch und runter, mehrmals am Tag. Immer nackt, es ist kalt, wir dürfen uns nichts anziehen. Die Tanten stehen am Geländer und lachen über uns. Sie schütten sich aus vor Lachen, weil wir uns schämen vor den Jungen. Oben gibt es kleine, dunkle Räume. Wir bekommen Höhensonnenbrillen.

Dann müssen wir Plumpsack spielen – nackt. Dabei müssen wir einen Kreis bilden, aus dem eine immer ausschlossen ist, dann außen herumlaufen muss und bei irgendwem ein Säcklein fallen lassen muss – sofort muss diejenige laufen. Sie muss es allerdings auch merken und dann ganz schnell außen herum dem anderen nachrennen und wieder die Lücke erwischen. Wenn sie das nicht schafft, bleibt sie draußen und ist dann selbst diejenige, die das Säcklein dem nächsten Kind hinten hinwirft. Ich mag das Spiel nicht. Ich bin müde, ohnehin nicht schnell genug im Laufen und wie soll ich wissen, ob hinter mir gerade das Säcklein liegt, denn umsehen ist verboten bei diesem Spiel? Ich mag nicht Plumpsack spielen, keine Lust. Da wird wieder gelacht von der Tante, da werde ich angeschnauzt. Das tönt laut und klingt hämisch. Es ist immer ein Auslachen, wenn sie lachen, immer böse. Sie mögen uns nicht. Wären sie nett gewesen, nur ein kleines bisschen, wir hätten sie bestimmt gemocht. Die Höhensonnenräume waren bis unter die Decke gekachelt, grün und eng und ohne jedes Fenster, und machten auf mich einen unheimlichen Eindruck.

Essen gab es in einem dunklen Saal im Keller. Meist in Suppenform, wir sagten »Froschaugensuppe«. Es gab Graupen oder Speck, der Speck war hart wie Schuhsohle, man konnte ihn nicht hinunterbekommen. Durch mein Kindergartenessen war ich so ein Essen schon gewohnt, stumm schaufelte ich es in mich rein. Ich schaltete meinen Geschmack ab. Andere weinten neben mir und konnten es nicht essen und die Tanten waren gnadenlos: Die mussten sitzen bleiben, sie bekamen es am Abend erneut vorgesetzt, wurden zwangsgefüttert. Die Tanten kamen von hinten, die Kinder würgten, die Kinder weinten.

Der Gedanke an Zuhause kam in mir nicht auf. Ich war beschäftigt. Ich musste auf der Hut sein, die Tanten beobachten. Ich konnte mich nicht aufhalten bei einem anderen Gedanken als dem der Vorsicht. Ich sah Kinder weinen und sie taten mir unendlich leid. Ich wunderte mich, dass sie weinen konnten. Ich konnte das nicht. Ich beobachtete, ich hatte Angst und ich versuchte durchzukommen, ohne zu weinen – aber es gelang nicht. Ich konnte es den Tanten nicht recht machen, nie ließ der Ton des Bösen und Gereizten nach. Zu meinem eigenen Unrechtserleben quälte mich das Unrecht, das anderen dort geschah. Ich fand es ungerecht, wie die Tanten handelten. Ich litt. Wir sangen unheimliche Lieder wie *Wir lagen vor Madagaskar und hatten die Pest an Bord …* In dem Lied ging es ums Sterben, Morden und Verfaulen. Ich sah das alles vor mir: das Sterben, das Verfaulen, das Morden. Es spielte sich auf einem Schiff ab. Ich fühlte mich auch wie auf einem Schiff, mitten im Sturm, wo wir alle demnächst sterben und verfaulen würden. Ich war fünf Jahre alt.

Als ich später nach Hause kam, sagte ich zu meinen Eltern: »Da will ich nie wieder hin, das war ein Folterheim.« Bald danach wurde ich sechs, aber in die Schule kam ich dann nicht mehr, denn ich wurde erneut krank, noch mal viele Wochen, noch mal Keuchhusten. Wochenlang allein zu Hause.

Ja, wenn ich krank war, musste ich nicht in den Kindergarten. Ich durfte zu Hause bleiben und *Onkel Eduard* im Schulfunk hören, das Radio befand sich in einer hellen Truhe. Ich durfte auch Platten hören, schwarze, gut riechende Platten mit Märchen vom Dornröschen, das in einer Dornenburg lebt. Ich lag tagsüber im Wohnzimmer auf dem blauen Sofa, nah an der Radio-Platten-Truhe. Auf dem niedrigen Couchtisch hatte meine Mutter Essen für mich hingestellt. Das war schön, irgendwie feierlich. Die Schule wurde um ein Jahr verschoben. Darüber war ich sehr traurig.

Dann kam das zweite Mal, jetzt eine Verschickung in den Teutoburger Wald. Dort gibt es das Hermannsdenkmal, das würden wir besichtigen, hieß es. Ich schrie nur, ich tobte, weinte. Nein! Ich will nicht! Die sind da schrecklich! Niemand kann behaupten, ich hätte es meinen Eltern nicht gesagt. Ich bettelte bei meinem Vater und meiner Mutter, dass ich da nicht hinwollte. Noch mal in ein Verschickungsheim, nein! Aber meine Mutter sagte, ich müsse, der Arzt hätte es gesagt. Ich sollte schreiben, wenn es mir nicht gefalle. Ich sagte: »Aber die lassen einen da nicht schreiben!« Sie boten an, dass wir etwas ausmachten, ein Geheimzeichen. Ich sollte schreiben, die Wolken seien gut, wenn es dort gut sein würde, und die Wolken seien schlecht, wenn es da nicht gut sein würde. Ich fand das blödsinnig. Ich war nun acht Jahre alt. Gerade ein Jahr in der Schule, zweite Klasse. Abermals Schule versäumen. Ich will nicht! Ich sagte es immer wieder! Ich bettelte, ich flehte. »Der Doktor hat es gesagt«, sagte meine Mutter. Und dass es keine Diskussion gäbe. Das Heim liege im Teutoburger Wald, da gibt es ein Hermannsdenkmal. Davon wurde erzählt.

Angekommen in diesem Heim, sitzen wir noch in Jacken um einige Tische herum, die Koffer noch auf den Tischen, da übergebe ich mich auch schon, weil mir so schlecht ist. Alles landet quer über dem Tisch. Die Erzieherin, Tante Anneliese, kommt auf mich zu und schlägt mir mit der flachen Hand ins Gesicht, ich fliege vom Stuhl. Sie schreit: »Na, da haben wir ja wohl eine, die zu den Zweijährigen da unten gehört!« Sie zeigt die Treppe hinunter. Mich packt die Angst. Erschrocken blicke ich Richtung Treppe. Soll ich jetzt dorthin gehen? Wenn die Tante ein Mädchen vor allen anderen so ausschimpft, wer mag sich nun noch mit so einer anfreunden? Alle schauen mich an. Ich werde keine Freunde finden, ich bin allein. Sie zeigt weiterhin zur Treppe, sagt, ich solle einen Lappen holen und »die Sauerei« aufwischen. Es gebe für mich kein Abendbrot, ich müsse gleich zu Bett.

Dann liege ich allein in einem hohen Schlafsaal mit Ausblick auf grüne Bäume, in denen Vögel singen. Ich will auch ein solcher Vogel sein, dann könnte ich weg. Noch acht Wochen! Um mich herum lauter leere Betten. Ich liege und zittere und kann mich nicht bewegen. Meine Eltern hatte ich vergessen. Da war nur noch Angst in mir und um mich herum. Ich fühlte mich eingesponnen in einen Kokon aus Angst.

An das Weitere kann ich mich nur wie in voneinander gewaltsam abgerissenen Filmsequenzen erinnern.

Mittagessen gab es dort in einem dunklen und stickigen Raum, voller Geruch nach Verkochtem. Die Kinder weinten. Ich saß starr und löffelte. Manchmal gab es eine gelbe Vanillesuppe in einem weißen Becher, auf die freute ich mich, die schmeckte mir.

Nach dem Mittagessen gab es eine lange Mittagsruhe. Die lesen konnten, durften in die Bibliothek und sich Bücher ausleihen. Ich nicht. Tante Anneliese hatte es verboten, da ich mich wie ein Baby verhalten hatte, am ersten Tag, deshalb müsse ich auch wie ein Baby behandelt werden, so war ihre Meinung. Ich wurde für die ganze Zeit des Aufenthalts, acht Wochen, vom mittäglichen Bibliotheksbesuch ausgeschlossen. Das war qualvoll. Ich liebte Bücher über alles. Ich konnte schon fließend lesen. So fragte ich: »Darf ich nicht doch in die Bibliothek?«

»Nein«, sagte sie, »du bist erst in der zweiten Klasse, du kannst noch nicht lesen!«

»Ich kann schon lesen!«, widersprach ich.

»Was?«, schrie sie, »auch noch Widerworte?«

Es war zwecklos. Jeden Nachmittag fragte ich die anderen Kinder und flehte meine Bettnachbarin an: »Gibst du mir eins von deinen Büchern, nur zum Anschauen?« Doch die traute sich nicht. Sie hatte auch Angst. Nur sehr selten und ganz kurz mal durfte ich einen Blick in eines der Bücher werfen. Dabei ängstliches Zur-Tür-Schauen. Hektik. Keine Zeit, in Ruhe zu lesen.

Abends wurden wir schon bei hellem Sonnenschein ins Bett gesteckt. In der Mitte des Raumes stand ein einzelnes Gitterbett. Das war höher gelegen als unsere Betten. Unsere waren flache Betten. In diesem Gitterbett lag eine Fünfjährige. Wir sahen von ihr nur die braunen Haare, die aus der Bettdecke hervorlugten. Sie selbst sahen wir nie, sie weinte immer. Ich glaube, die Tanten nahmen dieses Kind gar nicht aus dem Bett heraus. Immer war sie schon im Bett, wenn wir in den Raum kamen, und lag noch drin, wenn wir rausgeführt wurden. Das machte uns so große Angst, dass wir uns nicht mal getrauten, mit dem Kind Kontakt aufzunehmen. Die Tanten schimpften und drohten uns: »Seid leise, sonst kommt ihr auch ins Gitterbett, wie diese Fünfjährige!« Sie sagten oft zu uns, wenn sie fanden, wir wären laut gewesen:

»Ihr seid wohl auch wie diese Fünfjährige da?« Sie benutzten das arme Kind als Drohung gegen uns.

Abends sollten wir mucksmäuschenstill sein. Aber keine von uns konnte schlafen. Wir flüsterten manchmal, aber vor allem litten wir unter zwanghaftem Lachenmüssen. Wir konnten nichts dagegen tun. Und oft kamen dann die Tanten rein und schimpften. Manchmal holten sie eine von uns raus, die wurde dann auf den dunklen Flur auf einen Stuhl gesetzt. Die zitterten dann vor Angst und Kälte. Ich war auch einmal dran, das war schrecklich. Ich hatte furchtbare Angst, dass Tante Anneliese vorbeikäme, mich sehe und mich dann wieder herunterputzte. Es war ein dunkler, kalter Flur. Ich fror, ich saß im Nachthemd. Es wurde uns nur eine kratzige graue Soldatendecke umgelegt.

Es gab auch einen Schreibraum, hinter einer braunen Flügeltür. Die anderen durften dort rein. Ich nicht. Ich musste davor warten. Einmal versuchte ich doch in den Schreibraum zu kommen, aber Tante Anneliese verbot es mir, ich versuchte sie umzustimmen und sagte: »Ich kann doch schon schreiben!«

Aber sie lachte nur.

Ich ergänzte: »Ich bin doch schon acht!«

»Eben! Und noch so ein kleines Baby!«

Auf den Fluren und im Garten versuchte ich immer, dieser Tante Anneliese auszuweichen. Die Angst, ihr zu begegnen, packte mich überall. Da ich mich am ersten Tag erbrochen hatte, sagte sie, sei ich also ein Baby, das war ihr ständiger Satz zu mir: »Da kommt ja unser Baby!« Ich zitterte, wenn ich sie nur von Weitem sah.

Ein einziges Mal durfte ich in die Schreibstube, nachdem alle anderen Kinder schon fertig waren. Da legte sie mir eine Karte hin, auf der stand, dass es mir gut gehe. Ich solle unterschreiben. Ich zögerte. Sie lachte und sagte: »Ich denke, du kannst schon schreiben!« Ich schrieb meinen Namen unter den Text. Die Buchstaben gerieten ungelenk, worauf sie sofort sagte: »Siehst du, du kannst ja noch gar nicht schreiben!«

Eines Tages bekam ich selbst eine Karte gereicht. Zusammen mit einer netten Praktikantin saß ich auf einem Treppenabsatz, aber ich konnte die Schrift meiner Mutter nicht entziffern. Ich bat die Praktikantin, mir vorzulesen. Sie las die Sätze von der Karte und kam zu dem Satz: »Wie sind denn da die Wolken?« Ich fragte die Praktikantin, was damit denn gemeint sein könne. Ich hatte das Zeichen vergessen.

Nachts durften wir nur bei Rotlicht auf Klo. Das Rotlicht wurde aber erst irgendwann mitten in der Nacht eingeschaltet. Woher sollten wir wissen, wann Rotlicht war? Nachmittags durften wir auch nicht aufs Klo gehen. Aber irgendwann standen wir auf und bildeten ein Spalier: Vom Schlafraum bis zur Toilette stellten wir uns auf, um Wache zu halten. Eine Schlange von lauter Kindern, eins hinter dem anderen, vom Zimmer bis zur Toilette, die aufpassten, dass keiner kommt. Das war gut. So konnte schnell einer nach dem anderen aufs Klo gehen. Doch wir hatten immer Angst.

Einmal musste ich nach einem Ausflug beim Nachmittagsschlaf schon sehr früh aufs Klo, diesmal wurde wegen des Ausflugs alles dunkel gemacht, alle sollten schlafen. Keiner durfte sich Bücher holen. Ich spürte, dass ich das nicht schaffen würde, auszuhalten, ich krümmte mich im Bett zusammen, presste die Beine aneinander, biss die Zähne zusammen, aber der Schmerz ließ sich nicht aushalten. Dabei war es noch endlos lange, eben erst waren wir hingelegt worden. Ich versuchte alles, flüsterte zu einer Nachbarin hin, flehte um Hilfe, aber keine Antwort. Ich wollte die anderen fragen, ob sie das Spalier wagen würden, aber keiner antwortet. Die anderen trauen sich nicht oder schliefen. Ich stöhnte, stopfte mir das Kissen in den Mund, Tränen liefen, ich dachte: ›Das ist doch ungerecht! Ich kann nichts dafür!‹ Aber mir wurde klar, dass ich keine Wahl hatte, denn wenn ich ins Bett machen würde, wäre das Donnerwetter fürchterlich, würde ich aber aufstehen und zur Toilette schleichen, ebenso.

Endlos zog sich die Zeit, dann endlich kam eine Tante herein und machte die Vorhänge auf und ich durfte aufstehen. Doch konnte ich kaum, ich wankte, alles ging nur langsam, es tat weh. Später saß ich auf dem Klo. Ich weinte, ich konnte kein Wasser mehr lassen, ich hatte einen Blasenkrampf, es schmerzte höllisch. Erst nach einer ganzen Weile konnte ich.

Es gab auch eine Turnhalle. In der Turnstunde waren wir zu laut, Lachen war auch nicht erlaubt. Ich hatte aber gelacht. Schwieg aber wieder schnell, denn ich sah die Tante schon. Die Tante kam direkt auf mich zu. Ich blickte weg, aber zu spät. Die Tante holte eine Rolle Leukoplast aus ihrer Tasche und sagte: »Jetzt reicht's aber«, und klebte mir einen breiten Streifen Leukoplast über den Mund. Es fühlte sich furchtbar an. Ich schämte mich. Alle Kinder starrten mich an. »So«, sagte die Tante, »damit du mal siehst, was passiert, wenn ihr keine Ruhe geben könnt!« ›Ich war doch nicht die Einzige, die geredet hat‹, dachte ich. Die anderen Kinder lachten jetzt auch, sie waren erleichtert, dass sie davongekommen waren. Die ganze Stunde, eine endlose Zeit lang, musste ich mit dem Pflaster herumlaufen. Wann man es mir abgerissen hat, weiß ich nicht mehr, nur, dass es wehgetan hat.

Einmal wurde mitten in der Nacht ein Mädchen mitsamt ihrem Bett aus unserem Schlafsaal geholt, weil es zu laut gewesen war. Es blieb die ganze Nacht weg. Wir waren starr vor Angst. Wenn man mit dem Bett rausgeholt wurde, kam man in den Waschraum. Das schien uns am grässlichsten. Der Waschraum war unheimlich, fensterlos und stockdunkel. Wir glaubten, dass man es kaum überleben könne, in den Waschraum gebracht zu werden. Wir hatten Todesangst bei der Vorstellung des Schlafenmüssens im Waschraum. Doch gottlob, das Mädchen starb nicht. Am nächsten Morgen wurde es wieder hereingebracht, mit bleichem Gesicht. Wir getrauten uns nicht, mit ihr zu sprechen.

Einmal bekam ich unerwartet Besuch. Ein Onkel Willi kam mit seiner Frau. Die kannte ich nur flüchtig, es waren entfernte Verwandte. Ich wurde von Tante Anneliese geholt und musste an ihrer Hand raus auf den Parkplatz gehen. Dort standen Onkel und Tante neben ihrem Auto, näher durften sie nicht kommen. Mit mir irgendwo hingehen, das durften sie auch nicht. Ich stand wie gelähmt neben der Tante, deren Hand mich umklammert hielt. Onkel Willi und seine Frau freuten sich und lachten mir entgegen. »Es geht ihr gut«, antwortete Tante Anneliese auf die Frage des Onkels, die an mich gerichtet war. Onkel Willi und seine Frau sagten etwas. Ich verstand nicht, was sie sagten. Ich dachte nur: ›Wie kann ich wegkommen und mit ihnen mitfahren?‹

Ich stotterte nur, Tante Anneliese unterbrach jeden meiner Sätze. Die Frau von Onkel Willi drückte mir plötzlich zum Abschied ein Paket in die Hände, ich sah, dass es voller Lakritzen war. Ich mag Lakritze. Ich drückte den Karton an mich und sie stiegen wieder ins Auto. Tante Anneliese zog mich weg, zurück in die Küche. Dort drehte sie sich zu mir um und riss mir das Paket aus der Hand, schüttete die Lakritzen in einen großen, grünen Eimer und sagte: »Das ist für alle!«

Eines Tages sehe ich mich, im Zug sitzend, in einen Bahnhof einfahren und ich sehe dort meine Eltern stehen, die wohl gekommen waren, um mich abzuholen. Erst in diesem Moment begreife ich, dass ich ja Eltern habe. Dort stehen sie, sind beide gekommen. Der Zug fährt ein, ich laufe zu ihnen: »Du bist ja ganz grün im Gesicht«, sagt mein Vater. Ich weiß noch genau, wie ich dachte: ›Er hat etwas bemerkt.‹

Wie viele Suizide gab es noch?

Rolf

Ich habe in Kulpin bei Ratzeburg gelebt und hatte im Frühjahr 1954 eine schulärztliche Untersuchung, nach der der Arzt Dr. Kindorf vom Gesundheitsamt Ratzeburg bestimmte, dass ich wegen starker Unterernährung an einer Kur in einem Kinderheim teilnehmen sollte. Das ist bei mir sogar im Schulzeugnis festgehalten. Ich war gerade in die fünfte Klasse gekommen.

Rolf war 1954 von Mitte August bis Anfang Oktober im DRK-Kindererholungsheim Wittdün auf Amrum. Da war er zehn Jahre alt. Das Heim wurde betrieben vom DRK-Landesverband Schleswig-Holstein.

Zu meiner Familiengeschichte ist zu sagen: Mein Vater war Unteroffizier der deutschen Wehrmacht und in Frankreich stationiert. Er war zu dem Zeitpunkt mit meiner damals 19-jährigen Mutter nicht verheiratet, aber sie wollten heiraten. Als er mitbekam, dass meine Mutter schwanger war, hat er mehrere Male Heiratsurlaub beantragt, ihn aber nicht erhalten. Dann geriet er in französische Kriegsgefangenschaft, aus der er erst im Frühjahr 1948 zurückkehrte. Wieder zurück, hat er sich gleich ein Fahrrad geliehen und ist von Ritzerau bei Mölln bis nach Kulpin zu meiner Mutter gefahren. Die beiden wollten heiraten, durften aber nicht, weil die Mutter meiner Mutter dagegen war, denn meine Mutter wäre sonst nach Lübeck gegangen und meine Großmutter hätte ihr Wohnrecht auf dem Bauernhof verloren, auf dem sie lebten. Die Mutter meiner Mutter hatte schon vor meiner Geburt zu meiner Mutter gesagt: »Entweder er heiratet dich vorher oder gar nicht.« Meine Mutter traute sich nicht, etwas gegen den Willen ihrer Mutter zu tun, auch weil sie noch nicht volljährig war.

So kam es, dass ich, der ich unehelich geboren war, für immer unehelich blieb. Ich habe viel mitmachen müssen deshalb. Das hat mir das ganze Leben über angehangen. Immer hat es geheißen: Du bist ja unehelich. Dabei konnte ich doch nichts dafür.

Ich hatte dann schon bald, ab Juli 1948, einen Stiefvater, der meiner Mutter vor der Ehe versprochen hatte, mich immer gut zu behandeln, aber der das nicht eingehalten hat. Er machte meiner Mutter noch weitere fünf Kinder, bis sie sich nicht mehr bewegen konnte. Und er hat mich oft verprügelt. Wenn mein Stiefvater mich verprügelte, wollte meine Mutter mir wohl immer beistehen, aber sie konnte es nicht. Wenn sie mir beigestanden hätte, dann hätte sie genauso von ihrem Mann Prügel bekommen. Ab 1948 hat mein leiblicher Vater für mich Unterhalt gezahlt, davon habe ich nie etwas gesehen. Mir wurde immer gesagt, ich sei unehelich, ich tauge nichts, ich sei nichts wert. Später habe ich meinen Vater getroffen, und er war sehr lieb zu mir und hat mir alles erzählt. Wir haben uns, als ich erwachsen war, oft mehrmals im Jahr getroffen. Und nach seinem Tod hat mir meine Mutter gestanden, dass er der einzige Mann war, den sie je geliebt habe.

Der Abschied von meiner Mutter damals, als ich nach Amrum zur Erholung sollte, der fiel mir gar nicht schwer, ich war sogar froh, dass ich mal wegkam. Das sage ich ganz ehrlich.

Wir fuhren zuerst im Zug, dann kamen wir auf eine Fähre, die fuhr zunächst nach Wyk, dann weiter nach Amrum. Am Spätnachmittag kamen wir dort an. Das Haus war früher ein Lazarett gewesen. Da wurden wir in den Schlafsaal geführt, in dem 32 Betten standen. In diesen Schlafräumen wurde uns alles weggenommen und unsere Koffer wurden alle in eine Ecke gestellt. Dann wurde gefragt, wie wir heißen. Ich wurde zudem gefragt, ob das stimme, was da stehen würde, denn da war wohl ein Vermerk vom Arzt, dass ich unehelich sei. Ich habe gesagt: »Ja, ich bin unehelich.«

Am nächsten Morgen nahm mich die damalige Leiterin des Heims, die etwa 35 Jahre alt war, in ihr Büro, verschloss es und schrie mich an: »Es ist ja wohl unmöglich, dass du, fast verhungertes Gör, zur Kur verschickt wirst und aufgepäppelt werden sollst. Im DRK sind du und deine Mutter auch nicht!« Danach befahl sie mir, mich splitternackt auszuziehen, begutachtete mich von allen Seiten und untersuchte aufmerksam meine Ohren. Ich zitterte dabei vor Angst, Kälte und Scham. Dann sagte sie, so mehr für sich: »Na ja, die Ohrläppchen sind nicht angewachsen, dann ist wohl kein Jude dabeigewesen.« Sie begutachtete mich weiter, drehte und wendete mich und sah dann meine Arme. Die sehen etwas anders aus, als bei anderen Leuten, sie stehen rachitisbedingt auffällig vor, was von der Unterernährung kam. Als sie damit fertig war, sagte sie laut zu mir: »Du gehörst nicht zur arischen Rasse. Dich hat man vergessen zu vergasen!« Damit ging sie raus, und sie befahl einem ihrer Mitarbeiter, mich wieder anzuziehen und hinauszuführen. Ich weiß bis heute nicht, wie die Heimleiterin hieß. Ich war, als das passierte, völlig perplex. Ich habe geweint und geweint. Die Frau war so brutal. Die hat immer nur geschrien und herumgebrüllt.

Von dem Tag an habe ich immer nur Prügel bekommen. Ich hatte wirklich nichts getan, bin aber immer verprügelt worden. Wir wurden dort täglich mit einem Weidenstock geprügelt, ein andere Junge und ich. Wir besonders. Nur weil wir unehelich waren. Ich weiß noch, dass er mit Nachnamen Schwarzer hieß.

Zu trinken bekamen wir dort immer Muckefuck, aber unserer war mit salzigem Wasser gebrüht. Ich fragte nach. Da hieß es, das bekämen alle. Aber ich habe bei einem anderen Kind heimlich probiert, dessen Kaffee war nicht salzig. Das kam so: Als einmal alle rausgejagt wurden und einige ihre Tassen noch dastehen hatten, bin ich schnell hin, habe kurz bei einem probiert und siehe da, der Kaffee war überhaupt nicht salzig. Nur unser Kaffee war so, bei dem anderen Jungen und mir war es so, der Kaffee war mit Salzwasser gemacht. Essen haben wir auch viel weniger als die anderen bekommen. Ich habe mir damals schon gesagt: ›Was kann ich dafür, dass ich unehelich geboren wurde?!‹

Abends kamen die Tanten immer rein in den Schlafsaal und schrien herum, wir sollten gefälligst alle ruhig sein. Ich habe mich da meist unter meiner Bettdecke verkrochen und habe geheult. Gut sind die mit keinem umgegangen, aber mit uns beiden am schlimmsten.

Eines Tages sollten wir, als wir gerade draußen spielten, zu nah an den Zaun gegangen sein und an ihm gerüttelt haben. Das hatten wir gar nicht getan, aber das behauptete der Hausmeister, der auf uns zugelaufen kam. Wir rannten weg, er hinterher. Als er uns einholte, wurde zuerst der andere Junge bestraft und dann sollte ich drankommen. Aber als er den anderen Jungen zu fassen bekam, gelang es mir, wegzulaufen. Die Strafe war grausam, sie bestand darin, dass er dem Jungen mit einem dicken Dornenstock mehrfach über den Rücken schlug. Die Haut riss auf, der Junge blutete. Der Rücken des Jungen wurde mir am Abend triumphierend gezeigt, und man sagte mir, dass nun ich drankommen sollte. Der Junge weinte immer noch. Den Anblick dieses zerschlagenen, zerkratzten und blutenden Rückens habe ich mein ganzes Leben nicht vergessen können, bis auf den heutigen Tag sehe ich ihn vor mir. In Todesangst rief ihnen zu, dass ich zur Polizei gehen und das melden würde. Daraufhin haben sie von mir abgelassen, mir aber die Hosenträger weggenommen. Später habe ich mir aus Sackband, das ich irgendwo gefunden hatte, neue gebastelt und sie dann auch nachts unter meinem Nachthemd getragen.

Zwei, drei Tage später hat der Hausmeister aufgepasst, dass er mich allein traf. Da hat er mir mit gehässigem Gesichtsausdruck gesagt, dass ich ihn schon noch kennenlernen würde, dass mit ihm nicht zu spaßen sei, denn er sei KZ-Wächter gewesen und von Flossenbrück nach Neuengamme versetzt worden, weil die in Neuengamme alle Weicheier gewesen seien. Dort habe er dann erst mal Ordnung geschaffen. Er rühmte sich also, ein besonders harter KZ-Wächter gewesen zu sein!

Einige Zeit später war auch der Sohn des damaligen stellvertretenden Bundesvorsitzenden des DRK aus Alzey in dem Heim, er wurde besonders gut behandelt. Seine Eltern waren jedes Wochenende, mit ihrem eigenen Auto, einem graugrünen Opel Kapitän, in einem Extrahaus untergebracht. Das weiß ich alles noch ganz genau, ich weiß genau, wie das Ding ausgesehen hat. Das haben die uns dort sogar mitgeteilt, dass das der Sohn des DRK-Vorsitzenden war. Der Junge wurde nett und liebevoll behandelt, der hat auch ganz anderes Essen bekommen. Wir haben da fast gehungert, unser Essen war schlecht.

Als ich nach der Verschickung wieder nach Hause kam, da war ich so dünn, dass ich immer zu meinem Freund Dietrich G. gegangen bin, der hat mir manchmal etwas Brot abgegeben. Dann habe ich heimlich in Gärten Erbsen gepflückt, habe Sauerampfer gegessen, habe überall Äpfel, Birnen, Pflaumen geklaut, denn sonst wäre ich wohl verhungert.

Wegen des Prügelns bei uns zu Hause bin ich dann, als ich älter war, auch zur Polizei gegangen, weil ich so verzweifelt war, aber auch dort haben sie immer gesagt, ich sei unehelich, ich würde sowieso lügen, und so haben sie mich wieder weggeschickt. Erst mit 13 Jahren hat Herr Bonin, mein damaliger Lehrer, der sehr, sehr nett war und mich verstanden hat, meine Situation dem Jugendamt gemeldet und hat mir dann ein Kinderheim empfohlen, das ich mir mal für ein paar Tage anschauen sollte. Das war das DRK-Kinderheim Ratzeburg am Rensemoor. Ich war aber aufgrund der schlechten Erfahrungen auf Amrum sehr skeptisch. Ich wäre dort sicher auch nicht besser behandelt worden, so meine Befürchtungen. Gleich am ersten Tag habe ich mitansehen müssen, wie ein etwa 15-jähriger Junge, der mit mir und einem anderen Jungen im Raum war, von einer DRK-Schwester, mit weißer Schwesternhaube und dem Rotekreuzzeichen vorn, an den Haaren zu einer Wand gezogen und mit dem Kopf gegen diese Wand geschlagen wurde. Einer jungen DRK-Schwester, die mit im Raum war, schrie die Täterin zu: »Damit das klar ist, Sie haben nichts gesehen! Den drei Gören«, sie zeigte auf uns, »glaubt man sowieso nicht!«

Der Jugendliche, der mit dem Kopf gegen die Wand geschlagen worden war, ist später weggelaufen und hat bei einem katholischen Geistlichen Unterschlupf gesucht. Der soll ihn dann sexuell gedemütigt haben, und einige Tage später hat sich der Junge dann erhängt, weil er wohl keinen Ausweg mehr wusste. Das habe ich erst viel später erfahren, von dem zweiten Jugendlichen, der in dieser Zeit auch noch in unserem Zimmer war. Der hieß Ulrich, den habe ich nach seiner Heimentlassung später einmal zufällig wiedergetroffen. Dieser Junge konnte nicht vergessen, was sie ihm dort angetan hatten, und hat sich 1963, mit 21 Jahren, ebenfalls erhängt. Als ich davon erfuhr, bin ich zu seinem Grab gefahren und habe geweint. Nur wenige Tage bevor er sich umbrachte, hatte er mir noch erzählt, dass er herausgefunden habe, wer seine Mutter und wieso er ins Heim gekommen war. Sie hatte einen Seitensprung, als sein Vater an der Front war, und der Junge war das Ergebnis von diesem Seitensprung. Das durfte aber der Vater nicht wissen, deshalb hat sie ihn ins Heim gebracht.

Ich habe damals abgelehnt, dort zu bleiben, und bin dann wieder nach Hause gekommen, das schien mir immer noch das kleinere Übel zu sein.

Die beiden Selbsttötungen der Jungen, die ich in den wenigen Stunden, die ich dort war, kurz kennengelernt hatte, die haben mir schwer zu schaffen gemacht. Wie viele haben sich wohl dort noch aus Verzweiflung umgebracht? Und warum wird das bis heute beschwiegen? Ich weiß seit Kurzem, dass das Kinderheim vom DRK 1936/37 komplett an die Nazis gegangen war, und zwar ohne Zwang, ohne sonstige Gründe, es wurde einfach freiwillig übergeben. Da haben sich sicher viele profilieren wollen und hatten offenbar 1954 immer noch nicht verstanden, dass wir in einer Demokratie lebten und nicht mehr in einer Diktatur. Das haben wir Kinder dann ausbaden müssen, aber wir konnten doch am allerwenigsten dafür.

Das alles habe ich zusammen mit der Geschichte meines Verschickungsaufenthalts in dem DRK-Heim vor einigen Jahren dem Bundesvorsitzenden des DRK auf zehn Seiten geschildert. Ich habe Dokumente beigelegt, konnte alles belegen, hatte alles genau beschrieben. Ich bekam dann von Herrn Rudolf Seiters persönlich ein Schreiben zurück, dass das DRK diese Vorfälle »aufrichtig bedaure«, dass das DRK sich »bemühen würde«, die Vorfälle »gründlich aufzuarbeiten«, damit sich so etwas niemals wiederholen würde. Mir wurde dann zugesichert, dass das DRK zwar damals nicht am Runden Tisch Heimerziehung beteiligt gewesen sei, sich aber an deren Beschlüssen orientieren würde. Von Herrn Seiters wurde ich an die Anlaufstätte beim DRK-Verband Schleswig-Holstein verwiesen, dort würde man mir weiterhelfen können, so wurde gesagt. Ich sollte mich dazu an einen Herrn G. wenden.

Zum Schluss schrieb Herr Seiters noch, dass es keine Entschuldigung geben könne für die von mir erlebten damaligen Zustände auf Amrum, wörtlich: »Das Leid, was Sie dort erfahren haben, ist durch nichts zu rechtfertigen.« Er sei sicher, ich sei dort im DRK-Landesverband in guten Händen und würde das DRK dadurch zukünftig in besserer Erinnerung behalten.

Ja, und dann bin ich bei denen gewesen, bei Herrn G. aus M. Und was dann da passiert ist, das ist ungeheuerlich, wirklich! Darüber habe ich anschließend erneut einen Brief an Herrn Seiters geschrieben. Für diesen zweiten Brief habe ich acht Wochen gebraucht. Ich musste immer wieder unterbrechen, weil ich vor Weinen nicht mehr weiterschreiben konnte.

Ich war also bei Herrn G. vom DRK-Landesverband Schleswig-Holstein und hatte alle meine Unterlagen mit dabei, habe ihm alles erzählt, dass ich beim DRK-Ortsverband Ratzeburg und beim DRK-Kreisverband Ratzeburg und beim DRK-Landesverband Kiel gewesen war, dort jedoch überall die Antwort bekommen habe, dass ich über das, was mir geschehen ist, »hinwegsehen« solle, weil das schon so lange her sei. Ich hatte mir die Telefonnummer vom DRK-Landesverband Kiel schon extra mitgenommen, um im Beisein von Herrn G. von meinem eigenen Telefon aus dort anzurufen, damit Herr G. mitbekommen hätte, was mir dort geantwortet wurde. Darauf ist dann aber Herr G. nicht eingegangen. Er fand es zwar bedauerlich, dass ich keine Antwort auf mein Schreiben an das Oberlandesgericht Schleswig, an den Ministerpräsidenten, an den Minister für Justiz und an den SPD-Landtagsabgeordneten Herrn Peter Eichstädt aus Groß Grönau, Herzogtum Lauenburg, bekommen habe, er betonte auch, dass er mir alles glaube, was ich ihm erzählt habe. Nur, er könne auch nichts für mich tun. Dann antwortete er mir wortwörtlich: »Verbrennen oder geben Sie die Papiere in den Reißwolf, damit Sie zur Ruhe kommen und dann einen Abschluss machen können, ich kann das gern für Sie erledigen.« Ich habe gedacht, ich träume! Ich bin extra nach Kiel gefahren und muss mir so etwas anhören?! Das war das Schlimmste, was ich bisher vom DRK gehört habe.

Ich habe mich damals als Kind immer in einen Wald geflüchtet. Es war ein Gelände rund um den ehemaligen Kulpiner Bahnhof. In der Frühlingszeit habe ich dort Singvögel beobachtet. Sobald die Jungen geschlüpft waren, habe ich dort gesehen, wie die Vogeleltern im Dauereinsatz ihre Jungen großgefüttert haben. Das hat mich zu Tränen gerührt. Ich wünschte mir damals auch solche lieben Vogeleltern. Dorthin wünsche ich mir heute ein »Haus für verlassene Kinder«.

Das darf aber kein Heim sein, wie wir es erlebt haben. Es sollte ein fröhliches, liebevolles Haus sein mit Menschen, die so sind, wie mein Lehrer war, der mich so sehr unterstützt hat. Menschen, die Kinder mögen. Andere sollten niemals mit Kindern arbeiten dürfen.

Ich habe viel erleiden müssen als Kind und das darf nicht vergessen sein. Mich hat es lange gequält, aber später habe ich eine tolle Frau gefunden, wir haben drei tolle Kinder. Aus denen allen ist etwas geworden, ich habe mein Leben gemeistert. Aber die Welt darf doch das nicht vergessen, was da passiert ist, es darf nicht darüber hinweggegangen werden, was da geschehen ist! Das muss aufgeklärt werden, dafür müssen sich die verantwortlichen Institutionen nicht nur entschuldigen. Da muss doch etwas aufgearbeitet und wiedergutgemacht werden. Wie viele Kinder haben sich noch umgebracht? Denen muss doch ein Denkmal gesetzt werden! Ich brauche keine Entschädigung, ich bin nicht käuflich. Ich will, dass ein Zeichen gesetzt, dass eine Wiedergutmachung veranlasst wird. Nicht für mich, aber für heutige Kinder. Damit so etwas nie wieder passiert.

Christa Müller

Schatten des Schweigens, Notwendigkeit des Erinnerns

Kindheiten im Nationalsozialismus, im Zweiten Weltkrieg und in der Nachkriegszeit

August 2014 · 379 Seiten · Broschur
ISBN 978-3-8379-2354-4

»In vielen Menschen, die die Jahre vor und nach 1945 im Kindesalter durchlitten haben, sind latent oder manifest lebenslang Belastungen virulent. Christa Müllers qualitative Untersuchung spürt diese Altlasten mittels narrativer Interviews bei 72 Befragten akribisch auf.«
Kurt Witterstätter

Die deutsche Erinnerungskultur zum Nationalsozialismus und zum Zweiten Weltkrieg ist bis heute einem stetigen Veränderungsprozess unterworfen. Die komplexen und belasteten Erinnerungswelten der Kriegskinder sind Teil dieses Prozesses, der durch eine Kultur des Schweigens und Verdrängens geprägt ist. Knapp 70 Jahre nach Kriegsende besteht ein großes interdisziplinäres Interesse an den Erinnerungen der letzten lebenden Zeitzeugen.

Die Autorin stellt die Ergebnisse ihrer breit angelegten wissenschaftlichen Untersuchung zum Schicksal von Kriegskindern des Zweiten Weltkrieges vor. Auf der Grundlage von Interviews mit Zeitzeuginnen und Zeitzeugen skizziert Christa Müller komplexe Erinnerungswelten, deren vielschichtige Auswirkungen sich bis in die Gegenwart hinein als unverarbeitete innerpsychische Repräsentanzen aufzeigen lassen. Durch die Darstellung persönlicher Positionierungen wendet sich die Autorin gegen eine abstrahierende Herangehensweise an die nationalsozialistische Vergangenheit und vermeidet undifferenzierte Täter-Opfer-Dichotomien.

Psychosozial-Verlag

Urte Finger-Trescher, Annelinde Eggert-Schmid Noerr,
Bernd Ahrbeck, Antonia Funder (Hg.)

Kindeswohl und Kindeswohlgefährdung

Jahrbuch für Psychoanalytische Pädagogik 22

2015 · 260 Seiten · Broschur
ISBN 978-3-8379-2238-7

Die Aufnahme des Paragrafen 8a zum Schutzauftrag bei Kindeswohlgefährdung im deutschen Sozialgesetzbuch VIII löste eine heftige gesellschaftliche Diskussion aus.

Bei Mitarbeiterinnen und Mitarbeitern von Jugendhilfeeinrichtungen bewirkten die Neuerungen Ängste und Verunsicherungen. Denn der Schutzauftrag des Jugendamtes – seine Garanten- und Eingriffspflicht – bringt Veränderungen bisheriger Arbeitsweisen und Settings in pädagogischen Handlungsfeldern mit sich.

Diese Problematik hat in der psychoanalytisch-pädagogischen Literatur bisher nicht ausreichend Beachtung gefunden. Der vorliegende Band widmet sich daher der Frage, was Kindeswohl und Kindeswohlgefährdung aus psychoanalytisch-pädagogischer Perspektive bedeuten. Dabei wird auch eine Diskrepanz zwischen dieser Sichtweise und den rechtlichen Definitionen deutlich.

Mit Beiträgen von Bernd Ahrbeck, Judit Barth-Richtarz, Margit Brückner, Margret Dörr, Annelinde Eggert-Schmid Noerr, Wolfgang Feuerhelm, Urte Finger-Trescher, Tamara Fischmann, Lorena Hartmann, Marianne Leuzinger-Bohleber, Verena Neubert, Barbara Neudecker, Ursula Pforr, Magdalena Stemmer-Lück, Hans Weiß und David Zimmermann